许仁图 —— 著

哲人孔子传

上海三联书店

图书在版编目（CIP）数据

哲人孔子传/许仁图著.—上海：上海三联书店，2016.12
ISBN 978-7-5426-5716-9

Ⅰ.①哲… Ⅱ.①许… Ⅲ.①孔丘（前551-前479）-传记
Ⅳ.① B822.2

中国版本图书馆 CIP 数据核字（2016）第 249868 号

哲人孔子传

著　　者 / 许仁图

责任编辑 / 陈启甸
特约编辑 / 龙若飞
装帧设计 / 肖晋兴
监　　制 / 李　敏

出版发行 / 上海三联书店
　　　　　（201199）中国上海市都市路 4855 号 2 座 10 楼
网　　址 / www.sjpc1932.com
邮购电话 / 021-22895557
印　　刷 / 北京画中画印刷有限公司

版　　次 / 2016 年 12 月第 1 版
印　　次 / 2016 年 12 月第 1 次印刷
开　　本 / 880mm×1230mm　1/32
字　　数 / 270 千字
印　　张 / 12.5
书　　号 / ISBN 978-7-5426-5716-9/B·495
定　　价 / 48.00 元

敬启读者，如发现本书有印装质量问题，请与印刷厂联系 010-63706888。

毓老师召回了我／急救章

一百零六岁的恩师爱新觉罗·毓鋆，于 2011 年 3 月 20 日向大地挥手，人间作别。"奉元书院"弟子风木哀思，历历难舍，同年 10 月成立了"中华奉元学会"，矢志凛遵师训，接着老师之学讲下去，会中并选出徐泓师兄当首届学会理事长。

2015 年 10 月 18 日，理监事会确定于该日下午二时，假台北罗斯福路耕莘文教院举行第三届理监事改选大会；四年间，"奉元学会"已由二百余人扩增至三百余人，奉元弟子闻悉，由世界各地回台际会。

10 月 18 日的会员大会，我一定满心欢喜参加：那是一种信守，"奉元学会"如青山，奉元弟子如永世不相负的磐石；任何人任何事都不能耽搁我，连天老爷都不能。

我没有读通《论语》。《微子篇》说："君子有三畏，畏天命，畏大人，畏圣人之言。"我不知天命，敬畏不足。

三十年来，我未曾在北、中、南公立或大型私立医院挂号看病，没有病历卡。我长住高雄，只在住家斜对面的李医师诊所拿高血压、血糖的药。

3 月初，我的身体出现濒尿、尿失禁、尿液偏红现象，我以为是血糖偏高，请教李飞庆医师，医师说是肝胆问题，要我到对面另一家内科诊所求诊。这家以疗治肝胆为主的诊所医师帮我作了超音波（**超声诊断**），说是肝胆起了小水泡，开给我每天一颗药丸的药方。医师未作警示，我当然"我行我素"，依旧天天读书写字。

10 月 17 晚上大约九时，临行前一晚，我开小冰箱，突然一屁股坐在地上，屁股失去知觉，我手扶冰箱，愕然发现无力站起，一而再尝试，终是徒劳。

我对疾病的反应可说迟钝，我的下半身已经虚脱，显然已罹患重病，一般人连小孩都会求救，我却毫无惊觉，脑海仍盘绕那个不变的信念坚持：天亮后，我将北上，参加"奉元学会"大会，与同门欢聚。

我心想：明天要能北上，必须洗个热水澡，睡个安稳的觉，我得设法，到二十步远的浴室。

上苍并未夺走我的全身力量，我双手趴地，如幼儿学步，半步半步奋力挪前，艰难爬进浴室，就着一张矮凳，打开热水器，冲热身体大约二十分钟，活热了一些血气，我扶墙上床。

我的确睡了安稳的觉。隔日早晨九点醒来，我在床上先轻动脚趾，再尝试微动身躯，然后小心坐起，坐在床沿片刻再曲身下床，歇息半小时后整装，预计搭十一点多的高铁北上。

出门时，似乎有个预感，心生不安：昨晚寸步难行，今日真能平安走进会场？如果中途行步困难，身子撑不住，那该如何？于是，我取了门边雨伞充当拐杖，以防走路摔跌——这是我面对病魔，唯一所做的理性防备。

吴荣彬学长家住台南，我住高雄，"奉元学会"开会时，两人相约同行，同车而回。为了参与这次大会召开，吴学长人在日本拓展业务，特别缩短时程赶回。刘义胜学长每当我北上开会，都会在台北车站附近的天成饭店前接我。荣彬学长当天早回台北，确定我到台北时间，相约下午一点半，三人仍在天成饭店相会。

高铁进站前，我的身子有些冷寒。下车后，我略为借助雨伞前行。我一坐进义胜学长的车子，开始抖颤起来。义胜学长见状不安，有欲驱车直往台大医院，我坚持到大会会场。车子驶进耕莘文教院，我的意识已模糊不清。浅浅记忆中，我欲举步离车却是不能，我残存的最后影像是毓老师的慈颜。

义胜学长见我颤抖不停，急呼附近的学长贾炳坤，快快请在台大医院当主治医师的徐思淳学长或周正成学长帮忙。徐学长是理事长公子，也是"奉元学会"同门，每次学会有活动，他不仅与会，还常帮忙录影。所幸那天，徐学长已在会场，立刻与贾学长上车，看到我的情况，立时判定我是"败血症"。三位学长在我的家人未赶到之前，将我妥当地送入急诊病房。

徐学长是台湾骨髓移植先驱、干细胞开拓者、台大法医学科前主任及法医学研究所创所所长陈耀昌教授的得意高足。陈教授与我相交二十年。

荣彬学长相约下午一点三十分相会，正是我开始发颤时刻，他通知义胜学长接我时间，如果晚十分钟，不堪设想。

每回，义胜学长得悉荣彬学长和我北上开会，都会驱车接送，我内心感觉不妥，常向他表示："我们搭计程车就成了！"这次北上，我本已婉谢他接车的好意，由于荣彬学长说他将赶来会合，义胜学长于是通知我仍在天成饭店前相会。事后想起，当天若是自己一人搭计程车，昏迷车内，司机不是送我进入警察局，就是医院急诊室，势必延迟抢救机会，我可能已走完人生。荣彬学长一通电话，接通了我的生机；义胜学长开车接我，开出了我一息尚存的生路。

台大医院急诊室视按照病人的病情严重程度，安置于三区：一般急诊的轻症区、暂留观察区和在生死挣扎中、必须倾力抢救的重症区，重症病人在病情未明显恶化或重症区满床情况下，会先安排在暂留观察区抢救。

初入急诊室，意识已经有点障碍的我，被安置在内科暂留区M10的病床诊治。徐学长长期浸淫血液肿瘤研究，正确判定我得了病源来自胆道的败血症后，立即建议第一线抢救的医护同事，施用他指定的抗生素。"败血症"若未及时判断感染的原因与细菌种类，使用妥善的抗生素，立即控制感染，很可能会迅速进展为败血性休克，导致多重器官衰竭，死亡率极高。

事实上，在使用抗生素之前，我已经意识谵妄、血压偏低、肾功能异常，临床上已有败血性休克现象，状况危急，已在抢时间和死神拔河。

徐学长指定使用的抗生素，提供了现场施救医师紧急救治正确意见，缩短了医疗观察流程，为其后的急救措施奠定了先机，也为我的生命争得生机。

周正成学长随后赶来，发现我血氧浓度不符理想，建议进入重症区C8病房抢救，被暂留观察区主治医师接受。

10月11日，同门师妹婚宴，我赴会祝福，坐在同门学长周正成旁边，正成学长是台大医院声举卓著的小儿科主治医师，他见我神色灰颓，断定我的肝胆可能有问题，促我就医问诊。隔天，主动来电，告诉说已帮我挂号内科医师高嘉宏。两天后门诊，高医师当天详细问诊，并抽血七小管，做较缜密的检查。

陈耀昌教授也与舍弟国胜熟稔，陈教授从思淳医师得到我病危消息，通知国胜弟与弟媳妇秀枝，国胜立即转知我的儿子许农。正成学长检视我在几日前，由高嘉宏医师安排的检验结果，认定早就有感染。随后的未打显影剂之紧急电脑断层摄影，显示肝脏应有脓疡，但肝门静脉亦有少见的栓塞现象，且胆囊有异常的阴影，不能排除并存肿瘤。当晚十一时许，正成学长强烈建议尽速接受经皮穿肝引流，但有他科医师持保留态度，担心若是肿瘤，插针刺破，肿瘤细胞将扩散，十分危险，因而等待第二天早上，由陈耀昌教授、思淳医师延请王秀伯医师进行的超音波检查，确定感染了肝脓疡，才动手术进行引流。

生死之间，我因施打对症下药的抗生素，稳住了生机，但我陷入了虚幻。

我在观察区 M10，似乎见到一个诡谲的鲜明景象：有一个头戴黑长帽、身穿大红长袍、类似明代的大官坐在长榻上，前面有一个同样装扮的官员，半跪请命，我心生惊怖；不久，我移置到重症病房 C8，C8 的抢救仪器齐全，病患的一举一动，医师全盘掌控；我移置重症区 C8 时，求生强烈，试图坐起，似乎有走出去的冲动，遭医护人员制止。

近半年来，我深深觉得古今学人讲孔学，不是以座右铭的文学欣赏方式讲解，就是以史学辨疑方式为孔子立传，毓老师却认为孔子是思想一贯的哲学家，而以哲学的深度讲孔学，我应该遵循毓老师的教诲，撰写《哲人孔子传》。10月18日北上会员大会时，已近脱稿。

18日晚，看护未到，儿子照顾，我依稀记得他帮我换掉秽物脏衣。儿子事后告诉我，我盖了两层被子，还全身颤抖不已，护理师取来两盏暖灯，帮我取暖。

19日引流后，病情获得有效控制，意识逐渐恢复，但我的思路极其狭隘、驳杂、如浮光掠影般的不连贯。附近不时传来呻吟哀叫声，隔床人来人往，男女声夹杂。可能是虚幻的记忆中，我突然心动，掀开布幕一角偷窥隔床，赫然看见房中景象，如同我先前偶然所见，两名明朝官员动作如前。我霎时惊怖大叫，以为有凶神恶煞企图阻止我完成《哲人孔子传》，口里嘶叫着："我要回去写书。"并且双手迅速扯掉插在颈子的导管。睡在我身旁的看护大骇，双手制止我拔掉插在颈子的仅剩中心静脉导管，并且说："不要写了，以后再写！"

那一晚的挣扎，十天后，我在病房走道遇到当晚值班的护理师，她除了惊讶我恢复不错外，说："你那晚太恐怖了！糟透了！你还说：我一定要站起来，走出去！"护理师面对重病者生死挣扎的惨状习以为常，该名护理师竟对我那晚的强烈挣扎，记忆犹新。

台大医院的重症病房C8是抢救生死之间的挣扎者，一旦渡过险境，立即移房，留给后来重症者。我在10月20日移置至内科病房。20日那天，我已清醒，思绪也不再杂乱。我似乎还能分别"虚"与"幻"。

"虚"与"幻"两字常连用。"虚"近"无"、"空",看不见,摸不着。我直躺病床,张开眼睛,眼前景象变化万千,时而万马奔腾,时而千鱼跃水,时而群鸟戾空,时而日照平沙,时而野地峥嵘——我阖眼,倏忽不见。

10月21日,我睁开眼睛,看到的不再是变动不居的幻影、幻象,而是真实的天花板,我还闻到同门送来的苹果香——我重生了,而10月21日正是六十七年前,母亲生我的日子(隔天10月22日是毓老师的生日)。

台大医院的卓越医师群救了我。肝胆名医高嘉宏不时探视,主治医师苏东弘,住院医师钟安妮、李威龙悉心照顾。

"奉元学会"师门兄姐接二连三前来关切,是我摆脱病魔纠缠的生力根源。我移置重症病房听到他们由心田深处发出的焦虑温暖呼唤,可惜的是,我只感觉到模糊的身影,无法叫出他们的名字。有些同门学长三两天就来关切,有的多至四五次。师兄黄大炯从花莲来看我,他手书《琴操》,并在病榻前为我歌吟。

同门学长周正成每天晚上九时左右前来关注,有时一天来两次。他身穿白长医师袍,口袋内还带听诊器。

11月10日,我照完核磁共振,近月来的忧虑大为释放:肝脓疡原来仍有四厘米长的脓未能流出,核磁共振后发现仅剩1.8厘米,而原先担心的胆,虽有一块阴影,判定是胆结石,栓塞部分也属感染,而无恶性肿瘤之虞;否则,药石罔效,且预估只能再活数月。

正成学长当晚脸上现出一抹欣悦的神色。他说,一个医师对病人要知危,不能忽视最坏的情况,他一直担心我的感染程度,以及始终未完全排除可能的恶性肿瘤转移。看到核磁共振图影，确定我的其他器官，只有肺部感染了一个小地方。为了根治我身上可能的病疾，他请来一般外科医师胡瑞恒，帮我疗治胆结石和栓塞，庄立民教授帮我诊治内分泌。正成学长还题了苏东坡一首《八声甘州》的词相赠。这词本是苏东坡"寄参寥子"："**算同门（苏词作'诗人'）相得，如我与君稀。**"

同门师兄姐在我病床旁，听我谈起自己在 17 日已告虚脱，仍坚信隔日能北上参与"奉元学会"会员大会，强行北上，没有留在高雄，终而得以死里逃生，似乎有一个共通的想法：我若没有坚持参加会员大会，高雄又没有一个熟识的医师朋友，我可能就在 18 日这天，从人间消失，是毓老师召回了我——数十多年来的劳往迎来，我当有一些事做得未尽心力，辜负了一些人，而且还有一些事未做好，毓老师要我补过。

毓老师开班授徒，班数过百，他给最后一班取名"急救班"，他忧心中华文化不能接着讲下去，他要急救，我虽未能听"急救班"的课，毓老师却急救了我。

刘序：
金声玉振

2015 年 10 月 18 日中华奉元学会换届大会，在台北耕莘文教院举行，我至现场时，正看到仁图师兄坐在义胜车中，身体极端不适。前一周共赴同门婚宴时，他已经病气十分，大家都很担心，正成师弟叮嘱他切须至大医院检查治疗，他仍是诺诺而已。我们进会场不久，即闻几位师兄送仁图至台大急诊，病况严重。当晚徐泓大师兄的夜宴结束后，我们去重症区探视，仁图神智已然不清，听家属说明时我看着手机上的占象吉凶闪烁不定，或暌或谦而升，心中颇犯嘀咕。翌日午后再探视，稍有感知，几天后偕秉坤去，已脱险住院疗养，我激励他再活四十年，多写些够分量的弘扬夏学的著作。毓老师在台讲学六十四年未曾稍息，一百〇六岁高龄才登遐仙游，我们继志述事，亦当珍摄此身而为大用。

以哲学观点为孔圣写传，为仁图夙志，病危时精诚一念搭高铁北上开会，毓师冥佑同门相助，遂历劫重生。此遭遇不可谓不奇，因缘不可不珍重。仁图病愈返家后不久，即完成本书写作，嘱我为序，我读毕叹赏之余，同样心潮澎湃，借此略书所感酬答，且与天下相濡沫者共。

本书主要从《论语》取材，参酌《史记》多篇、《孔子家语》《孟子》《大学》《中庸》《礼记》《周官》《春秋》等典籍，加上推论引证，排出孔子一生言行的时序，夹叙夹议至圣在华夏文明集大成复创新局的不朽地位。针对一些旧说也提出质疑，例如宰予从田常作乱被诛、孔子以前无私人著述、束脩为干肉条敬师学费等，都切实引证，言之成理。而孔子从年轻至耄耋，一生思想的蜕变历程也依经解经，清晰呈现，合乎夫子自道："吾十有五而志于学，三十而立，四十而不惑，五十而知天命，六十而耳顺，七十而从心所欲不逾矩。"孟子引述宰予赞叹老师之言："夫子贤于尧舜远矣！"从孔子赞《易》、修《春秋》的伟大贡献看来，"群龙无首"之治确实远远超迈了私相授受的禅让政治啊！

然而品赏之余，我也有些不同看法要与仁图商榷。六经中的《周官》《尚书》应非周公所作，摄政时期无比忙碌，沐浴用餐都常因见客理事而打断，怎有可能潜心著作？《尚书》在周公殁后还有许多篇章，《周书》中虽多引周公言，应属史官记载。《周官》为拟制之书，历来争议不断，论述尤宜审慎。这就像旧说周公作爻辞，我根本不信，文王囚狱七年沉潜苦思于《易》有创作还可能，周公辅政七年绝无暇于此。《乐经》早亡是华夏文明史的一大公案，无论《礼记·乐记》或《史记·乐书》恐怕皆非其旧，这须细心厘析《易经·系辞传》首章主旨才能明辨。至于《礼记·王制》所述，与孔子新王之制并不相关。总括来说，至圣超越古代先王之处，以上诸书恐怕皆未得其精蕴，公私之辩、大同小康之异，处理这些材料时不能不小心。孔子勉励子夏："汝为君子儒，勿为小人儒。"可能亦有深意，而君子小人的分际究竟何在？除《礼记·儒行》外，参考《易经》多处卦爻及《易传》，当有所悟。孔子既赞管仲尊王攘夷之功，又叹其器小，应该也有由霸而王的深切期许，不是只在俭德上计较。《春秋》获麟绝笔，夫子叹"吾道穷矣"，"穷"非穷绝，而是太平世微者获麟，意含"群龙无首"、"人人皆有士君子之行"大义，"穷"乃穷极至最高境界之意。孟子称孔子金声玉振集大成，始条理又能终条理，道境如雅乐，继往开来，终而复始。后生闻此天籁，能不奋励精进，再创辉煌？

理未易察，善未易明，朋友讲习切磋琢磨，时习之悦，何乐如之？真心欢喜仁图恢复健康，笔耕不辍，谨为序以热切推荐之。

刘君祖谨识于乙未年大雪、冬至间

自序：
点上《论语》每一章的"时"，就有了哲人孔子

"哲人其萎"四字，常作为今人的追悼之辞，但很少人知道这是孔子卒殁前的最后歌吟："太山（泰山）坏乎！梁柱摧乎！哲人萎乎！"（此为《史记·孔子世家》所载，《礼记·檀弓篇》文字略有不同："泰山其颓乎！梁木其坏乎！哲人其萎乎！"）

从孔子歌吟声中，可以说，孔子自称"哲人"。孔子以哲人、哲学家自许，《论语》有两章，分别向弟子曾参和子贡说："吾道一以贯之。"一贯之道就是有通贯的思想、哲学。

孔子生于公元前 551 年，迄今两千五百多年，遗憾的是，后世学人若非以文学笔法来为孔子立传，就是以史学考据方式作传，似乎未见以哲学家、哲人的一贯思想体系写孔子传——这个原因，跟《论语》这本书的著作体裁显然有关。

《论语》是孔子最翔实可靠的生活和思想记录，属于格言体。格言体的优点是文句简短，文义明白；缺点是孔子讲学或与弟子、时人对谈的时、地和周遭不明，章章不连贯，不易理出头绪，易读也容易误解或浅解。像《子路篇》叶公问政，子曰："近者说（悦），远者来。"读来觉得孔子谈为政之道，要使近地方的人民能够安居乐业而悦，远方的人就会自然来归附一样，没什么高

明见解。但是，当我们了解孔子见楚国叶公时，人在蔡国，前一年，叶公攻打蔡国，将被攻下的蔡国城邑百姓强迫迁移到负函，负函本是蔡国城邑，也沦落成叶公直辖土地。叶公以武力逼迫蔡国人民远别祖先坟墓，不悦归顺，孔子说近悦远来，有针对性，寓指叶公的蛮横侵略，话中有话，实为勇者的智慧之言。

再则，《论语》中孔子出生和成长，以及家居生活着墨又不多，作传不易；《论语》的口语文字不深，看似少有一贯体系的深奥哲理，遑论以哲学家的标准为孔子立传呢？

先师安仁夫子读书百年，在台讲学四十多年，开课授徒百余班，六经读过千万遍，他训诲弟子欲通贯孔子哲学的"任督"二脉，有两个秘诀：一、熟读《论语》后，再读六经，读通六经始懂《论语》，《论语》不只是孔子的论道之语，也是结论之语，孔子给六经作总结之语；二、夏学奥质在"元"，"元"最重要的是在这个字"点上那一点"，积点成一，由一生二。伏羲就因点上元那一点，画了阴、阳二爻，孔子之学也要点上那一点。

毓老师的话听似简单，我个人没那境界，怎么为《论语》点上那一点？想了好多年，才想到类似情形，书法家点上那一点，写成了"永"字八法；近人大画家张大千的泼墨画，也是点上那一点，再挥洒成画。

"点上那一点"不能局限写字方面，它蕴涵创发、创新、创生，重开新生面。那么，似乎没有时序前后的《论语》，是不是也可以点上创生的新一点呢？

孟子称赞孔子是"圣之时者也"的"时圣"。《易经·乾卦·文言》说"先时"，王夫之谈"治时"，毓老师认为若能"圣时"，将时义、时之义推到入圣境界，才能成为"时圣"孔子的门徒。个人这才恍然大悟，若能明辨《论语》每一章的"时"，孔子的形貌和哲学，便会隐然浮现。

个人以《论语》前四章为例，略作浅解。

《学而篇》第一章子曰："学而时习之，不亦说乎？有朋自远方来，不亦乐乎？人不知而不愠，不亦君子乎？"

第一章的文字是孔子历经得志与失意，为晚年孔子的感触：孔子认为只有他和颜渊堪称"好学"，"学而时习之"是"好学"的下手处；孔子在鲁定公九年（前501年）当中都宰，《史记·孔子世家》说"一年，四方皆则之"，四方诸侯国派人来参观学习，则是"有朋自远方来"；孔子周游列国十四年，不为世用，"人不知而不愠"是时舍的晚年心境。因此，《论语》第一章当是孔子在人生的最后岁月，包括学时、用时、时舍三个阶段，向弟子的教诲。弟子编辑《论语》时，夫子叮咛言犹在耳，列为第一章。

《学而篇》第二章有子曰："其为人也孝弟，而好犯上者，鲜矣！不好犯上，而好作乱者，未之有也。君子务本，本立而道生。孝弟也者，其为仁之本与！"

传统注解，没有时间性，没对话人物。参证《颜渊篇》哀公问于有若曰："年饥，用不足，如之何？"有若对曰："盍彻乎？"曰："二，吾犹不足，如之何其彻也？"对曰："百姓足，君孰与不足？百姓不足，君孰与足？"冉求为季氏宰，孔子回鲁，有若入仕为顾问式的家臣，鲁哀公因而问有子岁用问题。第二章有子说"犯上"、"不好犯上"，应该是有若随孔子回鲁后，回鲁哀公的话。至于有子谈的孝悌和第六章子曰"弟子入则孝，出则弟，

14

谨而信，泛爱众，而亲仁。行有余力，则以学文"之义差不多，有子显然引孔子之言略加变动，第二章的时序当在第六章后，而第六章应是孔子早期的讲学内容。有子面对鲁哀公之问，言孝悌和薄税都是遵循夫子教诲，所以孔子死后，弟子思慕孔子，因有子言行像似孔子，有些同门交换意见，有意共立有子为师，好像事奉孔子。

《学而篇》第三章子曰："巧言令色，鲜矣仁。"

孔子有些论德行文章，像这章说仁，看不出时间性，但综合阅读，可读出孔子思想深意。"巧言令色"近"佞"、"乡愿"，"鲜矣仁"，皆是鲜仁害德。孔子当大司寇，杀少正卯，即因少正卯乡愿，鲜仁害德。

《学而篇》第四章曾子曰："吾日三省吾身：为人谋而不忠乎？与朋友交而不信乎？传不习乎？"

这章是曾子向弟子讲学，而非孔子的讲学。时间在前三章后面。曾参小孔子四十六岁，孔子周游列国时，曾参才九岁，不可能随行；孔子回鲁后，曾参二十二岁，向孔子亲自问学机会很少。

《论语》有不少曾子言行记录。《里仁篇》子曰"参乎，吾道一以贯之"，是曾子和夫子的答问，但非曾子向孔子问学。其余"曾子曰"都是曾子和他的弟子对答，《论语》未见曾子向孔子直接问学记录。且孔子观察曾参无法见其一贯之道，还说"参也鲁"，曾子未列入四科十哲，十分公允。

以"时"点上《论语》各章，其他篇章有些时序十分明确，像《为政篇》子曰："吾十有五而志于学，三十而立，四十而不惑，五十而知天命，六十而耳顺，七十而从心所欲不逾矩。"可以确定是孔子七十岁后、七十三岁临终前的心路历程自述。

有些篇章则推论可知。《述而篇》冉有曰："夫子为卫君乎？"子贡曰："诺，吾将问之。"入，曰："伯夷、叔齐何人也？"曰："古之贤人也。"曰："怨乎？"曰："求仁而得仁，又何怨？"出曰："夫子不为也。"朱子注解"卫君"是卫出公辄，这注解有问题。鲁哀公三年、卫出公元年（前492年）孔子在陈国，与孔子同在陈国的冉求，受季康子之召回鲁国，冉求不可能通过子贡，问四年后第四度到卫国的孔子帮不帮忙卫出公辄。因此，冉有问子贡夫子是否为卫君乎，所问的卫君是"卫灵公"而非"卫出公"。冉有、子贡此问，大概是卫灵公问陈（阵）于孔子，孔子对曰："俎豆之事，则尝闻之矣；军旅之事，未之学也。"随从孔子的冉有才问子贡，子贡也想知道夫子的意向，所以设词问夫子。

能厘清《论语》章节的前后时序，孔子的哲学思想形成、转变，才能明朗化，才能探究孔子的一贯体系哲学，也才能为哲人孔子作传。

孔子是儒家之祖，儒学是中华文化的主流文化，但"儒"这个字只出现在《雍也篇》："女为君子儒，无为小人儒！"《论语》未见"儒"的其他立说，后学真不知"儒"在中国之学的重要，也不晓孔子何以成为"儒家"的大宗师。详阅周公所作的《周官》（即《周礼》，有些学人不赞成周公作《周官》），才知道教万民的"六德"知、仁、圣、义、忠、和，以及"六行"的孝、友、睦、姻、任、恤，和"六艺"的礼、乐、射、御、书、数，正是"儒"的范畴。《礼记·儒行篇》可说是孔子接着周公，将儒的境界接着往下说。

不少《论语》章节若能通贯六经合读，不再是枯文死句，而有了活血生机。

不过，在所有古籍中，独缺孔子婴儿、少时史料，必须有赖文学创作补足。传记本为文学写作体裁之一，文字叙述宜灵活多样，孔子出生后的父子之情、母子之情，以及孔子十七岁后合葬父母的心情，俱无记录，《哲人孔子传》不得不创作了孔子周岁及祭祖情节，此为人情之常，请读者毋须作史实考证。

司马迁所写《史记》，是中国第一部正史，藏诸名山，传诸后人，但有些文章可能失察，像《仲尼弟子列传》说："宰我为临菑大夫，与田常作乱，以夷其族，孔子耻之。"《论语》有"鲁哀公问社于宰我章"，孔子回鲁已是六十八岁，鲁哀公问过的孔门弟子宰我和有若，都已成为季氏家臣，鲁哀公才会问二人。孔子卒殁前二年，陈成子（**本名田无宇，田氏本为陈人，避祸到齐，改姓"陈"，田常谥号"成"，孔子故称陈成子**）弑齐简公，孔子请鲁哀公讨伐。陈文子早有谋叛作乱之心，宰我当时人在鲁国，因鲁哀公问社回话太多，遭孔子指责，怎么可能分身到齐国当临菑大夫。古时的真正专制天子从秦汉后才出现，才有天子下诏夷族情事，春秋时代的陈成子自己是杀君篡国的执政卿大夫，何能夷宰我之族。孔子虽不喜欢宰我利口辩乱，仍十分器重宰我，让宰我随从周游列国，楚尹子西特别称赞孔子四贤，宰我居其一，孔子怎么会在宰我遭夷族时，以宰我这个徒弟为耻呢？

不过，司马迁个人可能不喜欢利口辩辞的宰予，但他说宰予与陈成子作乱，遭夷三族，孔子耻之，并非自己恶意杜撰，可能是不当引用《孔子家语·七十二弟子解》。

《哲人孔子传》的撰著，以《论语》及孔子所学及所作的思想根源六经为主要依据，特重遭汉儒改窜的《礼记》，再参酌《史记》的《孔子世家》《仲尼弟子列传》《十二诸侯年表》《齐太公世家》《鲁周公世家》《卫康叔世家》，以及先秦诸子学。《春秋左氏传》仅作参考，而被视为膺编的《孔子家语》，虽招致后代学人批评为王肃伪作，但书名既称《孔子家语》，必有一些文章援引前人相关孔子的记载，不可视为全为杜撰无用之书，《哲人孔子传》也引用一些文章。

　　《史记》叙述孔子的史实，出现一些疏陋处，必须辨疑考订。《哲人孔子传》的撰著用心，本为哲学家孔子立说，仍不得不加了必要的史实辨疑考证，夹议夹叙的写作方式，必然产生一些阅读的阻力。

　　《哲人孔子传》某些引述原文颇为深奥，作了语体译述，方便读者阅读。《哲人孔子传》体例不作统一，有的先引原文，括号译文；有的直作白话行文，括号原文；引用原文和语译部分依文义必要，或全段援引、语译，或节译部分。引文出自《论语》章节，出处未全写出。

　　《哲人孔子传》既然以《论语》为撰述主轴，用词也以《论语》为准。《论语》的"阳货"，《史记》作"阳虎"，取"阳货"；"公山弗扰"，《史记》作"公山不狃"，取"公山弗扰"；《论语》的"陈成子"，《史记》作"田常"，采用"陈成子"。

　　《礼记·曲礼下》："天子死曰崩，诸侯曰薨，大夫曰卒，士曰不禄，庶人曰死。"今时民主时代，人民为大，往生作古都叫"死"，《哲人孔子传》从俗，但不全用"死"字，为灵活文句，或用"作古"、"辞世"、"过世"、"逝世"、"往生"等今人熟悉用语。

《礼记·檀弓上》："幼名，冠字，五十以伯仲，死谥，周道也。"孔子叫弟子称名，颜渊叫"回也"，季路叫"由也"，子贡叫"赐也"，子夏叫"商也"，子张叫"师也"；季路姓季，名仲由，字子路，《论语》多数称"子路"，也用第三人称"季路"，如"颜渊季路侍"、"政事：冉有、季路"。《论语》的孔门弟子，字大都加个"子"字，曾参字"子舆"、宓不齐字"子贱"、原宪字"子思"、公冶长字"子长"、言偃字"子游"、端木赐字"子贡"、卜商字"子夏"、颛孙师字"子张"、商瞿字"子木"、高柴字"子羔"，等等，多数弟子以字行，《论语》子贡少用姓名"端木赐"，子游也少见姓名"言偃"。不过，也有些孔子弟子不称呼其字，像曾参，罕有人呼"子舆"，颜渊也少呼其字"子渊"。为了方便读者认知，《哲人孔子传》尽量从俗，"颜渊"不叫"颜子渊"、"季路"也不叫"季子路"，其他多数弟子称字。

毓老师认为，文化是全人类的共同遗产，不专属于各别族群。古为今用，《哲人孔子传》冀望从两千五百年前的孔子智海中，汲取醒世智慧、立身之道。

毓老师说："学问没有作用，就不是实学，有利于民生，即为实学"、"中国学问是实际解决问题的学问。儒教是教化、教育，并不是宗教"、"我讲的是实学、活学问，你们不要傻呆呆的"。

文天祥《正气歌》最后的歌吟："哲人日已远，典刑在夙昔。风檐展书读，古道照颜色。"哲人孔子，典型常在，古道今山，德过尧舜。

师兄吴荣彬说："毓老师的学问两个字：'时'与'实'。"《哲人孔子传》尽个人所能，点上《论语》每一章的时，铺陈孔子七十三年的哲学人生；音容宛在、再见仲尼，冀望孔子的时中之学能为今人实用。

《哲人孔子传》的封面（繁体版），是楚戈兄于 1975 年 9 月，为河洛图书出版社（个人独资）出版的"中国古典小说丛刊"所作的设计绘图。楚戈任职"故宫博物院"，不仅诗、书、画驰名文艺界，还精于古器物鉴赏研究。

楚戈兄巨著《中华历史文物》由河洛出版，两人因而结缘数十年。楚戈兄作《龙史》时，个人提供毓老师讲述《易经》有关龙的看法。

楚戈兄于 2010 住进台北荣总加护病房时，个人禀报毓老师，一百〇五岁的毓老师竟然指示安排见楚戈兄。个人担心毓老师年纪大，不宜出门，不免迟疑，孰料楚戈兄竟于 2011 年 2 月往生，而毓老师也于 3 月作古。

"天不生仲尼，万古如长夜"，楚戈兄帮我绘制的第一张设计图只见一弯明月，几间小屋，数条垂柳，浮显在无际无边的暗黑中，颇有万古长夜的感觉。念及毓老师、楚戈兄同年隔月相继仙逝，而个人也在今年 10 月濒临死境，不禁清泪泫然。望明月而抚心，是耶？梦耶？个人因而将四十年前的楚戈兄旧设计图，作为《哲人孔子传》一书的封面。

感谢"奉元学会"第三届理事长刘君祖师兄为《哲人孔子传》作序。

目录

1

第一章

俎豆传家，正考父传鼎名

吾少也贱，故多能鄙事

人生天地间，仰观俯察，但见"日往则月来，月往则日来，日月相推而明生焉；寒往则暑来，暑往则寒来，寒暑相推而岁成焉"（《易·系辞下传》）；春往则夏来，秋往则冬来，春秋相推而变化终始焉。这些自然的变化运行，人的眼睛看不见，耳朵听不到，但脑子可以从花落花开、万物生生不已的大化中，体悟造物者的神秘奥妙。

"天命之谓性"，自然给人和万物的就是性，而人是天地万物之性最贵者，因为人能动脑，将春、夏、秋、冬的四时变易记录下来，而称四时的每一次循环为"一年"、"期年"或"一岁"。"岁岁年年"的纪录，就叫"纪年"，纪录的方法叫"历法"。

"历（暦）"，中国古字作"厤"，通"歷"。"历法"即推算日月星辰的运行，来决定岁时节气的方法；中国人的历法，从尧帝开始，叫"夏历"。这个"夏"字不是"夏天"，也不是大禹所创建的"夏朝"。中国有一部十分出名的文字学专书许慎的《说文解字》说，"夏"这个字是"中国之人也"。由此，"夏学"即中国人之学，"夏声"即《诗经》，而"夏历"即中国人的历法。

历法纪年是纪数，理应从"一"开始，但夏历的纪年起算年，不是始于"纪一"，而是"纪元"。变"一"为"元"，是中国的重要哲学成就之一（早先夏历亦有称一年者）。

中国明确古史记载，周朝才灿然大备，"纪元"的使用十分慎重。封建王国的天子、皇帝新即位的次年，都要"改元"。为什么次年而非新君即位就"改元"呢？因为古代换新君，都是先君驾崩，不忍先君一死就即位"改元"，待次年再"改元"。

西方人的历法，中国人叫"阳历"或"洋历"。"洋历"没有改元，从一年开始计数，纪年至今年为两千多年。西方历法的翻译者，也采用了中国哲学最宝贵的"元"字，称西历"西元（通称'公元'）"。不过，西方纪年单纯，只有数字逐年加数，不像中国新君即位就要改元。洋历"西元"因记载使用简易方便，渐为世人接受，成为世界上许多民族的公用纪年，有人称"公元"。

公元纪年根据《圣经》记载，以耶稣出生那年为一年，但一说犹太祭司要三十岁才能执司工作，耶稣那时为二十六岁，所以耶稣应该生于公元前五年。

公元前551年，时值中国西周灵王二十一年、鲁襄公二十二年、夏历八月二十七日（西历9月28日），陬邑昌平乡（今山东省曲阜市东南的南辛镇鲁源村）的一处宅屋内，一名上了六十岁的高壮老者孔纥，双手抱着出生将满三个月的男婴，长髯须根在双臂微晃中，有时会飘拂在幼儿细嫩的脸肤上。这个比耶稣早生五百四十六年的小男婴，黑眼睛紧盯着年岁不小的父亲，好似要好好记住老父亲的颜脸，小手不时地摇晃，嗯嗯有声，像似向老父亲招手。孔纥一时激动，眼眶泛湿，微躬身子，将面颊贴在男婴的耳朵旁。

"丘儿的爹，你跟丘儿说些什么？"小男婴的母亲，年方二十出头的颜氏走进屋内，温柔道。

第一章

3

"呵呵——我啊，我要丘儿知道，他是我们的骨血，是你心头的一块肉。"孔纥声音微颤道。

"丘儿这么小，怎么听得懂呢？"颜氏抿嘴道。

"就是怕他不懂，我才贴靠他耳边叮咛！"孔纥轻声道。

"你说了那么久，还说了些什么？"

"我……我还说……还说对你的感激，我要让丘儿知道。我们孔家有后了，可你却为此，得付出那么多艰难。我……我不晓你怎生度过未来的煎熬，我——"孔纥满怀感伤道。

"丘儿的爹，我是满心欣喜，你不用思虑我们母子的将来，我们能在一天就快乐一世人！别再说下去。来，丘儿换我抱抱，酒食已供奉在俎豆内，我们向祖先禀报有了丘儿！"

孔纥看看年纪相差四十来岁的颜氏，心生不忍，有时不免自责。孔纥非好色之徒，他曾经心想，他跟颜氏生了儿子孔子，莫非是先祖冥冥中的安排。

孔纥明媒正娶鲁国人施氏，连生了九个女儿，"不孝有三，无后为大"，于是纳了妾，虽然如愿生了儿子，但不幸的是，这个孔纥的长子孟皮跛足。当时的名号常连用，像孔纥的"纥"是名，孔纥的号是"叔梁"，故而一般人称呼"叔梁纥"。中国彼时的号常加"孟"（或伯）、"仲"、"叔"、"季"的排序先后，"叔梁"意思是孔纥还有两个兄长，他排序第三。同样，孔纥的大儿子排序是"孟"，名"皮"。但一说，"皮"是"跛"字的借字，"孟皮"不是名字，只是称说孔纥的跛足大儿子（黎东方认为孔纥长子名字现已无考，但这说法并不合礼。《礼记·内则》说："凡名子，不以日月，不以国，不以隐疾。"凡是给孩子命名，不用日月命名，不用国家名称命名，不用身上的缺陷、毛病命名。孟皮命名"皮"，就表示"皮"不是跛子。《檀弓篇上》县子琐曰："吾闻之，古者不降，上下各以其亲。滕伯文为孟虎齐衰，其叔父也；为孟皮齐衰，其叔父也。"滕伯文是殷代贵族，孟皮是叔父。古人就有"孟皮"的名字，可见"皮"不是跛子）。

中国古人其实并非重男轻女。"家"上面的"宀"念 mián，是象形字，字义是深屋。"豕"音 shǐ，俗称猪。"家"的造字本义是要有一间深长的房子，还要养几头猪，才算个家，而家中要"好"，就要有"女"、"子"。故而所谓的"齐家"，非丈夫为主体，而是女主内，以妻子为主体，《说文解字》因而说："妻，妇与夫齐者也。"妇、夫要齐一，才算"夫妻"、"齐家"。

妻与夫齐，女儿也和儿子齐一，没有分别，古代女儿和男儿都称为"子"（孔子后来将大哥孟皮的女儿许配给弟子南容，以及把自己的女儿嫁给另一弟子公冶长，《论语·公冶长篇》就说"以其兄之子妻之"、"以其子妻之"，女儿亦称"子"）。

《礼记·哀公问》孔子说："妻也者，亲之主也。"妻与自己在一起，同是祭祀亡亲的主人，所以祭祀举行荐礼，夫妇都要亲自主祭，用以备齐内外的职能。

不过，中国旧社会男女有一事与今时显然不同，就是关于祭祖一事，因为女儿将来要出嫁，成为别人家媳妇，所以规定女儿不得祭祖，也不能登入族谱。

孔纥的原配夫人连生九女，没有后代可祭祖，不得已纳了一妾，想不到这妾虽生了儿子，可惜却跛足。按照当时礼法，盲瞎和手足不全，也不能祭祖。

因此，古人说"不孝有三，无后为大"，不是重男轻女，而是跟祭祖规定有关。古人祭政合一，国家有战争，要在太庙谋计，平常人家有大事，像婚嫁、长子出生都要在家庙禀告列祖列宗。

孔子虽是孔纥非婚生次男，却是家中唯一可以祭祖的男子，他出生三个月，自然得入家庙，陈设俎豆，祭告祖先。

"俎豆"这两个字象征意义重大，"俎"音 zǔ，古代祭祀、设宴时陈置牲口的祭器，木制漆饰，各代用的俎不同，虞代的俎叫"梡"，夏代的俎叫"橛"，殷代叫"棋"，周代叫"房俎"。周代用的房俎，每端两条弧形腿下，不仅有横带，而且横带下是两方脚左右对称撇出。如果将横带比做堂室的前壁，而两方脚就略似堂室的左房、右房了，所以叫"房俎"。"豆"非指豆类植物，而是古人祭器的一种，木制，形似高足盘，周代用的是雕刻花纹的献豆。

"父为大夫，子为士，葬以大夫，祭以士；父为士，子为大夫，葬以士，祭以大夫"（《中庸》），祭礼规定，叔梁纥为陬邑大夫，现虽然已经没落，祭礼仍须遵守礼器的种类和数量。以豆而言，天子之豆二十六，三公之豆十六，诸侯之豆十二，上大夫八，下大夫六，孔纥故而陈置六豆，置放咸干肉干果。酒杯分爵、觚、觯、角、散五种，五种形制不同，容量也不一样，士大夫献爵或献觯，次数多少，都必须遵礼而行。

大夫、士祭祀家庙规定有田地的才能举行作乐的祭祀，没有田地的举行荐礼，即摆下酒食供奉。孔家婴儿出生于酉月，旧历八月二十七日，为仲秋之月，没有田地的孔纥在秋季荐献新禾米饭，再配上鹅。孔纥双眸从俎豆祭物供品，上移到先祖的木主神位，不由得润湿而模糊……四十年来内心那块沉重无比的大石顿时落了下来，在不久的将来，当祖宗召唤时，他有了后，尽了人子之责，可以无愧地面对历代的列祖列宗了。

树有根，水有源，源泉滚滚，孔纥的生命之流可以逆溯至殷朝。孔纥的曾祖叫孔防叔，曾祖的曾祖是宋国大司马孔父嘉，嘉的高祖弗父何，是宋国愍公的儿子。弗父何的"弗父"是字，"何"才是名。弗父何原来为宋愍公的长子，可以做太子的，但是愍公把君位让给了弟弟殇公；其后愍公的另一儿子鲋祀，弑了殇公，要拥立弗父何，弗父何不肯接受，公子鲋祀便自立为君，是为宋厉公。宋厉公十分尊敬弗父何，弗父何之后是宋父周、世子胜、正考父。正考父辅佐了宋载公、宋武公、宋宣公三世，受到三命（大臣受命第二次是申命，最多九命）的殊荣，是宋国的三朝元老。

正考父的儿子孔父嘉，贵为宋国大司马，极具权势。孔父嘉上距宋国始祖已超过五代，因而从他开始才别为公族，姓孔氏，自成一系，有了自己的族姓。孔父嘉与同朝的太宰华父督争权，遭华父督毒死。孔父嘉生木金父，以"木"为名，"金父"为字，木金父生睪夷，睪夷生防叔，孔防叔（一说木金户）避祸奔鲁，从今日河南东部的公爵国宋国，迁进到山东南部的侯爵国鲁国。

古代大夫士去国，不能说走就走，而是要遵守"祭器不逾境"的礼法，他们家的祭器不能随大夫出国境，大夫的祭器要寄存在别的大夫家，士的祭器寄存在士家。大夫或士离开母国，越过边境，就清理一块空地，设置哭位，面向国都痛哭，以丧礼自处三个月，才恢复穿常服，远离国境而去。

孔氏家族本为宋国贵卿，孔防叔奔鲁，不仅宋卿位失去，连祭拜先祖的祭器都没有了。孔氏先祖来鲁后，成为贵族后裔疏远者和破落者，在鲁重置一般庶民的祭器，直到孔防叔的孙子孔纥立了军功，受封陬邑大夫，才新置大夫祭器。

孔纥有绝伦武力。鲁襄公十年，鲁国参与攻打逼阳小国的战役中，当鲁人攻入逼阳城时，守城的人把悬门放下，先入城的鲁军眼看即将被隔断在城里了，孔纥用双手掀开悬门，使得入城的鲁军安然撤退，建了军功，这个事迹发生在公元前563年，离孔子出生前十二年。

孔子出生前五年（鲁襄公十七年，公元前556年），孔纥又和其他两个鲁国将领，率领三百武士，打退了来犯的齐军。孔纥有了这两次战功，受封为大夫，陬邑附近的父老都知道，有人还称赞孔纥是大力士。

孔子的母亲颜氏住在今曲阜东南约五十里处的尼丘山下，孔纥住家在陬邑乡，两家相距不远。颜氏自然听过孔纥的英勇事迹。

《周官》这本书的《地官司徒》，有"媒氏"这个职官，主管百姓中的独身者。凡是男女出生满三个月取了名字的，都要在媒氏那里登记出生年月日和名字。《周官》规定男子二十岁要娶妻，女子二十岁要出嫁。凡是娶再嫁女子、收养再嫁带来的孩子，都要登记。每年春秋的第二个月规定，男女相会结婚。在这段时间里，私奔也不禁止，即所谓的"奔者不禁"。周初的男女交往十分尊重男女意愿。孔纥虽然年纪大颜氏不少，仍吸引了颜氏女。孔纥生子传家是责任，无奈年岁已大，不意颜家女儿愿意相许，两人共游尼丘山。

尼丘山并不太高，林壑幽美，五峰连峙，远望尼丘山五峰好像五位老人，故而又名"五老峰"。孔纥得子心切，颜氏女也能体会孔纥心情，二人向尼丘山神明祝祷，祈愿生个男孩，终而如愿。

鲁襄公二十二年（前551年），西历9月28日，孔氏家门设弧于门左，"弧"就是成弧形的弓，把木弓挂在家门左边，叫"悬弧"，意即孔家生了男孩，《礼记·射义》说："故男子生，桑弧蓬矢六以射天地四方。"文义是，男孩一出生，不只要"悬弧"，还要派人代表孩子，用桑木弓和蓬草做的六支箭，射向天地四方。表明这男孩出生后，志在四方，就该会射箭，保卫国家。

孔纥得子即将三月，在家庙荐礼前，颜氏抱着婴儿，笑问夫君："孩子的名？"

孔纥不假思索，说出一个字："丘。"

"丘？尼丘山的丘？我们的孩子就叫孔丘！"颜氏女两眼发亮，喜不自胜道。

"呵！孔丘！丘儿！"孔纥也呵呵笑道，"准备好了吗？你好好给丘儿剪个漂亮的头。"

颜氏女利落地给爱儿留下头顶两旁的头发，剪了一个似牛角的头，还留下一部分胎发。

孔子这个孩子不是在孔宅内出生的，而是在外面生的（《史记·孔子世家》说是"野合"）。孔子出生满三个月，取了名字后，孔纥在"媒氏"登记好了"孔丘"的出生年月日和名字。孔纥有后，孔家的族谱上可以端正写下"孔纥次子孔丘"，孔纥不会死后无颜见祖宗，但孔纥心中终是雪亮，丘儿非明媒正娶所生，按照当时的礼俗，社会地位低贱，未来日子必定苦了丘儿和他的娘亲。

孔纥生下孔子后，因而不时愁肠满腹。他生下的九个女儿已陆续嫁了人，不成为负担，但自己为官清廉，没有什么积蓄，只能清平过日子，尤其让自己忧心的是，身体勇力日渐消退，手脚使不上气力，他心头浮现的暗影日渐扩大，他不晓自己还有多少时日看丘儿长大，他尤其不忍想象丘儿的娘亲未来。

孔纥检视自己的过去，他有什么东西留给妻儿？他无财。德呢？他跟丘儿的娘亲在尼丘山说起自己的家族祖先，尤其是做官得到三命的先祖正考父，做了一个鼎，这个"考父鼎"镌刻了三十一字的铭文："一命而偻，再命而伛，三命而俯，循墙而走，亦莫余敢侮。饘于是，鬻于是，以餬余口。"（第一次受命时鞠躬致敬，二次受命时折腰弯背，到了第三次受命，我的头压得更低，腰背更加弯曲了。走路时挨着墙边走，也没有人敢来侮慢我。我就用这个鼎做些面糊稀饭来清俭度日）丘儿的娘亲双眸发亮，神色端严，显出钦敬神采，要他把鼎铭写给她。

"鼎铭"指的是鼎带铭文。所谓"铭"，就是自己留下声名。详细说，自己在铜器上留下姓名，来称誉赞扬自己先祖的美德美行，使声名彰明昭著传流后世。但凡做祖先的，没有没美德的，也没有没缺点的，而铭的意义就在于称道美德而不称述缺点，这是孝子孝孙的心意，唯有贤人能够做到。所谓"铭"，就是撰述先祖具有的德善、功业、勋荣、庆赏、声名，且已陈布于天下的，斟酌文辞而铸之于祭器上，并自附于铭文之中，用此祭祀其先祖。古人显扬先祖，用以推崇孝道。自己的名字比附铭中，这是孝顺行为。明著后世，这就起了教育作用，这种铭，一经称述而祖上和子孙都能得益。所以君子观看铭文的时候，既赞美铭中所称颂的品德，又赞美制此铭文者的作为。铸造铭文的人，他的聪明能够显现先人的美德，他的爱心能够给先人作铭，他的智慧能够利用这个方式利己利人，可以称得上贤明了。贤明而又不自诩，可以称上谦恭了。（《礼记·祭统篇》："夫鼎有铭，铭者，自名也，自名以称扬其先祖之美，而明著之后世者也。为先祖者，莫不有美焉，莫不有恶焉。铭之义，称美而不称恶，此孝子孝孙之心也。唯贤者能之。铭者，论撰其先祖之有德善、功烈、勋劳、庆赏、声名，列于天下，而酌之祭器，自成其名焉，以祀其先祖者也。显扬先祖，所以崇孝也。身比焉，顺也。明示后世，教也。夫铭者，壹称而上下皆得焉耳矣。是故君子之观于铭也，既美其所称，又美其所为。为之者，明足以见之，仁足以与之，知足以利之，可谓贤矣。贤而勿伐，可谓恭矣。"）

孔纥现前又有什么呢？孔纥的眼前是俎豆和其他一些祭器。摆上这些祭器，可以上告列祖列宗，孔家有后，这是件多么不容易的事，他努力了四十多年，如今才得到上苍的垂怜眷顾，但这一承先启后的具体荣光，说是他孔纥留给妻儿的荣光，毋宁说是妻儿带给他的福分，他欣慰丘儿的娘亲清洗擦拭俎豆和一些祭器的用心专注。

至于未来呢？未来瞧不清、看不见，孔纥看不到他的未来之路还有多长多远，他也不敢多想。隐隐的内心隐忧，只能在自己一息尚存的每一时刻，拥抱妻儿、抚慰妻儿，给他们满心的爱。

左昭右穆，思慕追远。昔日每回行荐礼，孔纥总要吟诵先祖正考父的鼎铭、想念宋国的列位先祖。祖先后来虽逃难到鲁国，日久他乡是故乡，但感情上，他仍难免自认是"殷人"。

周朝的建立其实是靠武力统一天下的，周朝先祖古公亶父原来居住在陕西旬邑县西的豳地，遭熏育戎狄攻掠抢夺，被迫迁至岐下周原。古公亶父的儿子公季、孙子姬昌兴发起来，并且开始跟东方的殷朝争夺天下。姬昌死后，儿子姬发率师在商城郊外的牧野和殷纣王决战，纣王军队倒戈，姬发灭殷，建立了周朝。初期，周朝国基并不稳固，殷民并未归服，东方殷地仍未成为周地，姬发不得不派弟弟管叔鲜、蔡叔度辅佐纣王的儿子武庚来治殷地。

姬发即位七年就死了，谥号"武王"，并且追谥其父姬昌为"文王"。武王一死，年幼的太子诵即位，是为成王，周公摄政，管叔、蔡叔怀疑周公，劝武庚作乱，背叛周朝。周公奉成王之命征伐，诛杀武庚、管叔，放逐蔡叔，将原有的殷朝王畿之地分封成卫、鲁、宋三国，卫国是文王儿子康叔的封国，鲁国由周公的儿子伯禽就封，河南东部的宋国分封给纣王的庶儿、武庚的伯父微子开。周初诸侯分五等爵：公、侯、伯、子、男（**孟子说五等爵是天子、公、侯、伯、子男**），宋国是武王为了向殷民笼络示好所封的国家，地位崇高，是周朝唯一的公爵国，其他皆诸侯国。孔纥不时向孔子的娘亲说起远祖的事迹。

周公讨平武庚以后，虽然将殷朝王畿之地瓜分成鲁、卫、宋三国，但这三国依然是当时诸侯之中幅员最大的三国。三国土地面积合起来，北至汤阴，南至太和，东至费县，西及郑州。宋国东、北方是鲁国，南方是吴越。鲁国的立国者是周公长子伯禽，文化水准比吴越高出很多，所以孔纥的先祖孔防叔避难躲灾，自然是逃向山东南部的鲁国，并且选择了离鲁国国都约十公里左右的南边小城陬邑定居。

身为周朝三公之一的周公不只辅佐武王伐纣克殷，并成为幼子成王的摄政，平定造反的武庚。周公武功至极人臣，他并且展开制礼作乐，他的大儿子伯禽受封的鲁国也因父亲的督励教诲，鲁国土地一直扩张，人文精神领先齐国、卫国。

曲阜是殷商时期的奄国，殷商遭周公平定后，奄国之地易名"曲阜"（"曲阜"古时称"昌"），成为鲁国的都城。古时的都城不只是政治中心，也是文化学术中心。孔家自宋国迁移至鲁国，已失贵族身份，只能说是"士族"，并未直接迁居到都城曲阜，而是住在离曲阜十余里远的鲁城郊外陬邑。

孔纥期望儿子孔丘在文化学术上做出贡献，就应该有良善的文化学习环境，他想过将家迁至都城曲阜内。孔丘周岁祭祖成礼后，孔纥在祖宗神位前，向抱着孔丘的颜氏透露这个想头："丘儿应该在都城学习长大……"

颜氏未曾想过孔纥的迁居念头，她心下笃实，一直以为可以和夫君孔纥、爱儿孔丘，天长地久地过日子，心下一怔，凝视着这个虽不时受病痛折磨，看来仍是高健威仪的男人，她当时没料到孔纥的迁家念头，却在两年后实现成真。

孔丘三岁那年夏末，老天哭黑了脸，连续几天下大雨，鲁国许多地区大水泛滥成灾。秋天到来，更是凄风苦雨。孔子的娘亲颜氏请来娘家姐妹，帮忙在曲阜城阙里相中一家三间茅屋的空房，雇了骡子，车上置放祭器和生活日用什品，手抱睁大眼睛、乖巧顺从的儿子，百般不舍地回顾逐渐远去的老屋老房。

颜氏的夫君、孔子的父亲孔纥并未随行，他葬身何处，颜氏甚至不晓。孔纥的身子在行荐礼后隔年，就越发衰弱，他只再撑两个年头，便撒手人寰，无奈地离妻弃子——孔纥生前为颜氏的担忧，颜氏开始了面对。

孔丘是在外面生的，颜氏是孔纥外面的女人，颜氏未参加孔纥丧葬礼，孔纥埋葬何处，颜氏一无所知；再说，孔纥是陬邑大夫，住在官舍，孔纥一死，房舍要交还公家，颜氏母子只能搬离陬邑。

虽然这个日子终将到来，颜氏并非全无心理准备，但当自己发现孔氏家族无人出手相援，寡妇孤儿的面对竟是那么的艰难，丘儿就是她余生的一切，她牙根一咬，决定要让丘儿像父亲般的高大。

孔丘很快地知道娘亲的苦楚，母子一心，孔丘得和母亲一起面对。孔丘也毫不在意地接受微贱的事实，日后吴国太宰嚭称赞孔丘是个天生圣哲，才能那么多才能。孔丘坦然地说，他之所以多能多艺，即因"吾少也贱"。

第二章

陈俎豆设礼容，圣人之后必有达者

问礼老彭，窃比老彭

孔子（第一章为孔子幼年，有时行文称"孔丘"，此章后概称"孔子"）在母亲颜氏照料下，长得又高又大，就像父亲孔纥般。孔子长九尺六寸（周制一尺合于今制 19.91 厘米，折算下来，身高约今天的 191 厘米），上身长、胳膊长，下身较短，体格强壮，筋骨劲健。

孔子虽身长体壮，性情却十分和顺。三岁的他，在双亲教导下，已能背诵先祖正考父的三十一字鼎铭："一命而偻，再命而伛，三命而俯，循墙而走，亦莫余敢侮。饘于是，鬻于是，以餬余口。"

司马迁的《史记·孔子世家》记叙孔子的幼时生活，只有简单一行字："孔子为儿嬉戏，常陈俎豆，设礼容。"好像只是轻描淡写孔子幼少年岁十分乖巧，喜好搬弄一些礼器祭器，其实祭器俎豆对孔丘一家意义重大，是孔子进取行健的根源。

孔家最重要的物件就是祭器俎豆。或许孔子的记忆深处，父亲曾抱他抚触俎豆、尊爵，他从小就特别喜欢把玩这些祭器；礼法上，妇女在祭祀时，要辅祭，帮助夫君，以彰显夫妇之别。颜氏配合夫君行礼、周旋动容、揖让进退。孔子稍长些，有了母亲的教诲，学来十分专注。

孔子成长的年代，许多孩子风行斗鸡赌博，或找漂亮的公鸡羽毛做鸡冠，比较谁人威风神气，孔子却不喜欢斗鸡游戏，他不时走往太庙。

周朝国祚八百多年，从周武王革命推翻殷纣，建都镐京开始，到周幽王被杀，镐京失陷于犬戎之手，今人简称为"西周"；从周平王迁都洛邑，直至秦朝统一天下，今人简称"东周"。"东周"又分两个时期，从周平王四十九年、鲁隐公十四年（前722年）至周元王元年的前一年（前476年），即鲁哀公十四年的二百四十二年间，称"春秋时代"；从鲁哀公十四年即公元前481年，至秦始皇统一六国的公元前221年的二百六十年间，称"战国时代"〔《战国策》有《东周策》和《西周策》。周考王（前440年—前426年在位）封其弟揭于王城（今河南省洛阳市西）是为河南桓公，桓公之孙惠公又自封其少子于巩（今河南省巩义市），因在王城之东，号"东周"，而河南惠公本在王城，号"西周"。"东周"与"西周"在历史上并存，而且都在"战国时代"的周朝后期，《战国策·东周策》因而有"东周"争战"西周"的章节〕。

周武王灭殷纣后大封功臣，封周公旦于曲阜，为"鲁公"，但周公不就封，留佐武王，周公旦派长子伯禽代替，就封于鲁。武王死后，成王幼弱，周公践天子之位，以治天下。成王六年（前1110年），朝诸侯于明堂，制礼作乐，颁度量，而天下大服。七年（前1109年），周公还政于成王。周公后来遭流言中伤，曾奔逃到楚地。周公死后，真相大白，成王命鲁国得以郊祭文王，《礼记·明堂位》说："凡四代之服、器、官，鲁兼用之。是故鲁王礼也，天下传之久矣，君臣未尝相弑也（春秋时，鲁弑三君），礼乐、刑法、政俗未尝相变也。天下以为有道之国。是故天下资礼乐焉。"鲁国因而有天子礼乐，以褒扬周公之德。伯禽代父就封曲阜鲁国时，带来天子专用典籍、礼器，以及太史、太卜。

鲁国在伯禽励精图治下，领土不断扩增，孔子诞生时，除了原有都城以外，又有十八个以上的县邑。鲁国的国力仅次于晋、齐，与郑、宋、卫不相上下，除了正崛起的秦国之外，强于其他各国。

因而，古代鲁国的国都曲阜不仅是鲁国政治文化中心，也是春秋时代各国的文化中心。曲阜古城规模方正，鲁宫建于城中心。鲁君一家和三桓都居住在鲁宫中，鲁国的太庙也设在这些宫殿中。由于鲁国可用天子礼乐，周礼在鲁宫保存完备，许多古代典籍也最齐全，春秋时代各国的著名学者都来鲁国，观看当时保存得最为完整的周代礼乐制度和上古文献。

每一个国家都有太庙，供奉开国国君和历代国君的木主神位。鲁国的开国国君是周公。周公死后，伯禽在周成王十四年（前1102年），建立鲁太庙祭祀（"周公庙"前身）周公，太庙内放置了各种祭祀礼器、金人、鼎及歆具。太庙大殿有"周公姬旦尊位"，墙壁的字，是周公给儿子伯禽的训勉："君子不施其亲，不使大臣怨乎不以，故旧无大故，则不弃也，无求备于一人。"（白话意思是：有地位的君子不简慢他的族亲，不使大臣怨恨自己不被听信，老臣故人若没有发生严重过错，就不要抛弃他。不要对一个人求全责备。孔子曾引述，见《论语·微子篇》）

太庙是国家权力、尊严、礼仪、文化的象征之地，国家如发生战争等大事，国君要和重臣在太庙谋议计策；古代国君对有德的人颁爵位，对有功之臣赐俸禄，必定在太庙中颁爵赐禄，表示自己不敢专擅。

心岸有声，历史巨涛撞击产生共鸣和回声。心眼之间，一条泉流续起古往今来、人海浮生。平常时候，太庙不开放供一般民众参观。不过，鲁宫广场、太庙附近不时聚集一些讲授礼、乐、射、御、书、数等六艺的儒者，和一些受过贵族四教，却因时局不安、周室不振而流落在外、以讲学为生的士人。

《礼记·内则》说："六年，教之（子）数与方名。七年，男女不同席，不共食。八年，出入门户及即席饮食，必后长者，始教之让。九年，教之数日。十年，出就外傅，居宿于外，学书计，衣不帛襦裤，礼帅初，朝夕学幼仪，请肄简谅。""六年数与方名"，孩子六岁，教导数目和方向名称；十岁学书计，学习文字书写和计算，从早到晚实习少年事奉长者的礼仪。所以，六艺中的"礼"不是《礼》书，"书"也非《尚书》。

"周官"有"儒"者这一身份，以六艺之能得到人民尊重，并借此身份谋生。阙里在曲阜内，位于鲁城西南区，最大的优点是离鲁城很近。孔子在孔母的督促下，生活在曲阜的传统文化气氛中，自然接触到比较完整的周朝典章文献、礼仪制度，容易求教一些儒者，对礼仪有更深层的了悟，像祭器、饮器，孔子知道勺子的容量是一升，爵的容量是一升，觚的容量是三升。用爵献酒，用觯回敬。献一升，回敬一升，就相当于一个豆了。吃一豆肉，饮一豆酒，这是一般人的食量。

再者，宗庙祭礼，为了敬神，特别把种种祭品都改个比较典雅庄重的名称，这些名称专用于庙祀所宣读的祭辞当中：牛称作"一元大武"，猪称作"刚鬣"，小猪称作"腯肥"，羊称作"柔毛"，鸡称作"翰音"，狗称"羹献"，野鸡称作"疏趾"，兔子称作"明视"，干肉条称作"尹祭"，干鱼称作"商祭"，鲜鱼称作"脡祭"；水称作"清涤"，酒称作"清酌"，黍米饭称作"香合"，大黄米饭称作"香萁"，糜子米饭称作"明粢"，稻米饭称作"嘉蔬"，韭叶称作"丰本"，盐称作"咸鹾"；玉称作"嘉玉"，长短宽窄合乎制度的丝织品称作"量币"。

射箭的靶子未射前要以酒、脯、醢祭祀。箭靶叫"侯"，有深意，祭辞就是敬告诸侯不要心存不轨："你们这些有功而安分的诸侯啊，不要像那些不安分的诸侯，不到王这里朝会。有些诸侯不安分，所以张开靶子用箭射他们。安分的诸侯有充足的饮食，祝他们子子孙孙做诸侯，赠予他们百福。"（《周礼·考工记·梓人》："惟若宁侯，毋若或女不宁侯，不属于王所，故抗而射女。强饮强食，诒女曾孙诸侯百福。"）

在礼仪之邦成长的孔子，不只心仪"周公之才之美"，也听到了当时一些贤人的名字和事迹，像是齐国的晏婴、吴国公子季札、郑国子产、晋国的韩康子。

孔子求学不仅多学，而且能思辨，学、思并重，"学而不思则罔，思而不学则殆"（《论语·为政篇》），孔子自己有主见，不会人云亦云。

以郑国子产执政为例。孔子九岁时，鲁襄公三十年（前543年），郑君授子产政事，子产从政一年，人民用歌声骂他："取我衣冠而褚之，取我田畴而伍之。孰杀子产，吾其与之！"（出自

《春秋左氏传》，李长之①译：提倡节俭，提倡节俭，人有好衣服也不能穿；整顿军事，整顿军事，人要种地也没法子干；谁杀子产，我们心甘情愿。）

子产执政三年，郑国百姓改口称赞："我有子弟，子产诲之；我有田畴，子产殖之。子产而死，谁其嗣之？"（李长之译：我们子女，是子产教育。我们田地，是子产开辟。子产可别死，死了谁继续？）

孔子十岁发生一件言论自由争议的事。有郑国人在乡校议论执政者，郑国大夫然明建议子产捣毁该乡校，禁止国人异议，子产反对压制舆论的做法，给予乡校人士批评执政者的权利。

孔子长大思索这件事，曾感动地说："从这件事看，谁要是说子产不仁，我是不会相信的。"孔子并进而观察子产，称赞子产是"君子"，因他说子产有君子之道四焉："其行己也恭，其事上也敬，其养民也惠，其使民也义。"（《论语·公冶长篇》）

孔子观察子产、学习子产、思索子产，甚至欣赏子产撰写公文的方式，先要同事裨谌起草，又让世叔讨论修改，然后交子羽修饰，最后自己再进一步润色（孔子称赞子产处理公文的步骤，即使在今天，都可以成为公文撰写模式：起草、讨论、修饰、润色）。

鲁襄公二十七年（前546年），孔子六岁的那年夏天，小国

---

① 李长之（1910-1978年），原名李长治、李长植，笔名何逢、方棱、棱振、张芝、梁直。山东利津人。1910年10月30日生于书香门第，清华大学毕业。师从著名哲学家张东荪、金岳霖和冯友兰。是中国著名的现代作家、文学评论家、文学史家。

为免于晋国和楚国交相侵陵，十四个诸侯国在宋地参加宋国大夫向戎所发起的"弭兵会议"，订立了和平盟约，互相约定不诉诸武力为国策，这使得鲁、卫、郑、曹四国，维持了四十年之久的和平，孔子在三四十岁以前，可说是生活在无战争威胁的太平日子中。这个氛围感染了孔子，使得孔子尔后思维开放，心胸宏阔。

鲁国是礼乐之邦，礼不只表现在个人的仪节进退中，也彰显于社会群体的生活中，古代礼节仪式不外乎冠、昏、丧、祭、乡、射、朝、聘八种。孔子三岁丧父，长大目睹寡母的艰辛茹苦，又牢记先祖正考父的谦卑祖训，为人处事和顺，加上个人求知欲强，敏而好学，不仅不耻下问，而且审问，对礼仪、礼文、礼节都审慎求问。孔子不是向一位儒者学习，而是尽可能向每位儒者求学，跟从这些儒者学礼学艺。孔子对礼的娴熟很快地传开来，曲阜不少关心礼的人们都知道有个陬人的儿子知礼。

孔子不只知礼的仪文，他还从一些未入吏门的士，学得当时的"官书"《诗》《书》《礼》《乐》，他牢记《诗》《书》《礼》，又对音乐显示高度的学习兴趣。孔子个子高大，丹田有力，喜欢唱歌，听人唱得好，必求他再唱一遍，然后自己也合唱起来。孔子还会玩乐器，他能击石制的磬、弹七根弦子的琴与二十五根弦子的瑟。

孔子不是只学文，六艺中的射艺和御艺也都精熟。

曲阜城里每年都会举行各种祭祀天地山川祖先神灵的庆典，从国君到臣民都前往参加祭祀和饮酒的活动，有的还参加国君主持的选武士射箭比赛。这些社祭大多在春、秋二季举行，在州序（养老地方）进行乡饮酒和乡射礼。春祭社礼祈雨求五谷丰登，秋祭社礼庆五谷丰稔，向神报功，如果春祭又是腊祭时，男女都来参加盛会，杀牲祭飨，载歌载舞。

孔子常常在矍相（在山东省曲阜市城内阙里西）的园圃射箭，欣赏他射艺的人站在一起，像一堵长墙一样，他以"君子之道"来说射箭的真义："射主中，不主贯皮，因为射者之力不同等。君子重礼让，没有什么可争的。只有在比射的时候，不能无争。古礼，射箭时，人须走向堂上去射。上去时，还要对比试的人谦逊一回，作一个揖。箭射过以后，仍作一个揖，走出堂来。胜负已定，负者饮罚酒，这就是'其争也君子'。"

孔子也擅长御车，他后来曾告诉门弟子说："吾何执？执御乎？执射乎？吾执御矣。"（《论语·子罕篇》）孔子的执御，不只是御车，也有御国之意。

孔子多才多能，固然迫于身世低贱，另方面也因自身好学，才有出色的成绩，他不讳地说："吾少也贱，故多能鄙事。"而孔子回顾自己的学习历程，也自我评荐说："吾十有五而（'而'，能也）志于学。"孔子不客气地说自己十五岁时，已能立其学。

孔子十五岁这年，是鲁昭公五年（前537年），鲁国上层政治发生重大变化，鲁国公室权力遭架空，"三桓"四分公权，正卿大夫的季氏选择公权其中二分，占据鲁国大半个国家的权力、资源，其余由孟氏和叔孙氏分占。鲁国军政权力操纵在季氏手中，鲁国国君昭公所依靠的收入只是三桓提供的一些贡物。

"三桓"说的是鲁桓公的儿子。鲁桓公有四个儿子，长子是鲁庄公，庄公的后裔便成为鲁国之君。次子是公子庆父，他的后代称为仲孙氏（亦称孟孙氏）。三子是公子牙，后代叫叔孙氏。

四子是公子友，后代叫季孙氏。

鲁庄公是春秋时代鲁国列君中，数一数二的国君，他曾率领了一千乘的甲车，三万名的士兵，支持齐桓公尊王攘夷，《诗经》有赞美他的诗。

不幸的是，鲁庄公一死，鲁国便开始了一连串的"臣弑其君"、"子弑其父"的逆伦失德夺权情事，最后由公子友平定局势，公子友先后辅佐鲁宣公、鲁成公、鲁襄公，可说是三朝元老。公子友，本名季氏行父，后氏称他为季文子。季文子安定了鲁国，是鲁国的功臣，但在他执政的时候，三桓的力量日益强大起来，三个卿大夫窃夺了君权，又是鲁国的罪人。

鲁国国政掌控在三个卿大夫司徒、司马、司空手上，这三个卿大夫爵位成了后世三桓的世袭之位，季氏权力最大。

孔子的真正人生应从十七岁开始，而最早对他指名道姓、称赞他的是三桓的鲁大夫孟厘子。

《论语·为政篇》孟懿子问孝。子曰："无违。"樊迟御，子告之曰："孟孙问孝于我，我对曰'无违'。"樊迟曰："何谓也？"子曰："生，事之以礼。死，葬之以礼，祭之以礼。"这章的重要，不只孔子揭示孝道基础在"无违"，且说明所谓"无违"，是无违礼，生、死、葬，都要以礼，孔子还无意中提及一个关涉孔子周游列国的鲁大夫孟懿子，而这个向孔子问礼问孝的大夫弟子孟懿子及鲁人南宫敬叔，何时向孔子拜师及师生情谊，事关孔子的生平。

《史记·孔子世家》：孔子年十七，鲁大夫孟釐子病且死，诫其嗣懿子曰："孔丘，圣人之后，灭于宋。其祖弗父何始有宋而嗣让厉公，及正考父佐戴、武、宣公，三命兹益躬，故鼎铭云：'一命而偻，再命而伛，三命而俯，循墙而走，亦莫敢余侮。饘于是，鬻于是，以餬余口。'其恭如是。吾闻圣人之后，虽不当世，必有达者。今孔丘年少好礼，其达者欤？吾即没，若必师之。"及釐子卒，懿子与鲁人南宫敬叔往学礼焉。是岁，季武子卒，平子代立。

《孔子世家》的记载十分明确，鲁国大夫孟釐子"病且死，诫其嗣懿子"、"吾即没"，亦即孟釐子病危前遗言自己的嫡长子孟懿子，在他死后，向年少好礼的孔子学礼。孟釐子还特别叮咛，向孔子学礼，还要跟鲁国人南宫敬叔一起前往拜师。这段文末还有小注记："是岁，季武子卒，平子代立。"《鲁周公世家》也说："昭公七年，季武子卒。"季武子卒这年，孔子十七岁。因此，毋庸置疑的是，孟懿子和南宫敬叔应该在孟釐子死后不久，就向孔子学礼，孔子收徒大约在二十岁前后。

但后代有些学人认为孟釐子卒在鲁昭公二十四年（前518年），孔子年三十四岁，而孔子授徒宜定为"三十而立"的三十岁。

这些学人，采行这说法是根据《左传》记载的其中两段相关文字：一、《昭公七年》传文说："九月，公至自楚，孟僖子病不能相礼，乃讲学之，苟能礼者从之。及其将死也，召其大夫曰：'礼，人之干也，无礼无以立。吾闻将有达者曰孔丘，圣人之后也，而灭于宋。'"下引弗父何的鼎铭，内容和《孔子世家》大抵相同。二、《昭公十一年》：《经》曰："仲孙貜会邾子，盟于祲祥。"《传》曰："孟僖子会邾庄公盟于祲祥，修好，礼也。泉丘人有女，梦以其帷幕孟氏之庙，遂奔僖子，其僚从之。盟于清丘之社，曰：'有子无相弃也。'僖子使助薳氏之簉。反自褅祥，宿于薳氏，生懿子及南宫敬叔于泉丘人，其僚无子，使字敬叔。"

《春秋》是孔子根据鲁国历史所写的书，《春秋》所记，上起鲁隐公元年，下迄鲁哀公十四年，凡十二公、二百四十二年，是一部断代的编年史。《春秋》取四季的二季（"春秋"本为编年之通称，指孔子所作而言则为专名），《史记》说《春秋》一书"约其文辞而指博"，简严极了。《春秋》的传，现列十三经中的有三种，《公羊传》与《穀梁传》为今文，释《春秋经》书法的义例；《左传》为古文，详述《春秋经》所记的事实。

《左传》的记载，宜先思辨查明《孔子世家》的"孟釐子"，是否即为《左传》的"孟僖子"，一般学人都认为"孟釐子"即"孟僖子"。后文记录说孟懿子和南宫敬叔是两兄弟，孟僖子生这二子，故事十分离奇，说是泉丘人有个女子，梦见她的帷帐现出孟氏的家庙，她就奔向孟僖子，她的邻女跟她一同去，在清丘之社盟誓，说："有了儿子，谁也不能抛弃谁。"孟僖子叫她们帮助她的侍妾薳氏，从褅祥回来就在薳氏那儿住着。泉丘女生了孟懿子和南宫敬叔，她的邻女没有儿子，就叫她养敬叔。

《左传》记载孟懿子、南宫敬叔的出生近似神话。孟懿子、南宫敬叔若生于鲁昭公十一年（前531年），孔子年二十一岁，孟釐子怎么可能在四年前病危时，就预知四年后会生下孟懿子和南宫敬叔？再者，《孔子世家》记载的孟懿子是他的嗣子，而泉丘女生下孟懿子、南宫敬叔，还要去侍奉他的侍妾薳氏。且《孔子世家》明载"鲁人"南宫敬叔，说明二人非兄弟。故而孟懿子的父亲当以《孔子世家》所载"孟釐子"为准，南宫敬叔是孟釐子所信任的人，年纪可能大于孟懿子，《左传》记载不值采信（张守节《史记正义·谥法解》说"僖"是"小心畏忌"，"釐"是"质渊受谏"、"有罚而还"，"僖"、"釐"不同，但《史记·晋世家》记载曹公对重耳不礼貌，曹大夫"釐"负羁劝谏，《史记·十二诸侯年表》作"僖"负羁。齐大夫陈乞，谥"僖"，史称陈僖子，《史记》作"田乞"、"田釐子"。《史记·孔子世家》记载孟懿子的父亲是孟釐子，《左传》作孟僖子）。

《左传》所谈的"孟僖子"和《史记》的"孟釐子"叙述不一，我们当以《史记》为准。因为《春秋·昭公二十四年》经文说"春王三月丙戌，仲孙貜卒"，鲁昭公二十四年，即公元前518年，孔子已三十四岁。孟釐子不可能在十七年前"即将死也"，直到十七年后才死，所以《左传》所谓的"仲孙貜"不是孟懿子的父亲孟釐子。更何况孔子在三十岁相鲁君见来访的齐君，三十五岁就带弟子前往齐国。

孟釐子称道孔子是知礼的达者，这当是曲阜人的公认，赞说孔子的祖先从弗父何将君位让厉公，以及正考父佐三君得三命，且鼎铭之文"一命而偻，再命而伛，三命而俯……"，应该是孔子向曲阜人所述的祖德宗功，孟釐子辗转得知，而这正是孔子往后所谓的"孝"："夫孝者，善继人之志，善述人之事者也。"（《中庸》）孔子以继志述事来展现他的孝道，孟釐厘子看出孔子这年轻人知礼。

十七岁，孔子的知礼达孝不只表现在他的渊博知识上，也表现在他的具体行动中。这一年，天愁地惨，孔子痛彻心扉，生他、养他、一手拉拔他长大的母亲颜氏千万不舍地作别人间，永辞爱儿。

《论语》及其他相关孔子的古籍，都没有叙述孔子对含辛茹苦的娘亲感情，但我们可以从他的弟子曾子说："吾闻诸夫子：'人未有自致者也，必也亲丧乎！'"（《论语·子张篇》）理解了悟一个人只有父母丧亡时的悲伤最见真情。就这句话，我们可以体会至孝的孔子，在他即将成年前，苍天不佑，丧失慈母，反哺未能，那种痛断肝肠的天丧之痛，当是锥心的煎熬。

就在孔母死后一年的练祭时（父母死后一周年的祭礼叫"小祥"，也叫"练祭"），一个长得高壮、形貌有点像孔子的人出现，名叫阳货，是季氏的家臣，他私下向孔子说："季氏将邀宴士人，你知道吗？"孔子回答说："我不知道，如果邀请我，虽然仍在衰绖，也会前往。"阳货接着说："你大概认为不会这样吧，季氏宴士，没有邀请你。"

阳货是季氏的掌权家臣，邀请孔子不是难事，阳货为何利用孔母练祭之日来祭拜，并私下告诉孔子，颇有挑拨孔子和季氏的意味；不过，从另一角度来看，阳货已经注意到孔子，并有意拉拢，他应是继孟釐子后，另一个赏识孔子的权贵人物（《史记·孔子世家》有另一说法，说孔子还居丧时，季氏飨士，孔子前往。阳货嘲笑说，季氏飨士，没邀请他）。

孔子为母亲服丧满了二十五个月（三年丧不是服满三十六个月，而是两年又过一个月），举行大祥祭后，又过了五天，开始弹琴。古礼大祥祭之日，要鼓素琴，告诉人民，丧亲哀痛终须结束，有所节制，但还不成声调；十天以后吹笙，才能吹成歌曲。

除服不久，孔子二十岁。礼始于冠，本于婚。依礼要加冠成年，用以表明被加冠者以后将以继承人的身份替代父亲为一家之主。三次加冠后，要请贵宾郑重地给他拟定个表字，幼年称名，成年就称他的表字。孔子父母已不在，仍要行冠礼，未加冠不得在外与成人行礼。孔子请来大哥孟皮，自己举行冠礼，在加冠之后撤去为冠礼而陈设的各种器物，打扫家庙而祭告亡父。祭告完毕就去拜见伯叔，最后设醴来酬谢为自己加冠的正宾及其助手。

　　古礼是在加冠后，请正宾拟个表字，这就是"成人之道"。正宾要祝辞，冠者要答对。正宾的祝辞是："礼仪既备，令月吉日，昭告尔字。爰字孔嘉，髦士攸宜。宜之于假，永保受之。曰伯某甫。"〔礼仪已经齐备，在此良月吉日，宣布你的表字。你的表字无比美好，适宜英俊的男士拥有。适宜就有福佑，愿你永远保有。你的表字就叫"仲尼"（译文参考彭林译注《仪礼》）〕古人的表字加"伯、仲、叔、季"排行。孔子排行第二，所以"仲尼"的"仲"是排行，正宾只取一个"尼"字，孔子可能和正宾商议给自己取"尼"的字，"尼"合"丘"，即"尼丘"，纪念孔子父母祷于"尼丘山"而生下他。

　　寡母去矣！天宽地广，人海辽阔，孔子却孑然一身。孔子要继续求学，先得求生求存，维持生计。彼时的儒者，利用六艺过日子，知礼成名的孔子大概在成年，就开始收了几名学礼的弟子，包括孟釐子的儿子孟懿子和一个鲁国人南宫敬叔。

　　母亲死，三年除丧，孔子已近二十岁。孔子没有父母安排，成年后除了谋生外，也得处理一件自己的人生大事。古人加冠后，男当娶妻。脑海深处不忘先祖是殷人宋民的孔子，经过明媒撮合，娶了宋国女子亓官氏（"亓"，"其"的古字，《墨子》书"其"皆作"亓"，唐代有"亓官"，"亓官"是复姓）。

就像孔纥有后的喜悦，孔子隔年即有了长子（有学人认为孔子二十岁得子，但孔子二十加冠才娶妻，个人因而认为孔子二十一岁生鲤）。有了后代继志述事，可以告慰九泉的双亲，当然，也应周知亲朋好友。孔子得子后，大概他的弟子南宫敬叔上告鲁君。鲁君遣人送来一条大鲤鱼（《晏子春秋》最后一章说，晏子死后十七年，一次景公请诸大夫饮酒，以射靶为乐，明明射偏了，堂上诸大夫齐喝彩，景公气得变了脸，思念起直言劝谏的晏子来。臣子弦章说，这是诸臣认为你景公喜好听阿谀的话，景公于是当场送弦章五十车鱼。古代国君大概有赐鱼风尚）。荣君之贶（贶音kuàng，赐予、加惠），孔子因而命他的长子名"鲤"。孔鲤排辈为老大，"伯"和"孟"是排序居长者，孔鲤成年就字"伯鱼"。

孔子连造士受召的资格都没有，大儿子孔鲤在他二十岁左右出生，何以一国之君鲁昭公会派人送来一尾大鲤鱼致喜，可能原因就是有权贵人物向鲁君言说。孔子二十出头，已收孟懿子、南宫敬叔为徒，应是合理推论。

南宫敬叔姓南宫，"敬"是谥，可知南宫敬叔也是大夫。《史记·孔子世家》说："及釐子卒，懿子与鲁人南宫敬叔往礼焉。"古代"人"与"民"有别，"人"是有地位者，《史记》特别载南宫敬叔为"鲁人"，即重其位。南宫敬叔善交，他能说动鲁哀公帮助孔子给车子西行洛邑问礼，他在鲁桓公、鲁釐公庙失火时，还指挥救火，可称贤士。南宫敬叔这个鲁国贵族子弟拜孔子为师，对孔子有相当大的助益。孔子可能通过南宫敬叔，安排进入鲁国的太庙观赏。

　　太庙有专门有司负责祭器、乐器等礼器的导览解说，有些外头不容易见到，一般人不明白的特质、用途、用法。孔子难得进入太庙，不愿走马看花，草草一游，他逮得机会，问得深入仔细，几乎每一件礼器都提问。观游后，有个有司就不以然地说："谁说那个陬邑人家的儿子知礼，如果知礼，怎么每一物，每一事都要问。"孔子听了，淡淡地说："这就是礼啊！"

　　孔子的修学之方是"博学之，审问之，慎思之，明辨之，笃行之。"孔子入太庙每事问，即"审问之"，才不至于强不知以为知。

　　孔子收了大夫儿子为徒，最大意义，不是因而得了贵族门生，而是因南宫敬叔得以认识鲁昭公和季孙氏。

　　孔子虽收了孟懿子和南宫敬叔为徒，但孔子那时生计仍然艰困，尤其婚后又有了儿子和女儿，只收几个门徒，不足以维生，或许是世袭司空的弟子孟懿子或南宫敬叔，先后替孔子安排了"委吏"和"乘田"两种工作。"委吏"如现在的基层委任事务官，古时候所谓的"有司"，主管仓库，"乘田"则是主管牛羊放牧畜蓄之事。这两种小基层公务，孔子做来轻松，没有一点成就感。孔子十五岁就志于学，于是向南宫敬叔说，希望能够到洛邑看看周初的文物风情。南宫敬叔说动了鲁君，给了孔子一辆车、两匹马和一名童子，西去洛邑问礼。《史记》虽说是鲁君帮忙，还须经过季氏同意，孔子故而说："季氏之赐我粟千钟也，而交益亲。自南宫敬叔之乘我车也，而道加行。故道虽贵，必有时而后重，有势而后行。"（出自《孔子家语》，意为：自从季孙赠我千钟粟，我又转送缺粮的朋友，我和朋友间的关系就更亲密了。自从南宫敬叔为我提供了车马后，我的道更加容易推行。所以，我讲的道虽然可贵，必须有时机才会被人看重、有形势才能实行。）

南宫敬叔让孔子得以西去洛邑观赏郁郁周文，并问礼老子，对孔子未来影响甚巨。

周文王先祖太王古公亶父，受狄戎侵扰，在岐下周原站住脚跟，后来伐纣，立朝镐京，即今日陕西，为了国防安全，东方需要设立屏障，于是命周公前往洛邑（今洛阳附近）建新都。成王七年，成王前往洛邑慰勉周公，《尚书》有《洛诰》一篇，记载周公与成王的君臣应对。

周幽王被犬戎所杀，周王城于是迁到洛邑。孔子若要接触周朝的礼乐典章文物，就要到洛邑。孔子因南宫敬叔的帮忙，得以到洛邑，见到周王城的守藏史老彭。

《礼记·曾子问》曾子问道："古代天子诸侯出师，必定要重载迁庙神主随行吗？"（《史记·周本纪》说"为文王木主，载以车，中军"，武王伐纣载文王木主，曾子因此问夫子）孔子回答说："我听老聃这样说：天子驾崩，诸侯去世，就由神职官长太祝取出各庙神主集中藏在太祝庙，象征祖先们为国有凶事而聚会，这是合乎礼的。合祭于太祖庙时，就由太祖迎接高祖庙、曾祖庙、祖庙、四祖庙的神主，合食于太祖庙，凡是依神主出庙或送神主回庙，必定警戒，禁止闲人通行。"（原文："吾闻诸老聃曰：'天子崩，国君薨，则祝取群庙之主而藏诸祖庙，礼也。卒哭成事，而后主各反其庙。君去其国，大宰取群庙之主以从，礼也。祫祭于祖，则祝迎四庙之主。主，出庙入庙必跸。'"）孔子所引老聃的师行必迁庙主的说法，非一般专家所能作答，只有像守藏史这种人才知道这种师行迁庙主之礼，所以孔子问礼的对象应该是《论语》中所说的"老彭"，名聃，字彭，尊称老子。

《礼记·曾子问》的孔子闻诸"老聃"叙述，还有三处：

一、曾子问孔子，出葬的柩车已牵引到路上，突然发生日食，送葬之事要不要变动，孔子曾请教老聃，并引了老聃的说法。

二、曾子问孔子："按常规说，八岁到十一岁的孩子之葬，叫下殇，在住家园圃挖坑掩埋，这是路近的做法，假如墓穴逢远该怎么办？"孔子再引了老聃的说法。

三、子夏问孔子，为父母守三年丧，但遇到国家有战争，不能逃兵役，理当如此吗？孔子又引老聃的说法。

以上四例孔子皆曰"吾闻诸老聃曰"，孔子闻知老聃的，都是丧葬之礼，绝不可能是"五千言"（指《道德经》）的话，而是孔子从周室守藏史得知的话，周室守藏史名叫"老聃"。

周朝的守藏史掌管天下重要图书典籍，孔子披阅博览未见的古圣先贤要籍，并从书中汲取智慧，故能在晚年删定《诗》《书》《礼》《乐》，并作《易传》《春秋》，集大成。

孔子请益的守藏史老子是一位谦虚知礼的长者。《史记》说老子在孔子告别时赠言说："吾闻富贵者送人以财，仁人者送人以言。吾不能富贵，窃仁人之号，送子以言，曰：'聪明深察而近于死者，好议人者也。博辩广大危其身者，发人之恶者也。为人子者毋以有己，为人臣者毋以有己。'"（我听说富贵的人送人用财物，仁德的人送人用言辞。我非富贵，只好盗取仁人的名号，就说几句话送你："一个聪明又能深思明察的人，却常遭到困厄，几乎丧生，那是因为他喜欢议论别人的缘故；学问渊博识见广大的人，却使自己遭到危险不测，那是由于他好揭发别人罪恶的后果。做人子女的应该心存父母，不该只想到自己；做人臣属的应该心存君上，不能只顾到本身。"）

这个以言相赠的周朝守藏史，以"仁"这个字赠孔子，而如何"为仁"呢？守藏史提出了"孝悌"之道："为人子者，毋以有己"，即"孝"，事亲之道；"为人臣者，毋以有己"，即"悌"，事长之道。

"仁"是中国之学，《论语》最重要的一个字，即"仁"，孔子后来以"仁"统摄诸德，"仁"字在《论语》出现一百零九次，孔子向弟子说仁，弟子向孔子问仁。《论语》首篇第二章说："孝弟也者，其为仁之本与？"孝悌是行仁之本，行仁以孝悌为本，虽是孔门弟子有若说的，应该是有若引孔子之说。

孔子问礼于守藏史，礼以行仁，孔子后来告诉他的弟子颜渊说："克己复礼为仁。"行仁不只要行孝悌之道，也可以从克己私欲、复存本心之礼着手。

因此，这周室守藏史相赠孔子的七十五字，概括了孔子早期教学的主要内容。孔子以守藏史为师，守藏史是一个知仁知礼、尽忠尽孝的君子儒、中国仁学的传播者。

这个周室守藏史为谁？《史记》说是"老子"，"子"是尊称，"老子"是"老姓"的一位贤者。不过，因为就在孔子讲学相近时间，也有一本著作五千言的书，叫《道德经》，说是老子所作，因而也称《道德经》为《老子》。

五千言《道德经》作者老子，姓李，名聃，非姓老，五千言之言，畅说绝仁弃义、礼为乱之首，和孔子问礼的守藏史思维大不同，可是司马迁却将孔子问礼的守藏史老子和《道德经》的作者老子混同为一人，而作了不合史实的叙述。

《孔子世家》明确记录孔子"适周问礼，盖见老子云"，辞去，而老子送孔子说"吾闻富贵者送人以财，仁者送人以言。吾虽不能富贵，而窃仁者之号，请送子以言乎"，老子送孔子的是仁义之言。

奇怪的是，司马迁在《老子韩非列传》说："老子者，楚苦县厉乡曲仁里人也，姓李氏，名耳，字聃，周守藏室之史也。"说老子是"老聃"，不仅把周室守藏史说成五千言《老子》的作者，且创作了一个神灵精怪的反礼人物："孔子适周，将问礼于老子。老子曰：'子所言者，其人与骨皆已朽矣，独其言在耳。且君子得其时则驾，不得其时则蓬累而行。吾闻之，良贾深藏若虚，君子盛德，容貌若愚。去子之骄气与多欲，态色与淫志，是皆无益于子之身。吾所以告子，若是而已。'孔子去，谓弟子曰：'鸟，吾知其能飞；鱼，吾知其能游；兽，吾知其能走。走者可以为罔，游者可以为纶，飞者可以为矰。至于龙吾不能知，其乘风云而上天。吾今日见老子，其犹龙邪！'"

司马迁写老子，好似分饰阴阳二侠，道家的老子如高深玄妙的武学大师，使用的功夫变幻莫测，风雷隐隐，神出鬼没，有如天上神龙。

或许就是司马迁有意使弄，道家信徒总是宣称《老子》比《论语》早出，他们的教主老子是孔子之师，他们不重视《史记》的另一史实，真有西周守藏史叫"老子"，名"聃"，字"彭"，是孔子学礼、学仁的心仪老师；他们不在乎事实真相"五千言"的真正作者姓"李"，名"耳"，而非周室守藏史（姓老、名聃、字彭）。

　　孔子回鲁后，并未忘记这"老姓"的守藏史老子，认为这个守藏史虽然没有创作，只是传述中国之学，但确是值得钦佩效法的贤者、君子儒，孔子希望自己能以这位守藏史为学习榜样，《论语》中说："述而不作，信而好古，窃比于我老彭。"孔子说私下希望能和他比肩看齐的这位"老彭"，就是孔子问礼的"老姓"贤者，名"聃"，字"彭"（古人尊敬长者称字而非名，孔子故而不说"老聃"）。"老彭"非老姓和彭姓二人（后世学人常怀疑"老彭"为一个人的姓名。《大戴礼记·虞戴德第七十》子曰："昔商老彭及仲傀，政之教大夫，官之教士，技之教庶人，扬则抑，抑则扬，缀以德行，不任以言"，就记载了殷代有个贤大夫叫"老彭"），而是孔子问礼、启迪孔子哲思的周室守藏史。

　　洛邑为东周京畿之地，礼乐之都。孔子时，洛邑最有名的礼学大师是老彭，音乐大师则是苌弘。孔子不只问礼于老彭，也问乐于苌弘。

　　孔子西行洛邑，除了问礼老彭，问乐苌弘，还观赏了周朝太祖后稷庙和宣明政教的明堂。

　　孔子在周室洛邑，进入太祖后稷的庙前。庙堂右边台阶前有铜铸人像，嘴巴被封了三层，铜像背后刻有铭文："这是古代说话谨慎的人。警戒啊！不要多言，多言多败；不要多数，多数多患。安乐时一定要警戒，不要做后悔的事。不要以为话多不会有什么伤害，祸患是长远的；不要以为话多没什么害处，祸患将是很大的；不要认为别人听不到，神在监视着你。初起的火苗不可扑灭，变成熊熊大火怎么办？涓涓细流不堵塞，终将汇集为江河。长长的线不弄断，将有可能结成网。细小的枝条不剪掉，将来就要用斧砍。如能谨慎，是福的根源。口能造成什么伤害？是祸的大门。强横的人不得好死，争强好胜的人必定会遇到对手。盗贼憎恨物主，民众怨恨长官。君子知道天下的事不可事事争上，所以宁愿居下，知道不可能总居于众人之先，所以宁愿在后。温和谦恭谨慎修德，会使人仰慕；守住柔弱保持卑下，没人能够超越。人人都奔向那里，我独自守在这里；人人都在变动，我独自不移。智慧藏在心里，不向别人炫耀技艺。我虽然尊贵高尚，人们也不会害我。有谁能做到这样？江海虽然处于下游，却能容纳百川，因为它地势低下。上天不会亲近人，却能使人处在它的下面。要以此为戒啊！"（原文参见刘向《说苑·敬慎篇》"孔子之周，观于太庙右陛之前，有金人焉，三缄其口而铭其背曰……"后续孔子讲话，本处为直译）

孔子静立金（古代铜称"吉金"）人前思量，"无多言，多言必败"，智者必谨言慎行。

孔子也观赏明堂。《大戴礼记》说，明堂凡九室，一室而有四户八牖，三十六户，七十二牖，用茅草盖屋。明堂是古代帝王宣明诸侯尊卑和政教的地方。明堂四门的墙上有尧、舜和桀、纣的画像，画出了每个人善恶的容貌，并有关于国家兴亡告诫的话。还有周公辅佐成王，抱着成王背对着屏风，面朝南，接受诸侯觐见的画像。

孔子对天子宣教的明堂有些似曾相识的感觉。原来，明堂亦是天子接待来朝的天下诸侯之处。诸侯当然不能设明堂，鲁国也不能，但鲁国太庙的规划如明堂。

孔子在画像前徘徊仰望，向跟随的人说："这是周公能使周朝兴盛的原因啊！明亮的镜子可以照出形貌，往昔的事情可以用来了解今日。君王不努力沿着国家安定的路上走，而忽视国家危亡的原因，这和倒着跑，却想赶上前面的人一样，难道不迷惑吗？"

孔子在明堂看到周朝文物的丰盛，由衷佩服道："郁郁乎文哉！吾从周！"（《论语·八佾篇》）他也看到周公的盛德，他想念梦见周公之道。

孔子的思想进入了第一个时期：从周。肯定周朝丰盛的文化。

第三章 —— 修身以进，有教无类

当不上学生，自己当老师

明洪武十四年（1381 年），朱元璋尊称孔子为"大成至圣先师"；清康熙二十三年（1684 年），康熙帝在大成殿悬匾"万世师表"。"大成至圣先师"和"万世师表"已成今人对两千五百多年前的孔子最贴切的共识与尊称。

"万世师表"就孔子启发弟子因材施教、有教无类、德育与智育并重，足堪为万世老师的表率而言。

"大成至圣先师"这个尊称大有深意。"先师"不只称扬孔子是第一个教学平民化，将受教机会普及至民间的先导、先行老师，也可说孔子是中国教育史上的第一个名副其实的老师。

传统说法，中国古代之学只限于贵族子弟，所以说"学在王官"，只有王室的贵族子弟才有机会受学，但古书所谓的"王官之学"、贵族教育情形，以及贵族之学从什么时候开始的，贵族教学内容又是什么，却少记载。

后世学人尊敬孔子，认为孔子以前没有私人著述。这种近乎公认的说法，不一定正确。《论语·述而篇》孔子说："述而不作，信而好古，窃比于我老彭"、"盖有不知而作之者，我无是也。"孔子说他想学老彭"述而不作"，意味着当时就有人作书为文，而"盖有不知而作之者"，更是明言有人不知而作，怎可说古无私人著述？

《季氏篇》孔子说："周任有言曰：陈力就列，不能者止。"周任有言岂能无作？《微子篇》孔子论逸民伯夷、叔齐、虞仲、夷逸、朱张、柳下惠、少连等人，孔子岂无参考的著作？（《史记》是汉代文章。）

古代文字少，常一字多义或借字。像《尚书·帝典》的"百姓"是百官，《论语》的"百姓"即庶民。"学"字随时代不同，而有不同释义，与今日认知差异大。我们得正视"学"这个字，在周代之前的含义。

今人所谓"学"，如"文学"、"史学"、"哲学"、"医学"、"化学"等，是指有系统、组织的学理、学术。周初之前的文字使用尚未成熟，而文章、文明、文化都依赖文字的创造、流传。没有文字，就没有今日所谓的"学"。

古代中国文字最早使用在商代，约公元前 16 世纪至前 11 世纪。殷商人信鬼，遇事都要贞卜，贞卜一般用龟腹甲和牛肩骨，合称"甲骨"；把贞卜的事件经过，契刻在甲骨上的字叫"甲骨文"。甲骨文的字体结构，在不同年代有不同形式。

每一个民族文字的早期，必然都是象形字，但唯独中国文字依然向"形"的指标继续发展，且与艺术结合，先是文字造型介入图画，而后是文字含义、思想含义介入图画。

甲骨文之外，大约在商代早中期出现了青铜器铭文，亦称钟鼎文。孔子说"工欲善其事，必先利其器"，契刻在龟甲牛骨或镂刻在青铜器上的金文，都不便使用流传。

周代初年，可能开始使用木板、竹简。《中庸》哀公问政，孔子说："文武之政，布在方策。""方"是木板，适合公告绘图，

《论语·乡党篇》说孔子"式负版者"，孔子在车上，向背有公告政令、图籍在木板的人，把身体凭在车轼上，以表敬意。

竹简的使用，可说是一大发明。"简"是古人削竹成片，用以书写的狭长竹片，合数简穿连为策，事少书于简，事多书于策，合称简策。孔子读《易》，平居放在席上，周游列国时将《易》简策放在布囊中，随时取阅。

没有简策这一利器，不易携带流传，但设若没有哲人贤者的著作之"学"，那又怎么"教学"呢？

古代中国之"学"，传统说法是《诗》《书》《易》《礼》《乐》《春秋》六经，可是，《诗》是周朝大师奉天子之命采风的，十五《国风》之国，全是周天子所封的。文王未建周朝已死，武王在位不久病亡，周公摄行政当国七年，推估采诗时间，当在周公之时。周公又作《大诰》《微子之命》《归禾》《嘉禾》《康诰》《酒诰》《梓材》《多士》《毋逸》等《尚书》之篇。《史记》又说周公作《周官》，不过，汉儒有异论。

被后世尊为六经的《诗》《书》《易》《礼》《乐》《春秋》，其中《诗》《书》《周礼》三经或是周公作的，或与周公有关，而《易》"十翼"和《春秋》是孔子作的。这就是说，中国在周公之前，没有后人所说的"学"；我们若是不认知"学"由养老，转成乐教，再变成启智教育，就无法体认"天不生仲尼，万古如长夜"的孔子伟大。

回顾古人所谓的"学"，我们可以确切地说，以甲骨、青铜器做载具，刚创构文字的商代，不可能有后世所谓的"学"，当然更不用说夏代了。

《孟子·梁惠王上》说："谨庠序之教，申之以孝悌之义，颁白者不负戴于道路矣。"传统注解，"庠序"是学校，语译成："好好地办些学校，再申明孝顺父母敬爱长上，须发花白的人也就不会背负重物在路上行走了。"

没有文字记载的"学"，岂有"学校"？事实上，孟子所说的"学"和"庠"不是学校，而是老者接受敬养礼的养老地方。

古人没有"学"的时候，思想、智慧无法传承，最尊贵、有学问的人就是年纪大的长者。长者有人生、社会经验，越有思想智慧的人，年纪越长越老，古人因而重养老。重养老亦即"尚齿"。《礼记·内则》说："凡养老，五帝宪，三王有乞言。"古代帝王举行养老礼，五帝时代只是效法老人的德行，三王时代又增加向老人"乞言"，把老人好的言行记录下来，成为嘉言懿行录。至于所谓"养老"，不是把老人集中起来奉养，而是举办各种活动、礼会，尊重老人、娱乐老人。

《孔子家语·正论》哀公问于孔子曰："二三大夫皆劝寡人，使隆敬于高年，何也？"孔子对曰："君之及此言也，将天下实赖之，岂唯鲁哉！"公曰："何也？其义可得闻乎？"孔子曰："昔者有虞氏贵德而尚齿，夏后氏贵爵而尚齿，殷人贵富而尚齿，周人贵亲而尚齿。舜、虞、夏、殷、周，天下之盛王也，未有遗年者也。"

《礼记·王制篇》更深入叙述养老、尚齿，说："凡养老，有虞氏以燕礼，夏后氏以飨礼，殷人以食礼，周人修而兼用之。凡五十养于乡，六十养于国，七十养于学，达于诸侯""有虞氏养国老于上庠，养庶老于下庠；夏后氏养国老于东序，养庶老于西序；殷人养国老于右学，养庶老于左学；周人养国老于东胶，养庶老于虞庠。虞庠在国之西郊。六官以长老为贵，故而重养老。"

古人在没有成熟的文字记录之学，知识、智慧的学得，唯有依赖岁数较大的老者，这就是所谓的"乞言"，向老者乞求嘉言，所以有虞氏以降，养老与祭祀、朝政并言。《礼记·礼运篇》说："故宗祝在庙，三公在朝，三老在学。"很确定地说，"学"不是读书启智的学校，而是养老的地方。

"学"既然是养老的地方，那么古人有没有"大学"呢？《礼记》记载确有"大学"，不过这大学不是今人所谓的高等教育地方，而是天子养老的地方。《祭义篇》说："祀乎明堂，所以教诸侯之孝也。食三老、五更于大学，所以教诸侯之弟也。""大学"是天子向"三老"、"五更"行食礼的养老地方。

那么，天子怎么向三老、五更行养老礼来教导诸侯悌道呢？《礼记·乐记篇》和《祭义篇》同样作了记载："天子袒而割牲，执酱而馈，执爵而酳，冕而捴干，所以教诸侯之弟也。"

"三老"、"五更"古书没有确切说明，有的学人认为选出年高德劭的"三老"、"五更"各一人，有人认为"三老"如朝廷"三公"，是三个年高德劭的老者，也有的说是"国老"；"五更"是上了五十岁的老人，年纪较轻，人数较多，选出五人，即"庶老"。天子对"三老"、"五更"的养老礼是褪下外袍的左袖，亲自切割煮熟的牲肉，亲自手执盛酱的木豆，请"三老"、"五更"进食，还亲自执酒杯请老人漱饮安食。天子穿戴冕服，手执盾牌，还亲自舞蹈，娱乐老者，用以教导诸侯懂得敬长的悌道。

有虞氏到周代，都以礼养老，但养老方式略有不同。"燕礼"

是较轻松自在的仪式会聚，以饮酒为主，有折俎而没有饭，只有一献之礼，意在尽宾主之欢，行礼场所在路寝。"飨礼"比燕礼隆重，而"食礼"是大宴老者，有丰盛饮食。周代遵循三代敬养老者的礼节，分别用于不同季节。

中国古人务农，体力早衰，年寿大多不高，五十岁即称老。五十岁养于乡的称"庶老"，六十岁养于国的称"国老"。所谓"养于乡"，不是养老地方在乡里，而是由乡里负责，"养于国"即由京畿王城负责。

养老的地方，各代名称不同，有虞氏养国老于"上庠"，庶老于"下庠"；夏后氏养国老于"东序"，养庶老于"西序"；周人养国老于"东胶"，养庶老于"虞庠"。周人七十养于"学"，殷人却养国老于"右学"，养庶老于"左学"（这个"学"容易误解为后世所谓的"学校"）。也就是说，古代所谓的"上庠"、"下庠"、"东序"、"西序"、"东胶"、"虞庠"、"学"、"右学"、"左学"都不是读书启智的学校，而是养老的地方。

时移事易，周初的"贵族教育"开始设立，有了今日所谓的"学"，养老地方逐渐转成贵族子弟为学的地方。但周初的贵族所学是乐，而非经书典籍之学，"学"因而由养老变成"乐教"，养老之地也逐渐教导乐舞的地方。

《礼记·文王世子》说："凡学（xiào）世子及学（xué）士，必时。春夏学干戈，秋冬学羽籥，皆于东序。小乐正学干，大胥赞之；籥师学戈，籥师丞赞之。胥鼓南。春诵夏弦，大师诏之；瞽宗秋学礼，执礼者诏之；冬读书，典书者诏之。礼在瞽宗，书在上庠。凡祭与养老、乞言，合语之礼、皆小乐正诏之于东序。

大乐正学舞干戚，语说，命乞言，皆大乐正授数，大司成论说在东序。"

"凡学世子及学士，必时"，第一个"学"字作"教"字解，"世子"是贵族嫡长子，"学士"即《王制篇》论俊选而升于学之士。"必时"，四时各有所教。

这段话的第一句话说出"王官之学"的官学，主要教学内容："春夏学干戈，秋冬学羽籥。"干、盾是捍兵难之器。戈，句戟（亦称勾戟）。羽，雉鸟羽毛。持盾执戈是武舞，执雉羽和长籥是文舞。亦即最初的官学是教乐舞，春、夏两季教武舞，秋、冬两季教武舞。

有"学"有"教"就有"教学"的"老师"。乐师中以大乐正负责学政，并教习盾舞、斧舞。大乐正的副手小乐正教习盾舞，由教官大胥协助。钥师教戈舞，钥师丞协助。

《周官》说，负责学政的是"大司乐"，等同《礼记·文王世子》的"大乐正"。中国之学首教是"乐"。《论语》的乐师之长叫"大师"，与"大司乐"、"大乐正"职掌不同（《周礼》对"大司乐"、"乐师"、"大胥"、"小胥"、"大师"的职掌都有明确规范，每一职位负责工作各自不同。像"大师"是"掌六律、六同，以合阴阳之声"，"大司乐"是"掌成均之法，以治建国之学政，而合国之子弟焉。凡有道者、有德者使教焉，死则以为祭祖，祭于瞽宗"，大司乐是学政的总负责人）。

"东序"、"上庠"，本是养老的地方，在周初成为"王官之学"的所在。祭、养老、乞言、合语之礼，皆由小乐正诏之于东序（郑玄注解"东序"在国中王宫之东。东序只是在王宫东方的位置，不是大学名称）。小乐正进行乐教，并把养老之礼和祭祀，融合在乐教之中。而所谓的"执礼"和"读书"并非读礼书和尚书。

《礼记·王制篇》有一大段文章，叙述天子巡守、天子朝见诸侯、天子出征，其中有几句文字容易误解，必须详加说明："天子无事与诸侯相见，曰朝。考礼、正刑、一德，以尊于天子。天子赐诸侯乐，则以柷将之，赐伯子男乐，则以鼗将之。诸侯赐弓矢，然后征；赐鈇钺然后杀；赐圭瓒，然后为鬯。未赐圭瓒，则资鬯于天子。天子命之教，然后为学。小学在公宫南之左，大学在郊。天子曰辟廱，诸侯曰頖宫。天子将出征，类乎上帝，宜乎社，造乎祢，祃于所征之地，受命于祖，受成于学。出征，执有罪，反，释奠于学，以讯馘告。"

"天子命之教，然后为学"，天子何以要命令教，诸侯然后才能为学？因为古时所教的是乐舞，得等天子送干戈、羽籥等乐器。手中有舞器、乐器，才能教学。亦即诸侯乐器为天子所赐，天子赐乐后命令教乐舞，诸侯才学乐舞。

"小学在公宫南之左，右学在郊"，乐师有教国子的"大乐师"和教小乐的"小师"或"小乐正"。周朝教小乐小舞的在国君宫城南方左侧叫"小学"，教大乐大舞的在"郊"，叫"大学"（孔子问儿子孔鲤学诗乎、学礼乎。古人从小到大，读书就读经，没有小学、大学之分。只是后来有些学人引用《论语·子张篇》子游批评"子夏之门人小子，当洒扫应对进退可也"，称"小学"是学洒扫应对进退，"大学"是学平天下的义理之学。汉代则以文字训诂专称"小学"）。古代祭祀只有天子才能"郊祭"，"大学在郊"即是在天子郊祭天地的南郊教大舞大乐。而"春官·小宗伯"的职务之一，要"兆五帝于四郊"，就是在皇都四郊建立祭祀四方名山大川的祭坛，而这"四郊"都有学乐的地方，祭因而与乐合一，《礼记·祭义篇》故而说"天子设四学"。

天子祭天。"郊祭"是"南郊祭天"的简称。祭天的兆域设在国都的南郊，这是归就阳位，因南方明亮，属阳。郊祭之义是天子到国都南郊祭天，迎接昼长日子的到来，这是大报以太阳为主的天恩。

"天子曰辟雍，诸侯曰泮宫"，传统注释"天子的大学称作辟雍，诸侯的大学称作泮宫"，这个注解有问题。《庄子·天下篇》说"文王有《辟雍》之乐"，《尚书大传》也说：《乐》曰：舟张辟雍，鸧鸧相从；八风回回，凤皇喈喈。"可知，《辟雍》是天子之乐，而《泮宫》是诸侯之乐。

《周礼·春官宗伯·大司乐》说："王师大献，则令奏恺乐。"即是王师凯旋要在太庙呈献战果，于乐官奏凯旋之乐。

中国周初之前的"学"只有"乐教"，在《礼记·月令篇》这一篇的文章最为清楚。"月令"分四季十二月，以孟、仲、季区分。孟春之月说"是月也，命乐正入学习舞"；仲春之月说"上丁，命乐正习舞，释菜"、"仲丁，又命乐正入学，习乐"；季春之末"择日大合乐"……

今日有些学人译解古书，说周王朝有今日所谓的"大学"、"小学"，而且"大学"有五，南为"成均"，北为"上庠"，东为"东序"，西为"瞽宗"，中曰"辟雍"。若是如此，周朝的教育已经十分普及发达，孔子的教育有何伟大？其实这所谓的五种"大学"都不是学名，都不是与"小学"相对的"大学"。

"瞽宗"、"成均"二词皆出自《周礼·春官宗伯·大司乐》："掌成均之法，以治建国之学政，而合国之子弟焉。凡有道者、有德者，使教焉；死则以为乐祖，祭于瞽宗。""成均之法"以乐教为主体，由大司乐掌教。《天官司徒》说，"以均齐天下之政"，"均"是齐一，"成"是乐曲一终，"成均"即以乐齐天下之政，达至以乐化民的目的。古代许多乐官以目盲的瞽者担任，大司乐祭于"瞽宗"，"瞽宗"是瞽者之宗，岂可解读为周朝西方大学？瞽宗、成均、辟雍都与音乐、乐官有关，而与后世的"大学"无涉。

　　《大戴礼记·夏小正》说："丁亥万用入学。丁亥者，吉日也。万也者，干戚舞也。入学也者，大学也。""万"是干戚舞，言天则有戚，以干戚武事，故以万言之。这证实了，古代"入学"就入"大学"，不只先入"十学"，学的是乐舞。

　　从《礼记·王制篇》和《周礼·春官宗伯·大司乐》记载，传统以为诗、书、礼、乐四教中，以乐为末，是误解，乐不只是教之始，也是教之成。

　　今人从殷墟中发现许多甲骨文，说明殷墟时代的文字使用简单无文。殷商以前的教化以乐为主。《尚书·帝典》舜命契做司徒，目的是"敬敷五教，在宽"，五教是人伦教化，没有文章教化，而舜命夔典乐，教导贵族长子，使他们正直而温和，宽大而谨慎，刚强而不苛虐，简易而不傲慢。诗（**吟诵之诗歌，非后来的《诗经》**）可以表达意志，歌表达人的心声，音律用来和声；金、石、丝、匏、土、革、木等八音都能和谐奏出，不使失去伦序，神和人都能和睦。夔说："呵，我或击打或轻敲石磬，连鸟兽都起舞了。"

今世出土大量编钟，编制之大、制作之精、音律之准与美，成就跨古越今。中国古文化始于乐亦成于乐，《礼记·乐记篇》说"生民之道，乐为大焉"，后世遂以"大成"尊孔子，这是无上至高的敬意。

贵族教育的"乐育"时间，直到《诗》《书》《礼》三书完成，才告一段落，也就是大约在周公之时。

《礼记·王制篇》说："天子五年一巡守。岁二月，东巡守至于岱宗，柴而望祀山川。觐诸侯，问百年者就见之。命大师陈诗以观民风。"天子五年一巡守，舜就是在巡守时，死于苍梧。天子巡守时，因重视养老，百岁以上，天子要亲自到他的家见面，天子还命乐官之长的大师采诗。大师采诗目的原为入乐，但诗言志，所采的诗可以观见地方风俗的美恶，知道政令的得失。

采诗的人，文学素养高，所采的数量又多，三千多首无法完全入乐，但是，即使不入乐，这些诗的文采仍大有可观，观民俗美恶、知政令得失的作用十分高。诗的文字流传价值因突显而脱离乐，终而成为脍炙人口的流传文学。孔子说："诗可以兴，可以观，可以群，可以怨。"（《论语·阳货篇》）《论语·泰伯篇》孔子说："兴于诗，立于礼，成于乐。"诗和乐甚至分开，《诗》《乐》皆成后世经典。

乐的相关理论文字《乐经》，也在文字成熟、简策流传的周公时代，故有周公作礼乐之说。

不只《诗》成于周代，《尚书》、三《礼》成书也在周代。三《礼》是《周官》(《周礼》)《仪礼》和《礼记》，《史记》明载《周官》成于周公之手。《仪礼》是"礼"的本经，又称《礼经》，在三《礼》中，成书最早。唐文宗开成年间石刻九经，《礼经》用《仪礼》之名，遂成为通称，沿用至今。汉代《仪礼》的传本有"大戴本"、"小戴本"、刘向"别录本"等几种，其中"小戴本"的《礼记》流传最盛，《汉书·艺文志》以《礼记》为七十子后学所记。

《尚书》的《召诰》《洛诰》《多士》《无佚》《多方》等篇，《史记》明言亦为周公所作。（按：《尚书》有些后来篇章，成于周公之后。）

《诗》《书》《礼》成篇，并与《乐》成为官学的正式教材，才有真正的中国之学，可惜的是，《诗》《书》《礼》《乐》在孔子以前，限于官方贵族教育的教材，并不流布民间，受学对象有两种，一是贵族长子——"世子"，二是"学士"，"学士"是官方选自乡里的优秀学子。《礼记·王制篇》说："命乡论秀士，升之司徒，曰选士。司徒论选士之秀者而升之学，曰俊士。升于司徒者，不征于乡，升于学者不征于司徒，曰造士。"

《王制篇》说，司徒命令各乡官长评比优秀士人，推荐给司徒，成为"选士"。司徒评比选士的优秀者而升入国学（官学），称作"俊士"。"选士"可以免除乡里的徭役，"俊士"可以免除司徒官府的徭役，选士、俊士都是"造士"。"造士"可以解读为国家所造就之士。

《王制篇》又说："乐正崇四术，立四教，顺先王《诗》《书》《礼》《乐》以造士。春秋教以《礼》《乐》，冬夏教以《诗》《书》。王大子、王子、群后之大子，卿大夫、元士之适子，国之俊选皆造焉。"这段文字明确记载国学（官学）的学子，包括天子（王）的太子、王子，诸侯的太子，公卿、大夫、元士的嫡子，以及由司徒负责选出的俊士。

官学虽有由司徒选拔的民间俊秀子弟，但选拔没有客观标准，乡里官长难免受主观、人情、特权等因素左右，"选士"选出的子弟，常是地方的特定人士、地方的权贵子弟。有心向学的庶民子弟，失去接受《诗》《书》《礼》《乐》的启蒙机会。

负责官学教育的领导人是乐师之长乐正，乐正有大乐正、小乐正，乐正把《诗》《书》《礼》《乐》四书叫"四术"，也因教"四术"，而设立了"四教"。乐正按季节教学，春秋教《礼》《乐》，冬夏教《诗》《书》。

有教就有受教之士，也有授学老师。中国的教育在"四术"或"四教"后，于焉开始。只是这教育局限官学（国学）、贵族教育限制，而教师仍是乐官。

世子、学士将要毕业离校时，《王制篇》说，教官（小胥）、教务主任（大胥）、副校长（小乐正）检出不遵循教导的学生，把情况报告校长大乐正，大乐正报告天子。天子命令三公、九卿、大夫、元士们都进入国学，示范性地学习礼乐，借以感化不帅教（"帅教"意为遵循教导）者。如果还有人没有转变，天子就亲自视察国学，进行督导。经过这次督导，如果仍然有人顽固不化，天子心情沉重，接连三天用饭都不举乐，下令把不帅教者流放远方，像西方叫"棘"、东方叫"寄"的地区，永不录用。大乐正评比鉴定造就成材的学士，把尤为优秀者禀告天子，而推举给掌管军政的长官司马。优秀的学士称为"进士"。司马分别考评进士们的做官才能，考评"进士"中尤为优异的人才，一并报告给天子，从而确定其考评。考评确定了，然后委任官务；任官称职

了，然后授以品位；品位确定了，然后发给相应的俸禄。（**此段文字参用王文锦《礼记译辞》译文**）

《王制篇》说："司马辨论官材，论进士之贤者以告于王，而定其论。论定然后官之，任官然后爵之，位定然后禄之。"这就是孔子之前任官的程序，官吏从国学、官学选拔贤能优秀之士。这也说明了，只有受过贵族教育的世子学士，才能做官进入吏门，一般平民庶子没有机会从政。

掌握士子为官之权的大乐正，以及小乐正、大胥、小胥等乐官是官学的教师，有教"有类"，尊卑有别，这些老师决定了国家的官吏，控制吏门，只给贵族子弟做官机会。

中国字常见一字多义。"师"即有多种文义。文、武王立吕尚为师，吕尚因助武王得天下，用谋居多，尊为"师尚父"。吕尚为文、武师，不是当文王、武王的老师，而是吕尚贤能，师就贤而言，是可以师法的贤才，不是教学的老师。

大师、大乐正、小乐正、大胥、小胥教导世子学士，确是中国最早的老师，但他们以乐舞为教学主要内容，所教的对象又限于贵族弟子，乐教不是为了启发弟子智慧德行，却直接掌控受教者做官为吏的机会。官学的"乐教"可说是"吏教"。

"师"、"儒"、"吏"三者是国家治民、惠民、得民的重要依赖职务。除了"师"、"吏"之外，古代中国有一种人叫"儒"，他们尊德重行，并且教导人民生活所需的技术，且以此技艺为生，他们无法进入吏门，无法习得《诗》《书》《礼》《乐》的知识智慧，他们专擅礼、乐、射、艺、书、数六种生活技艺（**六艺之礼如婚丧的行礼进退，无有义理探究，与经书三礼重义理不同；书也仅**

只教导书写，非《书经》）。

《周官》说，运作国家如车轮平安行驶，有九种得民来源：第一是牧，以地得民；第二是长，以贵得民；第三是师，以贤得民；第四是儒，以道得民；第五是宗，以族得民；第六是主，以利得民；第七是吏，以治得民；第八是友，以任得民；第九是薮，以富得民。

经营一个国家，首先要有土地。周代分天下为九州，九州各有"牧"，叫"州牧"。《史记·周本纪》记载，武王分封后，"征九牧之君，登豳之阜，以望商邑"。治天下要得拥有土地的州牧支持。"长"是长者，虞、夏、商、周都尊长尚齿，治天下也要重视长者之言。"薮"是人或物聚集的地方，因货殖营商可以富国富民；宗族之情，主雇之利，以及朋友之情，邦君能维系往来感情，都可以得民。

孔子弟子宰予赞孔子贤于尧舜远矣，有子、子贡皆称扬孔子"自生民以来，未有盛于夫子也"，三个弟子只是语言、文字称赞孔子，未具体提出孔子的贤德。若是依照《周官》得民之方，孔子以"师"为主体，且赋予"师"新意，又融合"吏"，提升"儒"，三者合而为一，孔子之贤确是盛于尧舜，孔子被尊称"大成至圣先师"，当之无愧。

按照周初教学制度，平民孩子一出生就受限制，没有受《诗》《书》《礼》《乐》的四教启蒙机会。幸而周都镐京被犬戎攻陷，王室东迁洛邑，周朝一些官制面临崩解，读过《诗》《书》《礼》《乐》的士，有些得不到朝廷取用为吏，流落民间，这些士为谋生而教读《诗》《书》《礼》《乐》。

孔子因为自觉"吾少也贱"，发愤勤学，不仅学了儒者的六艺，而且学了《诗》《书》《礼》《乐》，加以能够见贤思齐、不耻下问。他自言十五岁已能志于学，即学已有小成，他不只学得六艺，也学了启发智慧的"四书"。遗憾的是，母亲一过世，他无亲人依靠，只能自己独挑生活担子。

孔子时候的官学仍由司徒负责选士。《史记·孔子世家》有一段文句："孔子要绖，季氏飨士，孔子与往。阳货绌曰：'季氏飨士，非敢飨子也。'孔子由是退。""要绖"是腰间系着孝麻守丧，也就是孔子在母亲死后才一年，还未除服时，季孙子设宴款待已选上的秀士，孔子前往，季孙子的家臣阳货奚落他说："季孙子宴请士，并没有宴请你！"孔子一听，立刻离开。"宴士"，有两个注解，一说招宴军役之士，一说文学之士，二说都非正解。鲁国执掌招士、选士的是司徒。孔子知礼，已有名声，连孟釐子都耳闻，理应被选取，而他母丧后，也有意在官途发展，结果遭司徒季孙氏的家臣阳货奚落。季孙氏在孔子十八岁那年召士、选士、造士的飨士中，没有选上他。这说明了，在春秋时代，连孔子这种知礼的人才，都不能进入吏门为士。

古代的"士"，即今基层公务人员。《王制篇》说："天子三公，九卿，二十七大夫，八十一元士。大国三卿，皆命于天子，下大夫五人，上士二十七人。次国三卿，二卿命于天子，一卿命于其君，下大夫五人，上士二十七人。小国二卿，皆命于其君，下大夫五人，上士二十七人。"《孟子·万章篇》说周室班爵禄，有上士、中士、下士。"选士"是选拔储备官吏人材，孔子连当个低层公务员的机会都没有。

孔子开始收徒私人讲学，给中国古代教育，做了惊天动地的大改革，突破了官学贵族教育的不平等。有教无类，受教学的学子不分尊卑，只要有心学习，就可进孔门，孔子因而说："自行束脩以上，吾未尝无诲焉。"（《论语·述而篇》）

孔子无法受召成为"选士"，当不上贵族教育下的学生，却自己召士，当了老师。孔子是第一个平民教育的老师，他教导学生有教无类，就不会对有意入门的学生要求，订下"规费"，要入门弟子晒干肉条，送他几束干肉，才愿意教诲。传统注解"束脩"是扎成一束束的干肉条，显然不对。哪有老师收学费，只收干肉条，如果孔子限定每个入门弟子都要奉上干肉条，有三千多弟子的孔子肉条当吃不完，还会生活清苦吗？孔子首开收徒讲学之风，当是有人愿意来学就教，岂有自定收"规费"肉条之理呢？

《礼记·曲礼上》说进食之礼："以脯脩置者，左胸右末。"文义是置放干肉条，要弯曲部分在左，末端部分在右。

《礼记》一书不只说"脩"、"脯"是干肉条，其《丧大记》说："始食肉者先食干肉，始饮酒者先饮醴酒。"《聘义》又说："肉干，人饥而不敢食也。"肉干、干肉都用。《少仪》说："其以乘壶酒、束脩。一犬赐人若献人，则陈酒执脩以将命。"这个"束脩"、"执脩"显然说的是"干肉条"，但我们不可就此将孔子所说的"束脩"，说成一绑一绑的干肉条。因为像颜路、颜渊父子那么穷困，都可以当孔子的学生。"束脩"当解为自行束己修身以进。

"束脩"不是干肉条，有两个证明。一、古人吃肉不容易，《孟子·梁惠王》说："七十者，可以食肉矣。"一般庶民怎么可能为了拜师，特意将肉做成干肉条。《礼记·曲礼下》说，古人做干肉条是为了祭祀，叫"尹祭"；二、《礼记·檀弓上》县子曰："古之大夫，束脩之问不出竟。"有学人语译说："古代的大夫，是不许跟外国国君有什么私人交往的，连一捆干肉条也不能送出国境。"显然误解了"束脩"本义，以致读来不通。"束脩"是束其身修其德，"束脩之问"是没有束好其身，修好其德，自己品德出现了问题。古代大夫一旦束脩有问题，就不会离开国境，静听国君发落，但春秋、战国时代，大夫束脩出现问题，立即出境奔赴他国，像楚国的阳货、公山弗扰，卫国的公孙戌。

那么，孔子之前拜师不以干肉条，用什么做见面礼的"挚"呢？难道只是作揖磕头吗？当然，象征性的拜师礼物还是有的。《大戴礼记·夏小正》说："入学也者，大学也。谓今时大舍采也。"《礼记·月令》说："上丁，命乐正习舞，释菜。"郑玄注："古者，士见于君，以雉为挚，见于师，以采为挚。采直谓疏食菜羹之菜。"郑玄又说"舍"即"释"（放下），"采"读"菜"，礼先师也。菜，蘋繁之属。亦即始入学礼敬老师要释菜，而菜就是《诗经·召南》的"采繁"、"采蘋"的繁菜和蘋菜，二菜常见沟渠中，古人常采用祭祀。

孔子收徒讲学为师，不是扮演《周官》的师氏，以其贤明指导贵族子弟，而是与庶民弟子学生生活在一起，身教言教，将彼时之学乐育扩大成智育，不只启发弟子智慧、充实知识，还重视人格培养，以德行为最重要科目，也将儒者的六艺和乐正四教合一而教，将小人儒提升成君子儒，使儒成学成家。孔子并鼓励弟子当个有恒者、任重道远者，新塑有德的士人，人人皆可为士，不必任由权贵人物无识见的选拔操控。孔子初心并无教导弟子进入吏门，但他所教育的弟子成了有为有守的士，无意中帮司徒造士，他本人和弟子先后进入公门为官，大开吏门，他把"师"提升到至高地位，他定位的老师风范成为典型，他形塑的老师标准，是中国两千五百年以来所未有，故而后世誉为"先师"，他的言行足堪后代千世万世的教师表率，故而不只是"大成至圣先师"，他又被尊称"万世师表"。

"有教无类"四字，今日看来平常、没有深意，但孔子说出这句话，当时可是翻天覆地的大革命，人人都有受教权，"无类"是无分贵贱，否定了孔子之前的官学、贵族教育。孔子有教无类，只要不是貌似神伪的乡愿，都欢迎入门，尊贵如鲁大夫孟釐子，就要他的儿子孟懿子和鲁人南宫敬叔向孔子学礼，坐过监牢卑贱如公冶长都能入孔门，孔子不只收公冶长为徒，还把女儿嫁给他。

孔子早期的收徒情形，相关资料并不多。孟子说孔子的鲁国弟子有狂士，如曾皙、琴张、牧皮。曾皙本名曾蒧，又名曾点。《礼记·檀弓篇》记载，季武子死，曾皙倚其门而歌。这三人当是孔子的早期弟子，三人不仅个性疏狂，而且喜好琴瑟之乐。

孔子击磬、鼓琴瑟造诣极深。《论语·先进篇》"子路、曾皙、冉有、公西华侍坐"章，孔子在子路、冉有、公西华各说自己的志向后，问正在鼓瑟的曾皙，曾皙"鼓瑟希，铿尔，舍瑟而作"，我们由是可以推论，孔子早期收曾皙、琴张、牧皮为徒，这三人都向孔子学鼓琴、鼓瑟。琴张、牧皮这两个早期弟子，《史记·仲尼弟子列传》并未多加著录，曾皙则因后来领了儿子曾参进入孔门读书，稍有提及。

琴张不是小孔子四十岁的子张（**本名颛孙张，"张"是字**）。《左传》说孔子弟子琴张与宗鲁为友，卫国的齐豹先是将宗鲁推荐给公孟絷做骖乘。后来，齐豹阴谋作乱，将杀公孟絷，齐豹事先通知宗鲁勿与公孟絷同车，宗鲁却执意要与公孟絷同生死，因而被杀。琴张知道宗鲁死，将前往吊念宗鲁，孔子阻止琴张说："君子不吃坏人的俸禄，不为私利与人同流合污，齐豹作恶而孟絷被害，都与宗鲁有关，有何可吊？"

《论语·子罕篇》"大宰问于子贡"章，另有一段文字：牢曰："子云：'吾不试，故艺。'""牢"有一说，即是琴张，姓琴，字子开，一字子张。牧皮未见他书记载。

我们何以要提曾皙、琴张、牧皮三人，因为孔门弟子最重要三人：季路、颜渊、子贡，其中小孔子仅九岁的子路入孔门，即与曾皙等三人有关。

子路名仲由，姓季，字子路，一般称季路或子路，不说"季子路"。《史记》说："子路性鄙，好勇力，志伉直，冠雄鸡，佩豭豚，陵暴孔子。孔子设礼稍诱子路，子路后儒服委质，因门人请为弟子。"这段叙述季路的文字几乎没有一句好话，说季路本性粗俗鲁野，喜欢逞勇斗狠，气质刚猛爽直，头上插戴着公鸡羽毛，身上佩挂着公猪的牙齿，暴力欺凌孔子。孔子陈设礼乐慢慢来诱导他，季路后来受了感化，穿起儒者的服饰，备礼矢志，通过孔门弟子的引荐，请求做孔子的门徒。

孔家后院子，有一棵大杏树，枝叶扶疏。孔子在杏树下，用夯土筑了一个讲坛（**后人故说"杏坛"**）。天晴时，弟子聚在坛前，听孔子鼓琴瑟、讲书；天阴时，学生进入他的住宅，围坐在他四周的席子上。

孔子讲礼，性情粗鄙好斗狠、斗鸡的季路，大约十五六岁。

曾皙、琴张、牧皮、子石等人或许有人和季路熟识，季路看见这些人向孔子拜师，乖乖习礼乐，心中大不以然。孔子长得高大，又有学生多人，季路可能不敢暴力对付孔子，而是语言侵犯孔子。

孔子"设礼稍诱子路"，古人礼乐合称，对一个粗俗的人，孔子较可能以乐感化。曾皙、琴张、牧皮都好乐，孔子教导这些早期弟子鼓七弦琴或二十五弦瑟。琴声洋洋溢溢，吸引了季路。季路因而拜托这几个孔门弟子引进。

季路初入孔门，喜欢学瑟。《论语》记载，有一天，孔子听到季路弹瑟。瑟声本应注重和谐，悠然自得。生性好勇喜斗的季路，鼓瑟却流露杀伐声，孔子不以为然，就对门弟子说："由这种鼓瑟，怎么进入我孔丘之门呢？"（由之瑟，奚为于丘之门）孔门弟子因而不敬重季路，孔子发觉自己说得有些过火，接着说："由弹瑟的功夫已经从门下进步到堂上，只是还没走入室内的高层境界。"（由也升堂矣，未入于室也）季路能弹瑟，说明孔子早年教学重视乐。

琴瑟演奏，是个性修为的表现，孔子批评《武乐》虽尽美，却未尽善，何况原本粗鄙个性的季路呢？

鼓琴瑟不只要鼓出琴艺、瑟艺，还要鼓出个人的艺术造境，整部《论语》就只有孔子、曾皙、季路三人有鼓瑟的记载。季路爱鼓瑟，向孔子学瑟，自己应该下了不少功夫。（《史记》另记载孔子向师襄子学鼓琴。）

曾皙是曾参的父亲，颜路是颜回的父亲，《史记》说"父子尝各异时事孔子"。孔门弟子年岁大多数有概说，但《史记·仲尼弟子列传》没有二人的年岁记载，若说颜回小孔子三十岁，曾参小孔子四十六岁，那颜路（《孔子家语》说"颜由，颜回父，字季路。孔子始教学于闾里而受学"，小孔子六岁）就比曾皙年岁大。除了曾皙、琴张、牧皮、子路外，《左传》说，子石也是孔子的早期弟子。

琴张朋友宗鲁被杀，记载在《左传·鲁昭公二十年》，《左传》还提到"子石"的名字。《仲尼弟子列传》孔子命弟子救鲁，子路请出，孔子止之，子张、子石请行，孔子弗许。子贡请行，孔子许之。子石也自告奋勇请行。宗鲁被杀这年，孔子三十岁，因而可确定，孔子设教授徒可追溯到二十岁出头，收孟懿子和南宫叔为徒当在此时。

若以孔子结婚次年二十一岁开始收徒讲学之年，莽直不羁的季路可能在十五六岁前后入门。检视《史记·仲尼弟子列传》，年岁较接近子路的是小孔子十五岁的闵子骞，以及冉伯牛和仲弓，闵子骞、冉伯牛、仲弓三人与颜渊同被列为德行科的杰出弟子。

《史记·孔子世家》说："孔子自周反于鲁，弟子稍益进焉。"可知孔子未问礼老彭前，弟子不多，见过老彭回鲁，弟子才多了起来，而小孔子十五岁的闵子骞，大约在孔子三十五岁左右入门。

不过，《孔子家语》这部遭后世学人批为伪造之书，该书《七十二弟子解》却记载秦商小孔子四岁，颜路小孔子六岁，漆雕开小孔子十一岁，秦商成了孔子的"大弟子"。《史记·仲尼弟子列传》亦见此三人姓名，但未载年岁，司马迁大概认为《孔子家语》记载不足采信。

孔门弟子是孔子人生中的最重要资产，而孔子的哲学思想，则是全人类的重要文化遗产。

第三章

孔子的人生真正开始在收了弟子后，孔子有些事情都交给弟子办，孔门弟子帮老师完成的第一件事，是合葬了太老师孔纥、太师母颜氏。

第四章

暂殡五父之衢，合葬防山之林

辅相鲁昭公，三十而立

天老爷一大早就阴沉着脸，挤不出一块光亮，压得孔子心中沉甸甸的，这种心头的不舒展，其实从母亲阖上疲惫的双眼后，就一直搁在孔子心中的暗角处，不时就会抽动孔子思慕娘亲的心弦。

吴国太宰问于孔子弟子子贡，圣人孔子何以多能？孔子回说："吾少也贱，故多能鄙事。"（《论语·子罕篇》）"贱"虽是自谦之词，但本义即为卑下、卑微。母亲非明媒正娶，在孔家没有身份，在社会没有地位，这是不容否认的事实。年幼无知，孔子看到别人小孩都有父亲，难免要问，母亲会告诉他有关父亲的形影、先祖的殷人、宋人身世，但当他懂得父亲不得一见的亡故事实，某年父亲忌日，他问父亲葬在何处？母亲竟是摇头无言，问急了，母亲泪水盈眸，顺承乖巧的孔子，往后就不再提问此事。

孔子后来游历列国，和楚国一个重臣叶公谈论一件事，差可说出他对亲情的认知。

叶公告诉孔子说："我那里有个坦白直率的人，他父亲偷了别人的羊，他便亲自去告发。"孔子回说："我们那儿的坦白直率和你们的有所不同：父亲替儿子隐瞒，儿子替父亲隐瞒（父为子隐，子为父隐）——这就包括坦白直率的道理。"（出自《论语·子路篇》）

孔子认为父子的关系是亲情，亲情不能分是非，以对错论断；别人可以用各种角度批说自家的父母，自己绝不能。孔子这一"为亲者讳"的看法，有些人或许不一定接受，但这是他后来立说的要点之一：如果亲情可以批判，那何以"亲亲"？何能"入则孝"呢？

孔子一生倡孝道，认为人性中最真的就是慈孝，但他从不向弟子们说父母的往事故情。他不讳言自己"吾少也贱"，而是以正面对待少贱的事实，当吴国太宰嚭说他一定是圣人，才有那么多的才能，他却回说，他能够多能，是因为"吾少也贱"。

不过，出身虽然卑下、微贱，孔子却对父母生养之恩不敢或忘，他深深体会早丧的父亲对母亲的歉意无尽无涯，而和父亲只共度四五年时光的母亲，不仅对父亲一无怨尤，亦是至死思慕。

中国上古之人，亲死将遗体抛弃山野涧谷，任蝇蚋攒集咂吸，狐狸野狗吞食，后死儿孙爱亲念起，不忍油生，于是改用丧葬方式，尸体入棺，埋进土里，但丧葬之礼规范粗疏，没有筑土为垄、聚土为坟，也没有种树识别、丧期规则，后人就不知先人葬身何处。

孔母生前不言孔父葬于何处，可能依当时礼俗，她非正娶，不能送葬，她也没有私下打听，不晓埋骨何方。孝以顺为大，孔子感慨地说："父母其顺矣乎！"（《中庸》）孝的要义在顺父母心意。他在母亲生前，未曾提及，有意将父母合葬，以顺父母长相厮守的终生大愿。他认为父母生前相聚时日不多，死后不离依偎，是他为人子者的责任。

远古没有合葬习俗，夫妻各葬各的，大概从周公开始才有夫妻的合葬。《礼记·檀弓上》季武子说："合葬，非古也。自周公以来未之有改也。"又说："舜葬于苍梧之野，盖三妃未之从也。季武子曰：'周公盖祔（大概周公时开始有了合葬。不过，合葬方式仍有不同。卫国人的合葬，是分开两个墓坑并排安葬；鲁国人的合葬方式，是两个棺材同葬在一个墓坑里）。'"孔父死后，身为孝子的孔子当然要将父母合葬，但自己父亲死后葬于何处，自己竟然不知晓，这要如何向人开口请问，难不成要坦白自己的非婚生身世。

于是，从小习礼、长大学礼、知礼，十七岁的孔子在母亲过世后，做了一个古人前所未有的丧葬方式，他选择了一个名叫"五父之衢"的地方，将母亲的灵柩殡葬在哪儿。

"衢"，四出交错的地方，"五父"的"五"当作多数，"五父"是许多老人家。有学人因而说，"五父之衢"是一个四出交错的歧路，葬了许多先人遗骨的墓葬区。这个说法大误。

《春秋左氏传》有四处文字记录了"五父之衢"。

一、《襄公十一年》：鲁国本有二军，由鲁君轮派三桓掌二军，季桓子却加中军成为三军，由三桓各征其军，公室自此失兵权。由于事关重大，三桓"诅诸五父之衢"，即在"五父之衢"向列祖列宗诅咒发誓，杀牲告白，如果做错请神惩罚。

二、《昭公五年》：毁中军为二，鲁国于是变成四军，季氏取二军，到僖公的庙门盟誓，又到"五父之衢"诅咒。

三、《定公六年》：阳货同鲁定公以及三桓在周社盟誓，又和贵族们在亳社盟誓，在"五父之衢"诅咒。

四、《定公八年》：阳货兵败，躲到"五父之衢"。

由《左传》四例可知，"五父之衢"不是一般墓葬区，而是鲁国王公贵人的墓葬区，鲁国祖先魂灵之所在，一有国家大事，需要盟誓祈福到庙或社；需要诅咒，则到"五父之衢"。孔子葬母亲在"五父之衢"，大概与其父叔梁纥曾任陬邑大夫有关。《礼记·杂记》说："凡夫人，从其夫之爵位"，这句话的文义是，凡妇人之丧，为她举行丧礼的规格，依她丈夫的爵位而定。孔纥生前曾任大夫，孔母才能葬在鲁国官员诅咒的"五父之衢"。

"五父之衢"位于今山东曲阜西南五里处一带，离孔子住家不远，那邻近的乡亲都认得某一门墓是孔母之坟，这可明证"五父之衢"不是乱葬区。只是邻坊不知道孔母只暂殡放于该处，而非安葬。

"殡"是停棺、停枢，"殡殓"为入殓和停枢，"殡宫"是古时临时停枢之所。"葬"则掩埋尸体，不让人见到。孔子曾说"朋友死，无所归，曰：'于我殡。'"（《论语·乡党篇》）而非"于我葬"，只是暂时殡殓，等待朋友或宾客亲属来运回，所以不是埋葬。孔子将母亲遗体浅放而非深埋，故而是"殡"（类似今人的"浮厝"），而非"葬"，即因孔子在母亲丧亡时，自己心下即作决定，要将父母合葬，所以处理慎重，只是浅埋而已。

孔子为亲者讳，不好自己打探父亲的埋葬处，他必须请人帮忙。孔子收徒后，自有门徒听他使唤。

《史记·孔子世家》说："陬人挽父之母诲孔子父墓，然后合葬于防焉。"这个记载很简略。"挽父"（《礼记·檀弓篇》作"邹曼父"）是陬邑当地率引灵车的男子。挽父的母亲当然不会在孔母死后多年，特别前往曲阜告诉孔子，他的生父葬在防山以北的某处，应该是孔子派弟子去查问。这位弟子很可能是年纪比孔子小九岁的子路。子路想请教挽父，挽父不在家或已不在人世，挽父的母亲对曾担任陬邑大夫的孔纥之葬记忆犹新，指出埋葬地点。

孔子于是和弟子前往防山查探，在松柏苍翠的林树间，孔纥埋葬在今曲阜城东十三里处的防山乡防后村。林地南接防山，北临泗水。

防山乡，春秋时鲁国防邑，叔梁纥曾在此打过仗。《左传·襄公十七年》记：公元前 556 年（**孔子出生前五年**），高俭带领齐军围困防邑，当时困于防邑的有鲁大夫臧纥及其弟臧畴、臧贾和叔梁纥。鲁军前去救臧纥，从阳关进击，接引臧纥。鲁军因慑于齐军强大，到了防邑旅松这个地方，便停止不前了。叔梁纥带着臧畴、臧贾和带甲之士三百人，保卫主帅臧纥于夜间突围出去。将臧纥送到鲁军驻地后，又冲进防邑，然后固守。齐军屡攻不下，只好撤退，叔梁纥立了大功，因而死后葬于防邑境内。

孔子对父亲的印象若有若无，三岁丧父，诚属不幸，但世间犹有未见亲父一面的遗腹子。母子相守十七寒暑，孔子尚未成年，学未立，业未成，心中满满的反哺之情，却无法回报，慈母竟在四十岁不到时就撒手人寰。绵绵之思，苍天曷极！孔子在弟子相助下，于卯、辰之交，起出"五父之衢"的浅埋棺木，安置在雇工请来的祥车上。

前一天午后曾出现大雨，连下三个多小时，孔子有点担心天候不良，幸好辰时祥车开动，天虽阴得化不开，却未下雨，估计午后就可到达选定的防邑双亲合葬地。

无法对父母尽孝，是孔子的遗憾。"祥车旷左"（《礼记·曲礼上》），左边是尊位，丧葬用的魂车空着左边的尊贵位子。祥车在颠簸中前进，孔子一路反思父母在，人子应尽的孝道，以及父母亡故时，应如何慎终追远：

"事父母几谏，见志不从，又敬不违，劳而不怨。"（《论语·里仁篇》）

"父母之年，不可不知也，一则以喜，一则以惧。"（《论语·里仁篇》）

"今之孝者，是谓能养。至于犬马，皆能有养；不敬，何以别乎？"（《论语·为政篇》）

"父在观其志，父没观其行。三年无改于父之道，可谓孝矣！"（《论语·学而篇》）

"生，事之以礼；死，葬之以礼，祭之以礼。"（《论语·为政篇》）

"父母，唯其疾之忧。"（《论语·为政篇》）

"为人子，止于孝；为人父，止于慈。"（《大学》）

"父母在，不远游，游必有方。"（《论语·里仁篇》）孔子想到这句话时，清泪泫然。他孔丘如今父母双双不在，而他心存道济天下，预知将来的日子恐将远走他乡、周游求仕，居无定所，东南西北漂泊，古人虽葬埋不封不树，他仍决定父母之墓必得标记，将来可以识别。

孔子合葬父母，将门弟子分成两组，防山乡防后村的合葬新墓地是孔子亲自选的，孔纥的原墓旧址在防山后阴，离新址约八公里。故而，孔父、孔母的原棺得从两地分别取出，再会合新址安葬。

合葬同穴时期，弟子们正要举高孔纥棺柩入穴。孔子阻止说："先葬家慈，后葬家严！"

"为什么？"子路不解问道。

孔子说："合葬时，恩义较轻的先葬，恩义较重的后葬。祭奠时，恩义较重的先祭奠，恩义较轻的后祭奠。父母同葬，安葬先母后父，祭奠先父后母，这才合乎礼法。"

"如果下大雨，怎么办？可以停葬吗？"季路又问。

"雨不停葬！"

弟子们一听立即加紧动作，在墓坑上聚土拍实，高有四尺，很快完成合葬后，并开始祭奠。祭奠礼后，孔子右手掩着左拳，向站立一旁的弟子拱手，弟子们拱手时也都将右手放在外面。孔子见状说："凡男人行拜，左手覆在右手之上，左属阳。你们太喜好学我了，我是因为给家姐服丧才这样的。"弟子们立时改了过来，再拱手时就把左手改放上面。

防山远眺如龙般蜿蜒，未时末，龙形隐身在黑墨墨的乌云后，孔纥和颜氏合葬的新墓旁，四周隆起四尺高的土石墙。弟子季路瞧着乌云逐渐飘聚过来，向夫子说："这乌云黑厚，雨势可能不小，夫子先返回操持安魂祭事，我们再把土石墙整理厚实些，随后赶回！"

孔子瞧瞧隆起的新坟，父母已安息，合葬仪式也完成，于是在弟子催促下坐上马车。马行，还不时回望这片父母永远安息的山林。

孔子刚离开防山，雷声轰隆大作，大雨倾盆而下。曲阜雨势虽然比防山小，孔子仍湿了一身。回宅屋，孔子换穿干衣，一颗心揪着，安排安魂祭时，双眸不时向门外凝视，一时辰过去，帮忙的弟子还未回来。孔子坐不住，站起身来，脸色凝重，踱起方步。又一时辰过去了，孔宅掌灯后不久，弟子们才淋了一身湿，喘着大气入屋。孔子劈头就问："怎么回来这么晚呢？"

"雨太大了，防地的坟头塌了！"

孔子没有立即回应，埋下头去，弟子们以为老师没听清楚，连说三次，孔子才涕泗纵横地说："我听说，古时是不在墓坑上修坟头哩！"

"古不修墓"是古代的葬礼遗俗。孔子担心这些弟子虽然尽全力防止坟头崩塌，但雨势太大，坟头是不是能免于崩塌，还不得知。一旦坟头再崩塌，依礼又不能修墓，愧对父母，岂不遗憾！

孔子待心情平复后说："所谓祭祀，就是用来追补生时的供养，继续生时的孝道。所谓孝，就是畜的意思，对父母的敬爱至情蓄积于心就是孝。顺从道义，不悖逆伦常，就叫作畜。因而，孝子事奉双亲有三个阶段性要求：父母在世时要供养，父母去世要服丧，服丧期毕要祭祀。供养时看他是否恭顺，报丧时看他是否悲哀，祭祀时看他是否诚敬与及时。能够尽心致力地做到这三项，才算是孝子的行为。"（《礼记·祭统》："祭者，所以追养继孝也。孝者，畜也。顺于道，不逆于伦，是之谓畜。是故孝子之事亲也，有三道焉：生则养，没则丧，丧毕则祭。养则观其顺也，丧则观其哀也，祭则观其敬而时也。尽此三道者，孝子之行也。"）

孔子平时就对弟子说："生，事之以礼；死，葬之以礼，祭之以礼。"这时，心中悲苦怛恻，多说了一些。他的脑海涌现了一个强烈的意念：每一个孩子至少三年才能离开父母怀抱，父母死后应行三年之丧，上自天子下至庶人，通行无二。

青山有幸。埋葬孔子父母的防山墓地，后世称为"梁公林"，孔纥字叔梁，尊称梁公。孔子以合葬父母为念，可能在二十五岁以前完成父母合葬（孔纥和颜氏纵有千万般想法，也不会想到，二人所祷的尼丘山，今日改名尼山，只因他们儿子名丘，这个山名就要避讳"丘"字，而孔纥字叔梁，后世尊他为梁公，宋真宗于1008年追封叔梁纥为齐国公，墓碑因而有"圣考齐国公墓"六字，孔子父母的墓地叫梁公林。至于孔纥所生的长子、跛脚的孟皮，被尊为圣兄，他的坟墓紧挨在父母墓旁，还有墓碑，用篆书写的"圣兄伯尼墓"。孟皮也有字，孔子字"仲尼"，孟尼字"伯尼"）。

孔子从十五岁后，所学就有了志向，问礼老彭后，得到"夏学"（中国之学）是"仁学"的启发，而"仁"的造字从"二"、从"人"，两个人最重要的关系是"爱人"，爱人得有先后，先亲亲，然后仁民，再推衍至爱物。也就是"行仁由己"，从自身开始行仁，自身不能行仁就如同祭拜别人的祖先，而不祭拜自己的祖先一样，是谄谀的行为（《论语·为政篇》："非其鬼而祭之，谄也"）。

孔子深悟行的重要，知而不行如同不知，孔子一而再向弟子说行的重要，能知后还要能行，才算真知。他警告弟子说："一个君子人光会说，不会做，这是很羞耻的事。"（《论语·宪问篇》："君子耻其言而过其行"）他还说："一个大言不惭的人，若要他真真实实做起事体来，一定做不到。"（《论语·宪问篇》："言之不怍，则为之也难"）

孔子非常肯定弟子季路勤于任事，勇于行，他观察季路知道一件事，还没做完，唯恐再听到一件要做的事（《论语·公冶长篇》："子路有闻，未之能行，唯恐有闻"）。

孔子在母亲亡故后，回到出生地陬邑，问候自己同父异母的家人，大哥孟皮有了女儿，他也去看同父异母的姐姐们，知道一个姐姐丧亡不久，立即为她服孝。孔子不只深悟亲亲、仁民、爱物的等差之爱、伦常之爱，也有了修身、治国、平天下的治世雏型。

合葬父母后，孔子觉得彼时的丧礼，尤其士人丧礼仍有不足，他有心比较三代之礼的异同，孔子不仅从古书中求夏、殷古礼，还亲自到杞国和宋国去考察。

古代改朝换代的帝王都有"继绝世，举废国"的传统观念，灭了一个国家、断绝这个国家的世袭，但还要保存一些该朝或该国的礼俗文化，可以作为今朝后人的参考，此即所谓的"存三世"；周武王为天子后，封夏朝的后代为杞国之君，封殷朝的后代为宋国之君（孔子的先祖之国），孔子因而到两国去征文考献。可惜的是，孔子虽能说出夏、殷之礼，但夏、殷二代的典册亡失殆尽，又无秉礼的遗贤，不足以证明他所知道的是否正确。

孔子认为每一个朝代之礼都有所因，都有损益，都因前朝之礼而损益以时。像殷朝之礼因于夏朝之礼，所损所益可以参校知道；周朝之礼因于殷礼，所损、所益也可以参校知道。将来继周朝而兴的，对于周礼，也必定有所因袭损益，不难推知，即使百代以后，也可测知，何况十世呢？（《论语·子张》："殷因于夏礼，所损益可知也；周因于殷礼，所损益可知也。其或继周者，虽百世可知也。")

孔子在《礼记·表记》提出了虞、夏、殷、周四代的损益观点，他认为有虞氏、夏后氏的治国之道，民怨尚少。殷代、周代的治国之道，有着不能克服的流弊；有虞氏、夏后氏的质朴，殷代、周代的文采，达到极致。有虞氏、夏后氏的文采胜不过他们的质朴，而殷代、周代的质朴又胜不过他们的文采。（子曰："虞夏之道，寡怨于民；殷周之道，不胜其敝。"子曰："虞夏之质，殷周之文，至矣。虞夏之文不胜其质，殷周之质不胜其文。"）

孔子不久前专程西去洛邑，向周室守藏史老彭问礼，而有知礼的贤者到鲁国来，他自然也不会放过请益机会。

鲁昭公十七年（前 525 年），孔子二十七岁，秋天，鲁国东南方一个小国郯国的国君来朝见鲁昭公，鲁昭公设宴，三桓中的叔孙昭子（叔孙婼）参加宴席。郯国自称先祖是少皞氏，少皞氏为古帝王挚，以鸟名做官名，叔孙昭子大概只是兴趣一问，不意这个郯国君郯子，却说出一篇有关古代官名的缘由："少皞氏是我的祖先，所以我知道。从前黄帝是用云来纪官，所以他的官名全用云。炎帝用火来纪官，他的官名全用火。共工氏用水来纪官，他的官名全用水。太皞用龙来纪官，他的官名全用龙。我的高祖少皞即位时，凤鸟恰好来了，所以官名全用鸟。凤鸟氏是历正，玄鸟氏管春分、秋分，伯赵氏管夏至、冬至，青鸟氏管立春到立夏，丹鸟氏管立秋到立冬，祝鸠氏是司徒，鸤鸠氏是司马，鸤鸠氏是司空，爽鸠氏是司寇，鹘鸠氏是司事，五鸠是治理人民的。五种雉鸟等于五个工正，利于器用，正度量尺寸，使百姓均平。九扈做九农正，安置人民，无使人民生淫乱。自从颛顼以后，不能像先前诸帝般纪远，就只能就近事为纪，官民全以民事纪官，不像往昔以云、火、水、龙、鸟般言之有故、以故纪官名。"

少皞氏所说的古代以鸟名为官制历史，鲁国贵族已无人知道，郯子这个有典有故的说法，传到孔子耳中，孔子便请人帮忙介绍郯子请益。郯子虽是小国之君，普通人还不容易见到。可知孔子在鲁国知诗达礼，并拥有一些门人弟子，已是一个十分出色的老师，郯子才愿意见他。

郯子说殷商文化的神话传说与东海岸的鸟有密切关系，身为殷人后代的孔子，当然乐于听到先祖的文化传承，他从请教郯子，悟出了"天子失官，学在四夷"、"礼失求诸野"的道理。做官的世袭贵族子弟因生下来就世袭而有位，学习礼乐大多是后来的，那些无位在野的老百姓，学而优则仕，反得以较先学礼乐。

郯子是小国之君，却比其他大国之君更知礼乐。孔子这感慨一如自言"吾少也贱，故多能鄙事"，他何以比他人知礼乐，正因为他是先进礼乐的野人，所以他后来向弟子说："先进于礼乐，野人也。后进于礼乐，君子也。如用之，则吾从先进。"（《论语·先进篇》）

孔子是第一个向平民弟子进行《诗》《书》《礼》《乐》之教的老师。其中《书》即《尚书》，是中国第一部政书，记录的是治国平天下之道，许多篇是周公作的，用字较典雅深奥，一般人较不易阅读。孔子言人生涵养灵性之道，归本此四学。

孔子生了长子孔鲤后，又生了一个女儿。

古时教子有个说法："父子不责善，责善则离。"意思是说，父亲和儿子不宜互相要求对方如何做好行善，一要求就失了感情。

为了免于父子"责善则离"，就易子而教，父亲不教自己儿子。

孔子弟子陈亢曾经问伯鱼："你父亲对你的教诲，和我们这些弟子有什么不同？"伯鱼回说："没什么不同！家父曾经一个人独自站立庭中，我快步经过。家父叫住我问：'学过《诗》吗？'我回说：'还没有。'家父说：'不学《诗》，无以言！'我退离后开始学诗。又过了些时日，家父一个人又独立庭中，我又快步经过，家父又问我说：'学《礼》了吗？'我回说：'还没有。'家父说：'不学《礼》，无以立！'我退离后开始学礼。我只知道家父告诉我要学《诗》、学《礼》。"陈亢离开伯鱼后，高兴说："我问一件事，却得到三个答案。我只问伯鱼从他父亲那儿学了些什么？知道学《诗》、学《礼》外，又知道君子人不溺爱且疏远儿子。"

伯鱼还未学《诗》、《礼》，年纪应该不会太大，可能五六岁左右。学《诗》、学《礼》是伯鱼的"过庭录"，伯鱼亲闻父亲的教诲要学《诗》、学《礼》。陈亢说"问一得三"，闻诗、闻礼即表示孔子在伯鱼幼时，已开始了《诗》、《礼》教学。

"学《诗》乎"、"学《礼》乎"，孔子跟儿子耳提面命学《诗》、学《礼》，一般学人容易认为只是孔子关心儿子要读这两部书。其实这是孔子悬起了日月明灯，照亮了中国智慧天空。古时学乐重化性而诗言志，诗可以兴、观、群、怨，读诗可以知道人性、老百姓心声，可以启发性智，中国人的先民智能因之大开，孔子的弟子子夏和子贡都精于诗；礼则是告诉人如何立于天地间，做好天地事，成为天地人。

孔子问儿子"学《诗》乎"、"学《礼》乎"，似乎可以推测，彼时诗、礼学之教仍未成主流，而孔子在三十岁以前，对乐的造诣已达致极高境界。

孔子学乐甚早，最得意的成就也在乐。鲁昭公十九年（前523年），孔子二十九岁，向大师襄学鼓琴。"大师"是古代的乐官之长，列国都有大师，鲁国的大师叫"挚"（《论语·微子篇》说"大师挚适齐"、"击磬襄入于海"，击磬襄不知是不是和孔子学鼓琴的师襄同一人。《泰伯篇》有"师挚之始"章，师挚可确定是大师，师襄应是乐师而已），可说是鲁国最杰出的乐师，他的鼓琴技艺之高，当时无出其右者。

孔子拜师襄子为学习鼓琴，一曲学了些时日还不更易，师襄子对孔子说："你可以学新曲了。"孔子说："不，我只是会鼓弹曲子，可技巧、节拍还无法完全掌握。"又过了些时日，师襄子又说："技巧已掌握不错了，可以学新曲了。"孔子仍说："不行，我还没有领会曲子的意趣神韵哩。"几天又过，师襄子说："你已领会意趣神韵了，可以学新曲了。"孔子回说："我还不知道此曲的作者及其为人的风采哩。"再过了些时日，孔子神色肃穆，陷入沉思，而后抬头望远，表情怡然欣悦，雄志昂扬说："我孔丘悟得这个人了，他是一个黑皮肤、长个儿，眼睛明亮望远，看似威凌四方的王者，若非周文王，还有谁能作这样的歌曲呢？"师襄子大为折服，离席而拜说："我的老师正说这乐章是《文王操》呢！"

孔子学乐由知曲、合拍而逆志、知人，想象作曲者的容颜，这种学乐的专注和造境，连一国的乐师之长都要避席再拜。

孔子曾说："兴于诗，立于礼，成于乐。"孔子三十岁前，收了一些门弟子，即以《诗》《礼》《乐》讲学教人。鲁国文物荟萃，有"礼义之邦"的美称。孔子在三十岁之前，即已成为鲁国中，知诗、书、礼、乐的贤者达人。

孔子在三十岁这年，也就是鲁昭公二十年（前 522 年），齐景公和晏婴在齐、鲁国境狩猎。齐景公时，有晏婴辅政，国势很强，《史记》说"齐景公二十六年，猎鲁郊，因入鲁，与晏婴俱问鲁礼。"历史上很少国君因狩猎而进入他国国境，而且为了问礼。

《晏子春秋·内篇杂上》说齐景公初政，不珍惜旧人，晏子向景公辞官。景公放手治国，结果自己的声望被高强和鲍国两个大夫所超越，老百姓大乱。景公深感恐惧，召回晏子，诸侯又开始敬畏景公，大夫也服从景公，百姓努力开垦耕作。蚕桑和豢养放牧的地方不够了，于是"丝蚕于燕，牧马于鲁"，有可能齐人强横入侵，在鲁国牧马，齐景公因而和宰相晏婴，假借"入鲁问礼"的理由，顺道进入鲁国。

齐国从齐桓公后，就是春秋时代的大国，晏婴是齐国三朝元老重臣，晏婴年岁比孔子大三十四岁，本身又博学，怎么可能入鲁问礼呢？这让人想起鲁昭公七年（前 536 年），楚灵王为庆祝章华之台落成，邀请各国诸侯参加。鲁昭公也接到邀请，由孟釐子陪同"相礼"至楚国，孟釐子回鲁后十分懊恼自己失职，没有能力"相礼"，所以求鲁国会相礼的人，结果听到孔子是个知礼的达者，告诉他的大夫说，他死后，要儿子孟懿子和鲁人南宫敬叔向孔子学礼。

中国字常一字多义，"相"这个字有观察、占视、交互、形貌之义，也有辅助、扶助之义，古代官名即有相，后代也称百官之长为"宰相"。

武丁（商朝第三十二任君主，前1250年－前1192年在位）三年不言，政事决定于"冢宰"，冢宰即宰相。

周天子失位后，诸侯各国国君也都有相，但这个相大多由卿大夫的正卿担任。汉刘邦打下天下为汉天子，萧何为"汉相国"，而曹参为"齐相国"，曹参何以叫"齐相国"？因为刘邦以长子刘肥为齐王，曹参辅助刘肥，所以为齐相国。等到萧何死，曹参才接任为"汉相国"。

但是，在孔子时代，"相"只是个知诗达礼的外交赞礼人才。《周礼·秋官·司仪》说："掌九仪之宾客摈相之礼。"注："出接宾曰摈，入赞礼曰相。"

孔子弟子中，公西华的专才就是为"相"，他说："宗庙之事，如会同，端章甫，愿为小相焉。"（《论语·先进篇》）国家在宗庙里祭祀和诸侯相会见，都需要有相辅助国君。

孔子曾说："诵《诗》三百，授之以政，不达；使于四方，不能专对；虽多亦奚以为。"（《论语·子路篇》）就是孔子说出当"相"的必备条件。

齐景公带来的相，就是齐国重臣宰相晏婴（晏婴并非正卿，而是次卿。据说，国氏是姜太公之后，高氏是文公之后。齐桓公得立，便是因为国、高二氏做内应。齐桓公以管仲为相，管仲奉命"平戎于王，王以上卿之礼飨管仲"，管仲不敢接受说："臣，贱有司也，有天子之二守国、高在。"连管仲都非正卿），齐景公和晏婴到鲁国却说是要请教鲁国之礼，这对鲁昭公来说，是何等严苛的挑战考验，鲁国若无知礼者帮忙鲁昭公相礼，必然成为笑柄。幸好，鲁国有了孔子。

齐景公、晏婴虽然不是真为问礼而来鲁国，齐景公甚而有扬威之意，但表面上还是问了一些鲁礼。齐景公、晏婴对孔子的答问，一定心中暗暗称许，齐景公不免露出欣赏的神情，有意探探孔子是否有为政之才，就问孔子，秦穆公何以能称霸："从前秦穆公国家很小，地方又偏僻，为什么能称霸一方呢？"

秦国偏于西陲，原本是小国，突然成为春秋五霸之一，这个原因，齐景公、晏婴不可能没有看法，只是想听听孔子的知见，孔子回道："秦国虽小，但志气可大；虽然处于偏僻之地，但行为端正。秦穆公又会用人，亲自举拔任用五张黑羊皮赎来的贤士百里奚，封他大夫的官爵，把他从奴隶的拘禁中救出来，和他一连晤谈三天，随后把国政大权交给他。从这一事实看来，秦穆公就是统治整个天下也是可以的，他称霸诸侯还算成就小呢！"

齐景公听了孔子的话十分高兴，晏婴也显现了欣赏的神色，有意和孔子结交。孔子后来就称赞晏婴说："晏平仲（晏婴的字）这个人善于和别人交朋友，他和人交友，时间虽长久，仍旧能恭敬而不失礼。"（《论语·公冶长篇》子曰："晏平仲善与人交，久而敬之。"）

《晏子春秋·内篇问下》记载晏子后来又出使鲁国，鲁昭公请问如何"安国众民"，晏子回说："我听说傲视大国、轻视小国，国家就会面临危险；不愿听取人民的心声，只会加重赋税，人民就离散。善处大国，帮助小国，即是安定国家的法宝；谨慎听取人民的意见，节约省用，此即增多人民的方法。"

《内篇杂上》记载，晏子出使鲁国，拜见鲁国君主，孔子命门弟子前往观礼。门弟子引礼书上说："'上台阶不能越级，殿堂上见君子时不能快步行走，授给君王玉器时不能下跪。'现在晏子见鲁君时，全都违反了这些规矩，谁说晏子娴熟礼呢？"晏子拜见鲁君后，退下殿堂去会见孔子，孔子将弟子疑问提出，晏子一一解释，孔子以宾客之礼送行，对门下弟子说："没有明文写上去的礼仪，只有晏子能够实行。"

孔子生在鲁国，三十年来在鲁国学礼、读书、结婚、生子、讲学。孔子见了齐景公、齐相晏婴后，他的脑海中闪现未来可以展现抱负的国家，除了母国鲁国中，又多了一个接邻鲁国北境的齐国。齐国有位知礼的长者晏子。《晏子春秋》的作者，十分重视孔子在鲁国说晏婴的话，作了晏子和孔子惺惺相惜的记录：

《内篇谏上》：雨雪三天，天不开晴，穿披狐白皮衣的景公说："奇怪啊！雨雪三天，天却不冷。"晏婴答说："我晏婴听说，古代的贤君，自己吃饱了，还会想到有些人民在挨饿；自己穿暖了，还会体会百姓在受冻；自己安逸舒服了，就会想到百姓的劳苦。如今你却不知道啊！"景公一听，立即下令赈灾。

仲尼闻之曰："晏子能明其所欲，景公能行其所善也。"（晏子善于表达自己想做的事，景公善于做他喜欢做的好事。）

《内篇谏下》：景公喜欢建大台，强征民力，天寒地冻也不停止。景公请晏子饮酒作乐，晏子趁着喝酒唱歌说："庶民之言曰：'冻水洗我，若之何！太上靡散我，若之何！'（老百姓说：'冷冻冰水洗我，怎么办？天老爷毁我不成人形，怎么办？'）"歌唱后，大声叹息，泪流不已，齐景公当下表示停建大台。晏子怕国人归功于自己，拿树皮当鞭子，鞭打懒散的人说："我们一般小人物，都有房屋躲避湿热，君上只为建一个台子，你们却怠惰拖延，为什么？"国人因而说："晏子助天为虐。"

仲尼闻之，喟然叹曰："古之善为人臣者，声名归之君，祸灾归之身，入则切磋其君之不善，出则高誉其君之德义。是以虽事惰君，能使垂衣裳，朝诸侯，不敢伐其功。当此道者，其晏子是耶！"（古代善于做人臣的，好名声归君上，祸难留自己承担；入朝与国君检讨君上不足之处，出朝就高度赞誉君上的德义。所以，虽然事奉懒惰的君上，也能使君上无为而治，使各国诸侯前来朝拜，自己不敢骄夸功能。能当如此称道的，就是晏子这个人了。）

《内篇谏下》：景公宠妾死了，他竟然守尸三天不食，寸步不离，不听劝告。晏子进宫，假说请来有法术的人，可以治活死人。景公大喜，晏子以避鬼神为名，要他暂时离开。景公一走，晏子立即将尸体入棺，然后报告景公，死人医治不好，已经收殓了。景公很不高兴，说他做国君是做假的。晏子说了一番话，引古圣王人死时是"畜私不伤行，敛死不失爱，送死不失哀"，而你景公却是"朽尸以留生，广爱以伤行，修哀以伤性"。

仲尼闻之曰："星之昭昭，不若月之瞳瞳，小事之成，不若大事之废；君子之非，贤于小人之是也。其晏子之谓欤！"（星星明亮时，还不如月色昏暗时的光亮；从小处看成功的事，不如从大处看失败之处的事；贤人君子有过时，胜过小人做对时。这大概说的是晏子吧。）

《内篇杂上》：晋国有意进攻齐国，先派范昭到齐国打探虚实，看齐国政局是否稳定，故意做出一些违礼的动作，晏子一下看出范昭的居心诡计，告诉景公说："范昭的为人，并非浅陋不知礼节，他只是想借非礼行为来试探我们君臣，因而我们要拒绝他的无理要求。"范昭回晋，禀陈晋平公，晏子识破了他的心计，齐国不可以攻打。

仲尼闻之曰："夫不出于尊俎之间，而知千里之外，其晏子之谓也。"（不离开酒宴杯酌之间，而能挫败千里之人的敌人，说的就是晏子啊！）

当然，慧眼识英雄，孔子称赞先进长辈晏子，晏子对孔子这个后辈也给予注意。《内篇问上》景公问晏子曰："吾欲善治齐国之政，以干霸王之诸侯。"晏子作色对曰："官未具也。臣数以闻，而君不肯听也。故臣闻仲尼居处惰倦，廉隅不正，则季次、原宪侍；气郁而疾，志意不通，则仲由、卜商侍；德不盛，行不厚，则颜回、骞、雍侍。今君之朝臣万人，兵车千乘，不善政之所失于下，霣坠下民者众矣（'霣'即陨，从高处下落，意指不善之政加于下民众多）未有能士敢以闻者。臣故曰'官未具也'。"

"官未具"，官员未具备充足，晏子对于景公夸言要在诸侯中称霸，不表示认同，认为贤能官员还不够，并且指出孔子身边有许多才德兼具弟子，足以为他贡献所长。

孔子心仪晏子，心海微澜：总还会再见晏子吧！而晏子以友辅仁：后学孔子可畏，焉知其不如今也。

第五章——政者，正也

鲁昭公失政，齐大夫欲害孔子

人民百姓的苦乐悲喜与政治息息相关，政治清平时代，人民安居乐业；政治腐败，苛征敛税，百姓辗转沟壑。曾经遭季氏拒绝进入吏门的孔子，深深体会吏门不能大开，贤能不能选取，国政缺乏知民间疾苦的士子参与，国运将衰败。孔子首开私人讲学，冀望为人师者，可以教育贤能之士，进入吏门，从根本拯救生民于水火之中。

政局因时势而变，孔子三十五岁时（前 517 年），鲁国国政发生了大动乱。

西周平王迁都洛邑，天子失势，政治权力落在诸侯国君之手，开启了齐桓公、晋文公等霸主主宰天下局面。春秋时代，有些诸侯国君或自己失德招致谋害，或权势遭大夫谋夺架空，像鲁国就落在鲁桓公的三位公子仲孙氏、叔孙氏、季孙氏的“三桓”之后的手上。三桓世袭了鲁国司徒、司马、司空的三卿位，执掌了国政。鲁襄公时，叔孙穆子掌权，分鲁国成三军：鲁国于春秋初年为二军编制，国君一军，三桓一军，由国君于平时征赋，于战时直接指挥；鲁军分成三军后，民与军队分属三桓了，国君只能从三家手中领取一些贡赋而已。

三桓从季文子死后，轮流执政，但叔孙穆子未死，就让权给咄咄逼人的季武子，又把三军改为二军，但这二军与先前的二军不同，季孙氏自分一军，而仲孙、叔孙二家共拥一军。季武子在鲁襄公逝世时，甚至弑杀了继位的太子野，另立昭公。

季武子于鲁昭公十一年（前531年）、孔子二十一岁时死亡，由季平子接任，《孔子世家》说"季武子卒，平子代立"，所谓"代立"，即不再三家轮流执政，而是季平子代季武子执政。季平子执政，不仅视鲁昭公如无物，甚至自己取代鲁君行天子之礼，每逢鲁昭公正准备在鲁襄公祖庙里举行庙祭，当权的正卿季平子却在自己家庙"八佾舞于庭"。

周公因辅佐成王有功，成王于是命鲁国得郊祭文王，鲁国因而有天子礼乐，以褒扬周公之德。季平子只是大夫，僭窃国柄，竟然僭用周天子的礼乐八佾舞来进行家祭。八佾不是舞名，而是跳舞人数。八佾，以八人为一佾，天子用八佾舞六十四人，跳的舞叫"大夏舞"。诸侯用六佾舞三十六人，大夫四佾舞十六人，士二佾舞四人。孔子不客气批评季氏于大夫的庭院，跳六十四人大夏舞，是于家庙跳天子之舞："是可忍也，孰不可忍也。"（这种事可以忍耐，还有什么事不可以忍耐呢。）

不只季氏八佾舞于庭，三家祭祀收俎，也仿照天子宗庙之祭，歌《诗经·周颂·雍》。孔子也批评说天子宗庙之祭，天子容貌庄严，诸侯都来助祭，三家祭祀，也用天子祭宗庙所歌的《雍》，有什么意思呢？

孔子三十岁之后，就思索立人之道。孔子认为人的伟大在于"人能弘道"，人可以用他的智能来阐扬天地生养万物之道，而所谓圣贤即是能博施济众者，孔子称赞尧舜仍以不能修己以安百姓为忧，而他之所以称赞管仲为仁人，即因管仲能以生民为念，不会小知小谅自经沟壑。而人道则以为政最重要，故而说"人道政为大"、"人道敏政"。

政事是众人之事，两个人以上就是为政。"家"即为政最小的单位，家（非大夫之家，而是一般家庭）也有政，兄友弟恭即"家政"。孔子曾引《书经》"孝乎惟孝，友于兄弟"说："施于有政，是亦为政，奚其为为政？"（《论语·为政篇》）

孔子认为为政不难，"政"就是"正"，先正己再正人："其身正，不令而行，其身不正，虽令不从"、"苟正其身矣，于从政乎何有？不能正其身，如正人何？"

那么，为政者如何正己呢？正己不是光说不练，而是要付诸行为，孔子以儒者的六德六行为本，直说："为政以德，譬如北辰，居其所而众星共（拱）之。"（《论语·为政篇》）

孔子进而从"人之生也直"，每个人都秉自然直生，主张"举直错诸枉，能使枉者直"，故而为政要"道（导）之以德，齐之以礼"，人民就会"有耻且格"，不应"道（导）之以政，齐之以刑"，因为"民免而无耻。"

孔子对"为政"之方从"正"字下手，跟当时的政治不正有关，鲁国就是活生生的例子。鲁国即因君臣不正，在孔子三十五岁（前517年）时，发生一件大事：鲁昭公失国，仓皇辞庙，逃往齐国。

季路年少喜欢带鸡羽毛编制的冠帽，显示时尚好斗鸡赌博，只是让人意想不到的是，鲁昭公失国，竟是一场斗鸡风波导致的结果。

斗鸡赌博，在春秋鲁国可说举国若狂。鲁国执政的正卿季平子和另一大夫郈氏在曲阜城内公然斗鸡对赌，各出奇招。季氏放出的公鸡，在鸡翅上偷偷撒上芥末粉，郈氏的公鸡无论多神勇，总因被芥末粉弄瞎眼睛，拜下阵来。郈氏后来发现季家斗鸡取胜秘密，也在鸡爪上装了锋利的小铜钩，于是季家的鸡因被抓瞎而告失败。两个大夫因斗鸡而动武。

季氏虽执掌鲁国政权，但鲁国除仲孙氏、叔孙氏三卿外，还有中下大夫。有些大夫虽非卿大夫，仍具实力，郈氏亦非弱者，不肯退让。季平子怒而入侵郈氏，一举占领郈昭伯封地。季平子因和另一大夫臧昭伯也有冲突，还将臧氏家臣囚禁起来。郈氏与臧氏本来势同水火，竟然一起向鲁昭公告状喊冤。

鲁昭公长久以来就不满在三桓专政下当傀儡，他接受郈氏、臧氏陈情，不是以公亲身份解决三氏的纷争，而是认为有机可乘，与儿子公为、公果、公贲，还联络郈氏、臧氏，发动对季氏的讨伐，冀图"强公室、削三桓"，出兵包围了季氏。

鲁昭公初出手，气势惊人，季平子眼看四周都是对方人马无法逃命，就逃上季武子所筑的高台请罪，表示愿意搬出曲阜，归还从郈氏抢来的封地，鲁昭公不允许。季平子又表示愿意赔偿财产，囚禁自己，以示自惩，鲁昭公仍不允许，因为郈氏和臧氏两家坚持一定要杀掉季平子。

季平子眼看兵临城下，穷途末路，局势却出现了逆转。仲孙氏和叔孙氏本来与鲁昭公同一阵线，反对季平子，但当季平子危殆时，仲孙氏和叔孙氏站在自己本位立场思索：季氏存在或消亡，何者有利他们两家？答案是季氏存在有利。他们以往虽不满季氏嚣张，但季氏一旦遭消灭，他们只能听命鲁昭公，政权还公室。轻重相权，二家于是联手援救季平子，并杀死鲁昭公派来游说二家的郈昭伯。鲁昭公打击三桓、强公室的意愿，短时间即告失败，鲁昭公逃亡到齐国的阳州。

鲁昭公强公室逐三桓不成，成败关键在一个很重要的人物——仲孙无忌。"仲孙"是姓，"无忌"是名。按照古人辈分排序先后是孟、仲、叔、季。为何只有仲孙氏、叔孙氏、季孙氏，没有"孟孙氏"，这是因为鲁庄公有三个弟弟，长曰庆父，次曰叔牙，次曰季友。鲁庄公的儿孙为后代的鲁君。鲁庄公居长，赐姓给三个弟弟，赐叔牙之子为叔孙氏，庆父后代为仲孙氏，季友之后为季孙氏。就辈分而言，孟氏为三桓之长，孟氏的姓为仲孙氏。"孟懿子"的"孟"就三桓辈分而言，是"孟"字辈，而非兄弟排序。"懿"是谥法，"子"是古人尊称。《论语》所称的"孟懿子"，为孔子早期的弟子，孔子称呼为"孟孙"，意即孟氏的子孙。

孟懿子的父亲孟釐子，在死前告诉孟懿子要和南宫敬叔跟知礼的孔子学礼。孟懿子顺从父亲教诲，确实遵照父亲遗言，向孔子问礼、问孝，孟懿子的儿子孟武伯后来也曾向孔子问礼、问孝。但身为三桓世袭大夫的孟懿子和孔子之位不同，为政理念也有不同。孔子也不愿见鲁昭公逃往齐国的结局，他不免遗憾三家继续操纵鲁国。鲁国内乱后，孔子决定就在鲁昭公亡齐这年，前往齐国。

齐国是文、武王之师太公望吕尚所建国家，鲁国是辅相文、武王的武王弟周公旦所封国家。齐国面临渤海，是一个商业发达、较为开放的国家；鲁国是一个内陆国，以农业为主、比较保守的重礼国家。

宗周的文明，主要由齐、鲁两国的文明构成，但齐、鲁两国有显著的不同国情。《淮南子》记载了一个故事：太公望和周公旦受封相见，太公望问周公旦如何治鲁，周公回说"尊尊亲亲"，太公望听后说："鲁国从此衰落。"周公旦问太公望如何治齐，太公望回说"举贤而上功"，周公听后说："齐国后代一定有国君遭劫杀。"

《淮南子》的太公望和周公旦对话，不一定是史实，却说出齐、鲁二国的国情不同。"尊尊"是尊其所尊，即尊长，为悌道；"亲亲"是亲其所亲，为孝道。"尊尊亲亲"即以孝悌之礼治国，不尚武功，姜太公所以说"鲁从此弱矣"。"举贤而上功"较不重德，而是尚力争功，可能出现强臣劫杀弱君的不幸。

孔子以礼治国，重视文化，认为重人伦孝悌的鲁国文化高于重军功贤能的齐国，故而说："齐一变，至于鲁；鲁一变，至于道。"（《论语·雍也篇》）而孔子对齐国最钦敬的人物不是太公吕尚，而是九合诸侯、尊王攘夷的管仲。

孔子谈仁，勉弟子志仁、行仁，却不轻易以仁许人，即使他所钟爱的弟子颜渊，也只得"三月不违仁"的称赞。

孔子评论"微子去之，箕子为之奴，比干谏而死"，说："殷有三仁焉。"孔子念念不忘自己是殷人，称赞微子、箕子、比干为"三仁焉"，是否因三人为孔子先祖的敬祖之意，且"三仁焉"亦有学人认为"三仁"实为"三人"，形容三个有仁德的人？

孔子却直称管仲为"仁人"。子路和子贡两个弟子不以为然，提出"桓公杀公子纠，召忽死之，管仲不死"（子路说）、"管仲非仁者？桓公杀公子纠，不能死，又相之"（子贡说）。孔子不回避两个弟子的责难，说："管仲相桓公霸诸侯，一匡天下，民到于今受其赐！微管仲，吾其被发左衽矣！岂若匹夫匹妇之为谅也，自经于沟渎，而莫之知也。"（《论语·宪问篇》）

孔子称许管仲为仁人，一是就文化观点，管仲"尊王攘夷"，保存了传统夏文化，不为夷狄所毁灭，此即孔子后来所著《春秋》"内诸夏而外夷狄"之所本；二是管仲遗爱在民，"凡有遗爱在民者曰神"，孔子因管仲九合诸侯，存活人民无数，甚至可说是遗爱在民的"神"，何止是仁人呢！

管仲的立德立功，为当时齐国人民所肯定，孔子还引史实说他夺取了伯氏骈邑三百户的采地，使伯氏只能吃粗粮，可是伯氏至死没有批评管仲的怨言。孔子称赞管仲是"仁人"，不是一味偏袒，他直言管仲器小、不俭、不知礼，但这是个人私德私行有亏，无损其泽民的盛德大业，不过，管仲未能由霸而王，确是遗憾。

管仲生于何年？《史记·管晏列传》并未记载，《十二诸侯年表》明记晋文公重耳于公元前644年，闻管仲死，去翟之齐。所以，管仲应是死于公元前645年或前644年，也就是管仲死后九十多年，孔子才出生。孔子时代，活跃于齐国政坛的是比他大三十四岁的齐国宰相晏婴，晏婴著有《晏子春秋》。

晏婴为齐相，亲鲁，对鲁国心存善意。《晏子春秋·内篇问上》说景公欲举兵伐鲁，问于晏子，晏子对曰："不可。鲁好义而民戴之，好义者安，见戴者和，伯禽之治存焉，故不可攻。攻义者不祥，危安者必困。"《内篇杂上》说，景公伐鲁，俘获了东门无泽，景公问他鲁国粮食收成怎么样？东门无泽只回答八个字："阴水厥，阳冰厚五寸。"晏婴一听，认识到鲁国能随寒暑季节变化规律进行农作，显示政治平稳，建议景公立即停止攻打鲁国，与鲁国交好。

孔子前往齐国，也可能是五年前的齐君景公和齐相晏婴来访曲阜，借问礼为名见鲁昭公，孔子因相礼而得见齐国君臣。因此，当鲁君正逃亡齐地，他心想何不前往齐国。孔子除了欲见齐君，寻求为政机会，也有文化目的。

孔子曾因弟子南宫敬叔帮忙，鲁君给了他一车二马一童子，前往周室洛邑问礼老彭，获益匪浅。喜好乐舞的孔子还听说齐国还保存了舜的《韶乐》。

《论语》书中有关孔子首次游齐。较重要记载有二：一、拜访齐太师闻《韶乐》，三月不知肉味。二、齐景公问政于孔子。孔子对曰："君君、臣臣、父父、子子。"公曰："善哉！信如君不君，臣不臣，父不父，子不子，虽有粟，吾得而食诸？"《史记·孔子世家》则说，齐景公不能重用孔子，托词说："奉子以季氏，吾不能；以季孟之闲待之"、"吾老矣，不能用也。"

孔子离开齐国，孟子说是"接淅而行"（"淅"，淘米；"接"，漉干），这句话是说把刚淘好的米捞出来，一路滴着水赶路，何以故？《史记》说："齐大夫欲害孔子，孔子闻之。"孔子知道有齐国大夫欲谋害孔子，孔子所以"接淅而行"。这说明孔子前往齐国次序，是先拜访齐太师闻《韶乐》，舒舒服服、快快乐乐地听了三个月的《韶乐》，感觉《韶乐》尽美又尽善，和《武乐》相较，《武乐》有杀伐声，乐音虽美却未尽善。《史记》说"与齐太师语乐，闻《韶》音，学之，三月不知肉味，齐人称之。"显示孔子闻《韶乐》三月不知肉味的消息，已经传了开来，许多齐国人听闻孔子到了齐国，而且称赞孔子知乐。

被孔子形容"尽美矣，又尽善也"的《韶乐》，究竟有何美善？它的流传如何？周成王赐予天子之礼的礼乐之邦鲁国，又何以不存《韶乐》，孔子到齐国才得闻呢？

顾颉刚的《史林杂识》说："《韶》既说为舜乐，斯不容不载于《虞书》。故皋陶谟云：'戛击鸣球、搏拊琴、瑟以咏，祖考来格，虞宾在位，群后德让；下管、鼗、鼓，合止柷、敔，笙、镛以间，鸟兽跄跄；箫韶九成，凤皇来仪。'《韶》为舜乐，舞者执箫，故曰《箫韶》。其乐九终，遍数甚多，故曰《九成》，犹唐、宋之《大曲》矣。如此文所说，'鸣球、琴、瑟'，堂上之乐；'咏'，其歌声。斯既是以格祖考而感群后矣。而堂下之乐又有'管、鼗、鼓、柷、敔，笙、镛'之属，其声谐合，使鸟兽闻之亦跄跄然随而翔舞。至于《箫韶》奏至九终，则神禽凤皇且来仪矣。凡幽如鬼神，明如宾后，异类如鸟兽，莫不陶醉于舜廷和气之中，其愉快为何如也！此真足以描绘《论语》'尽美尽善'之意境者。"

《韶乐》如果确为舜之乐，舜距孔子之世差不多两千年。音乐随时代以进化，一般人所求之乐是悦耳而非存古。《韶乐》流传两千年，尚能感动周末一世之人，感动孔子，使之三月不知肉味，这应该与个人音乐造诣有关。孔子是鲁人，鲁有天子之礼乐，当孔子八岁，季札聘鲁已得观《箫韶》之乐，孔子何以适齐方得闻《韶乐》，这应该是鲁国执政者不重视古乐的缘故。《论语·微子篇》说："大师挚适齐，亚饭干适楚，三饭缭适蔡，四饭缺适秦，鼓方叔入于河，播鼗武入于汉，少师阳、击磬襄入于海。"《论语》

这记载不是鲁国乐师同时离鲁，而是鲁国不重视音乐，乐师为了生计，先后去国求生。乐师有缺，像《韶乐》要有许多乐师，缺一不可，鲁国因而无《韶乐》，孔子也不得闻。

孔子曾在曲阜回答前来鲁国见鲁君的齐景公、晏婴，孔子称赞晏婴，孔子与晏婴交往并非太难。《史记》却说："孔子适齐，为高昭子家臣，欲以通乎景公。"这是错误的记载。孔子如果欲通过高昭子见景公，委身高昭子的家臣，就不可能见到齐大师闻《韶乐》。

齐景公一见孔子，就请教如何治理齐国。孔子见鲁国之乱起于三桓窃占国柄，朝政听于大夫之手，以致君臣皆失其位，君不君、臣不臣，尤其彼时国君立子不正、父不父、子不子。他前往齐国之前，已慎思为政之道在一个"正"字："子帅以正，孰敢不正？"所以，为政得从正位、正名着手，"君君、臣臣"即君能得其名，位其位，奉守君道勿失，臣亦然。但彼时齐国君臣关系和鲁国相差不大。鲁国有三桓主政，不久前鲁昭公被迫逃亡齐国；齐国也有陈氏（田氏）、高氏、鲍氏、国氏、栾氏的大夫之乱，其中陈氏最具野心、最得民心。孔子因而回答"君君、臣臣"，切中齐景公面临的困境，给齐景公带来希望。

齐景公非良善国君，晏婴曾直谏齐景公说："你疏远贤德的人，而任用阿谀奉承的人，使唤人民没完没了，搜刮赋税永不满足；多取于民，少施于民；向诸侯要求多，且轻慢礼节；府库收藏多得腐烂生虫，而对诸侯违背礼法；豆粟粮食深藏仓廪，怨恨淤积百姓心中，政令刑罚却无定规。"

齐景公厚敛，搜刮民财，赋役很重，三分之二归他所有，刑重狱多，"拘者满囹，怨者满朝"，动辄砍脚杀人；相反，齐国大夫陈氏却行惠小民、笼络人心。齐国公家有四种量器，四升为一豆，四豆为一区，四区为一釜，十釜为一钟。陈氏的四种量器，都比公家的大，他用自家的大量器五升借出，用公家的小量器四升收回，形同拿出粮食周济百姓，恩泽那些奄奄待毙的人。齐景公曾在修筑装饰得十分华丽的路寝台，感叹将来不知谁将拥有，侍立的晏子就直接说："这无疑是陈氏吧！陈无宇为老百姓兴利消灾。"晏婴这一看法在公元前539年四十六岁时出使晋国，晋臣叔向问齐国现况如何，晏婴即说出类似的话："齐政卒归陈氏。陈氏虽无大德，以公权私，有德于民，民爱之。"（晋国情势与齐、鲁相同，晋静公二年、公元前376年，韩、赵、魏灭晋后三分其地）

齐景公知道晏婴说了实话，但他无心反省改正自己的无良恶行，他也看出大夫陈氏所造成的威胁。孔子说"君君、臣臣"，他知道孔子一语道出他治国的缺失，回答孔子说："善哉！信如君不君，臣不臣，父不父，子不子，虽有粟，吾得而食诸！""虽有粟，吾得而食诸"，即今人所说的寝食难安。

齐景公过几天又问孔子为政之道，孔子回说："政在节财。""政在节财"应该是孔子针对齐景公耗财无度而说的。齐景公大概长久以来遭晏婴讽谏自己奢侈浪费成性，对孔子这一为政之道，似乎听而不闻。但齐景公并非愚笨，他知道自己的缺失，也有容人批评之量，他所在意的是，陈氏大得民心，鲁君昭公已遭大夫围攻失政，逃到齐国来，前车之鉴，就在眼前，他知道齐国陈姓大夫有能力取他而代之，他之得以苟延残喘，相国晏婴佐国是一大原因。

晏婴事齐灵公、庄公、景公三代，节俭力行，食不重肉，危言危行，国有道顺命，国无道衡命，最让后人尊崇的是，齐庄公私通大夫崔杼的妻子，被杀于崔杼家，晏婴知道这事，站在崔杼门外说："国君若为社稷国家而死，臣子们就跟着他死；若为社稷国家而亡，臣子们就随着他亡；若为自己的私欲而送命，除了他宠幸的近臣外，有谁会为他效死呢？"崔杼因而命家丁开门，晏婴入内伏在庄公尸身上痛哭，然后起来依礼节九跳（三踊）表示哀吊，才出来。崔杼身边的人劝崔杼一定要把晏婴杀掉，崔杼说："晏婴受到人民的仰望爱戴，放了他可以得到民心的。"（民之望也，舍之得民）

晏婴为齐国人民所尊崇，杀晏婴违抗民意。晏婴事奉齐景公，不时讽谏齐景公，事君尽了力。齐国大夫有实力取代齐景公，但有晏婴在君侧，不敢贸然举动。可惜的是，晏婴虽有名望，对势力已成的大夫，没有解决的行动力，孔子的到来，齐景公应该充满希望。君子成人之美，高龄近七十的晏婴，对孔子这后生晚辈，当也乐见其成吧。

晏婴大约生于周简王元年、齐顷公十四年、公元前 585 年，殁于周敬王二十年、齐景公四十六年、公元前 500 年，比孔子大了三十四岁，当孔子到齐国，晏婴已六十九岁了。晏婴历仕三君，对齐国前景看得十分清楚，当他晏婴不在人世，齐国很可能发生篡权情事，正应了周公批评齐太公"举贤而上功"，将来必有国君遭杀劫的不幸预言，他应当为齐国举贤才。

晏婴在五年前见过孔子这个年方三十岁的年轻人，听到这年轻人的立论和自己差不多，孔子重礼，"君君、臣臣"即是君臣各遵其礼，各守其位。而孔子所言"政在节财"，亦是他不时讽谏齐景公的治国要义。

《晏子春秋》谈到以礼治国，厚德善政之处有二十八章之多，他总结尧、舜、禹、汤、文王之所以立国治民，即因实行礼治，他说："君子无礼，是庶人也；庶人无礼，是禽兽也。夫臣勇多则弑其君，力多则弑其长，然而不敢者，惟礼之谓也。"晏婴以礼治国理念和孔子的"道之以政，齐之以刑，民免而无耻；道之以德，齐之以礼，有耻且格"、"君使臣以礼，臣事君以忠"，可说一致，而礼主敬、礼之用主序，晏婴所谓"君令臣忠，父慈子孝，兄友弟恭，夫和妻柔，姑慈妇听"等"礼之大经"，即是孔子为仁之本的孝悌之道。

大抵说来，为政之道即君臣之道，凡为政者皆重礼，倡孝悌。孔子和晏婴相见自是"以文会友，以友辅仁"。齐景公和孔子对谈后，心中大喜，宣称欲以尼溪田封孔子。古时大夫有封田，齐景公欲以田封孔子，即封孔子为齐大夫。眼看孔子可以施展抱负的大好机会已在眼前，但这事终未成真，据《史记·孔子世家》记载，晏婴出面反对景公重用孔子，晏婴说："夫儒者滑稽而不可轨法；倨傲自顺，不可以为下；崇丧遂哀，破产厚葬，不可以为俗；游说乞贷，不可以为国。自大贤之息，周室既衰，礼乐缺有闲。今孔子盛容饰，繁登降之礼，趋详之节，累世不能殚其学，当年不能究其礼。"（儒者这种人，能言善辩，不可作为效法典范；态度高慢自以为是，君上不能够驾御；重视丧葬之礼，长期悲痛，为了显示尊崇丧礼，可以倾家荡产，这种礼俗不足以为法；这些儒者只靠一张嘴巴乞食游说，这种人不可以治国。自从一些大贤先后过去，周朝公室衰败，礼乐沦丧也有些时候。现在孔子却对仪容服饰刻意讲究，详定各种应对进退上下快慢的礼节规矩，这些繁文缛节就是连续几代也学不完，一辈子也弄不清楚。）

孔子批评管仲不知俭，也回答齐景公问政说"政在节财"，并且向弟子说："奢则不孙，俭则固。与其不孙也，宁固"（《论语·述而篇》）、"礼，与其奢也，宁俭；丧，与其易也，宁戚"（《论语·八佾篇》）。颜渊死，弟子欲厚葬，孔子坚持反对。晏婴以礼治国，以孝悌之道待人接物，和孔子志同道同，孔子可与晏婴相与为谋。已近七十岁的晏婴，应该乐见小老弟孔子帮助齐景公一臂之力，怎会批评孔子是"滑稽而不可以轨法；倨傲自顺，而不可以为下；崇丧遂哀，破产厚葬，不可以为俗"的儒者呢？

孔子在三十五岁时只教了一些学生过生活，可说是名不见经传的布衣士人，他的知识、智慧、才能，以及对礼的认知，只有弟子和接触过的鲁国人才略知，孔子对礼的开创性立说还未成型，他到齐国拜谒齐景公、晏婴之前，在鲁国没有做过像样的官。孔子问礼老彭，个性温、良、恭、俭、让，"倨傲自顺"、"崇丧遂哀"、"游说乞贷"这种强横批评，怎么可能出自一个经过政治大风大浪、让齐国大夫不敢造次、让齐国人民拥戴的三朝相国晏婴之口呢？

但后人几乎不怀疑晏婴阻拦孔子入朝为政的谬误说法，因为后代学人相信《史记》的司马迁说法。司马迁如此说辞，当然不是杜撰，这段文字引自《晏子春秋·外篇下第八》，该文谬误处处。

中国圣哲人物，除了传统尧、舜、禹、汤、文、武、周公、孔子一贯相承外，应该特别重视春秋时代的齐国两个相国管仲和晏婴。二人德业和功业皆可观,更难得的是皆有传世之作:《管子》和《晏子春秋》。

《论语》包括孔门三代,今日《论语》的成书已在曾子门徒时,故有曾子死前诫门人的记载。《论语》笔录孔子语录,门徒弟子所言,只是接续孔子之说,没有可异之言。管仲和晏婴二人长期为相,在使用竹简编策的时代,没有弟子门徒相助,立说成篇得赖大量人力物力,这是私学不易成篇流通的主要原因。管子和晏婴置身官场都数十年,所见既广,所思也深,加以二人智慧圆通,文思敏捷,遂有立言、立说之志,二人虽没有讲学收徒,但必有一些文采之士或家臣帮忙记录,付梓流传同好,《晏子春秋·外篇下》的成篇确定在《论语》之后。

孟子时代,孔学已经是显学,诸子百家成书付梓,总希望风行流通,附益或批判孔子不失可行方法。孔子曾前往齐国见过晏婴,《晏子春秋》成书者自然不会放弃这段可为晏婴增色添香的故事。《外篇下》几篇有关孔子和晏婴词锋相对的文章,就有此一居心。

《外篇下第八》的"仲尼见景公曰先生奚不见寡人宰乎"、"仲尼之齐见景公而不见晏子子贡致问"两章,文义类同,说是孔子到齐国,只愿意见齐景公,却不愿见宰相晏婴,前者是齐景公问孔子为何不见宰相晏婴,孔子回说:"我听说晏子侍奉三位君王而且都很顺利,可见他事君有三心,非一心一意,所以不见。"齐景公转告晏婴,晏婴不以为然地反驳说:"不是这样,我事奉三位君王,对三个君王都是一心一意,因为三君都想让齐国安定,所以我晏婴得以顺利辅佐。"晏婴因而批评孔子:"事情对却说成错的，错的说成对的，孔子不是'是而非之'，就是'非而是之'。"
后者是子贡问孔子到齐国，谒见国君，不拜见相国，这是合礼吗？
孔子同样以晏子事三君而顺，怀疑晏婴为人。晏婴除了像前文解
释，并且反质疑孔子说："君子独自站立，不愧于自己的影子，独
自睡眠不愧自己灵魂。孔子在宋国大树下习礼，被人拔掉大树，
扫掉足迹，自己并不以为受辱，在陈、蔡之间断粮受困，不自以
为困窘。指责别人却说有正当理由，这情形犹如住在水泽边的人，
认为斧头没有用，住在山上的人认为渔网没有用。这些话出自孔
子之口，却不知自限。先前我望见儒者而敬重，现在我见儒者而
起疑。"孔子听说，自责说："君子人如果才学超过对方就当他是
朋友，不及人家就尊对方为师，现在我对晏婴夫子失言，晏子批
评我，他就是我的老师啊！"孔子于是通过会说话的宰我，向晏
婴谢罪，仲尼因而会见晏婴。这章隐含一个居心，借着孔子自我
检讨对晏子失言，应该以晏子为师。

　　《晏子春秋》篇篇皆是文学佳作，有些文章可说是脍炙人口
的极短篇小说。文学是创作之物，常不合事实，像孔子前往齐国，
能见驰名当时的三朝宰相晏婴，这是何等光荣，怎么可能看不起
晏婴，批评晏婴侍奉三朝君主呢？以"三心"批评晏婴有违常理。
而且这说法抄袭自他章，别人说的。

　　《外篇下》孔子不见晏子，因为晏子事三君有三心，是齐国
世臣高子和景公近臣梁丘据说的。《外篇上》高子问晏子曰："子
事灵公、庄公、景公，皆敬子，三君之心一耶？夫子之心三也？"
晏子对曰："善哉！问事君，婴闻一心可以事百君，三心不可以事
一君。故三君之心非一也，而婴之心非三心也。"《内篇问下》梁

丘据问晏子曰："子事三君，君不同心，而子俱顺焉，仁人固多心乎？"晏子对曰："晏闻之，顺爱不懈，可以使百姓；强暴不忠，不可以使一人。一心可以事百君，三心不可以事一君。"这章还有"仲尼闻之曰"："小子识之！晏子以一心事百君者也。"

《外篇下》提到子贡问孔子、孔子派宰我谢罪，更是严重的错误。子贡小孔子三十一岁。孔子到齐国，子贡才四岁，《史记》未载宰我生时，大概与子贡差不多，子贡和宰我都不可能随孔子到齐国。

再者，孔子拔树削迹，在鲁哀公三年（前492年），孔子年六十岁，绝粮于陈、蔡之间，孔子年六十三岁，晏婴早已亡故，当然也无法以此事消遣孔子。

于此可知，《晏子春秋·外篇下第八》出自《晏子春秋》续编者的杜撰，而晏婴批评孔子，是《外篇下》的续编者蓄意贬黜孔子，提升晏子地位，欲以晏子为孔子师的伪说："今孔子盛声乐以侈世，饰弦歌鼓舞以聚徒，繁登降之礼，趋翔之节以观众，博学不可以仪世，劳思不可以补民，兼寿不能殚其教，当年不能究其礼，积财不能赡其乐，繁饰邪术以营世君，盛为声乐以淫愚其民。其道也，不可以示世；其教也，不可以导民。今欲封之，以移齐国之俗，非所以导众存民也。"公曰："善。"于是厚其礼而留其封，敬见不问其道，仲尼乃行。

遗憾的是，史家司马迁为说明孔子不为齐景公所用的原因，《孔子世家》所载，参考抄录了《晏子春秋·外篇下第八》的文字。后世学人治孔子去齐这段历史，依据《孔子世家》的说法，认定孔子不能在齐行道济民，受阻于晏婴，把晏婴当作无法容纳孔子在齐国为政的小心眼政客，湮没了事实真相。

　　幸好，《孔子世家》叙述这段经过，后文有一段被学人忽略的文字："异日，景公止孔子曰：'奉子以季氏，吾不能。以季孟之间待之。'齐大夫欲害孔子，孔子闻之。景公曰：'吾老矣，弗能用也。'孔子遂行，返乎鲁。"

　　"奉子以季氏，吾不能。以季孟之间待之。"一般学人解释齐景公无法给孔子如鲁国季氏的位子，只能给孔子在季氏和孟氏之间的待遇，孔子因为得不到齐景公全心支持，所以决定回鲁。

　　鲁国三卿，上卿司徒例由季氏担任，中卿司空由孟氏（仲孙氏）担任，下卿司马由叔孙氏担任。齐国有陈氏、高氏、国氏等卿大夫，其中以陈氏最具实权，鲁国的季氏如同陈氏，也就是说，齐景公原有意大刀阔斧，让孔子当执政上卿，可能经过一番内部斗争，他斗不赢陈氏、高氏、国氏等大夫，退而求其次，有意安排孔子的大夫职位在正卿之后，其他大夫之前，也就是"以季孟之间待之"。《晏子春秋·外篇下》说："陈无宇非晏子有老妻，晏子对以去老谓之乱。"又说晏子"位为中卿，田七十万"，齐景公所谓的"季孟之间"，职位即晏婴的中卿之位。齐景公器重孔子如此，晏婴也愿意成全取用孔子，但齐国原本的贵族大夫绝不容许齐景公让孔子排序在正卿之后，所以齐国大夫暗地联手，欲加害孔子。

　　对孔子未能顺利进入齐国朝廷问政，齐景公显然颇为无奈，他发觉自己已无操控卿大夫的君权实力，不好向孔子明说事实，只能托词言老："吾老矣，弗能用也。"人老无力行事，就该交棒，让能者接棒，他选中了孔子，但无法摆平他的卿大夫，那些卿大夫还扬言要杀孔子，他似乎暗示孔子有杀身之祸（也可能是晏婴私下告知孔子），孔子才"接淅而行"。

孔子不能为齐国人民尽一份心力，不能与齐国三朝相国晏婴共事，是他人生颠沛造次日子的真正开始。但他这次齐国行，并非全然无益。晏子大他三十四岁，当他父亲绰绰有余，他在齐国的两年中，晏子待他如友，互切互磋，剖心相交。晏子依礼以道辅佐齐景公，自信且信人，而且以信交友，他向后辈的孔子说他交友的往事，孔子钦佩晏婴的"善与人交，久而敬之"，即言晏婴能交友，而交友以信，晏子得以辅相三君亦因他能立信、日久自然敬重他。

孔子深深体会晏子为政之道以信，民无信不立。齐国人民因晏子有信，人民都信他，如齐庄公说"夫行不可不务也。晏子存而民心安，此非一日之所为也，所以见于前信于后者，是以晏子立人臣之位，而安万民之心"，奢华的齐景公因而得以在晏子有生之年安然度过，但设若晏子老去辞世呢？齐景公虽非明君，但对孔子却有知人之明，用人之识。他有心重用孔子，却无力防止齐国大夫欲害孔子，只能怆然让孔子回鲁。

孔子在齐国两年，他不时想起逃奔齐国的母国君王鲁昭公。古代失去国土而寄住他国的诸侯叫"寄公"。鲁昭公在公元前517年7月3日聚兵欲驱逐季氏，事未成，9月12日逃到齐国，住在杨州（齐邑，齐鲁边境，今山东东平北），后来又迁移到野井（今山东齐河县东南，黄河东岸）。

鲁昭公逃奔齐国成了"寄公"是大事。齐景公领了大夫国子、高子前去慰问遭遇失国之痛的鲁昭公，送了食物、器皿、衣物，鲁昭公只收下食物，其他器皿、衣物一概拒收。齐景公后来也到野井慰问鲁昭公说："君侯离开鲁国的社稷，怎么办啊？"鲁昭公回道："流亡人无才，未能守住鲁国的社稷，使鲁国的执事官吏蒙羞，岂敢承受大礼呢？敢请辞谢！"（《春秋公羊传·昭公二十五年》：《传》曰："丧人不佞，失守鲁国之社稷，执事以羞，敢辱大礼？敢辞。"）

可鲁昭公流亡到齐国，鲁国人民并未怪罪季氏，仍旧拥戴季氏。这要回溯到鲁庄公死后的君位争夺，季氏的先祖季友，稳定了鲁国乱局。季友为鲁釐公、鲁文公、鲁宣公三朝相国。季友卒，《史记》说：季友"家无衣帛之妾，厩无食粟之马，府无金玉，以相三君。君子曰：'季文子廉忠矣。'"

季友卒，谥号是"文"，后人叫"季文子"。季文子功在鲁国，由于历任鲁君无德，季氏世代勤政，鲁国百姓早就忘了鲁君，并不怜悯鲁昭公。

诸侯中，齐、卫两国较同情鲁昭公，至于晋国赵简子，所处地位和季氏相同，就说："社稷无常奉，君臣无常位"、"三后之姓，于今为庶"。韩、赵、魏后来三家分晋，赵简子似乎透露自己有欲篡晋的企图：政权不是固定谁家的，君臣的位置也可互相转移的，此事自古而然，夏、商、周三代君主的后裔，如今不是都成庶民了吗？

孔子对赵简子的说法，应该有某种程度的认同，没有死君的愚忠观念，君臣是互相的。孔子说："君使臣以礼，臣事君以忠。"（《论语·八佾》）孔子言下之意，君若不使臣以礼，臣就不必事君以忠。

对于鲁昭公失政亡齐，孔子没有是非评论，而是称赞鲁昭公的"礼"："鲁昭公辞谢之礼和用词，大有可观。"（《春秋公羊传·昭公二十五年》孔子曰："其礼与其辞足观矣。"）

为君者讳，为亲者讳。《礼记·曲礼下》说："国君去其国，止之曰：'奈何去社稷也！'"宗庙国君要逃难，离开他的国家，应该劝告制止说："为什么要抛弃自己的国土呢？"此即"国君死社稷"，国君应该为保卫国家而死，不能逃离自己的社稷国家。

隔年，齐国向鲁国用兵，攻取鲁国郓城，齐景公便安排鲁昭公住在郓城。公元前516年，孔子回鲁时，鲁昭公住到晋国的乾侯，后来又搬回郓城。十多年前，南宫敬叔请鲁昭公助他完成前往周室洛邑问礼的愿望，鲁昭公给了他一辆车、两匹马、一童子。此恩此情，不时徘徊脑际。他到齐国为客，若贸然请求面谒鲁昭公，于礼不合，甚至将鲁国内争延伸至齐国，不见得有利鲁昭公。

齐国大夫有篡谋取代齐君之心，齐景公有意封孔子为尼溪大夫，但齐国大夫有恶心，欲加害他。君子不立岩墙之下，他不得不命随行弟子快马离去。孔子可能无法再见鲁昭公一面，甚至连齐景公、晏子都无缘再相见。仓促离齐，孔子心头不免泛起微微的苦涩感伤。

第六章

——

知人，不应阳货之召

待时，吾其为东周乎

孔子因鲁国内乱，鲁昭公奔齐，也随后前往齐国。《礼记·檀弓下》记载孔子带着他的弟子们坐车，翻过泰山，忽听得一位妇人哀伤哭墓。孔子手扶车轼细听，派季路（《孔子家语》作"子贡"，有误。子贡小孔子三十一岁，孔子三十五岁前往齐国，子贡才四岁）问个究竟，那位妇人说："我公公死于虎口下，我丈夫也死于虎口下，现在我儿又死于虎口下。"孔子问道："为什么不离开这儿呢？"妇人回答说："这里没有残暴的政治啊！"孔子于是向随行弟子说："小子识之，苛政猛于虎啊！"

　　孔子前往齐国，不是孤身独行，而是有弟子随行，虽不知几名弟子，可确定的是比孔子小九岁的季路随行。孔子坐车，必然也有弟子帮忙驾车。《论语》记载曾帮孔子驾车的是樊迟和冉求，《为政篇》就有"孟懿子问孝。子曰：'无违。'樊迟御，子告之曰：'孟孙问孝于我，我对曰：无违……"，樊迟智慧不高，孔子告诉他某些事情，他听不懂，常又问："何谓也？"他还问夫子如何做农夫、做园丁。他应该出自民间农村。青少时入孔门，就帮孔子驾车，孔子前往齐国，当也由他驾车，但《仲尼弟子列传》说樊迟小孔子三十六岁，即孔子前往齐国，樊迟才出生。孟懿子虽向孔子问礼、问孝，但孟懿子后来所行，与孔子理念大不同，孔子说"道不同，不相为谋"，有可能针对孟懿子而发，孟懿子问孝当在孔子二十多岁时，《仲尼弟子列传》记载樊迟年岁可能不确。

设若孔子前往齐国，樊迟未帮孔子御车，个人认为，后来在卫国帮孔子御车的冉求，小孔子二十九岁，那年才六岁，也不能帮孔子御车，御车弟子的另一可能人选是闵损。

闵损字子骞，小孔子十五岁，当三十五岁的孔子前往齐国，闵子骞已经二十岁了。闵子骞为后世所称颂的是他的孝行，说闵子骞早丧母，父亲再娶，又生两个儿子。闵子骞为父亲御车，车绳脱手，父亲手握时，发现闵子骞衣服甚薄，回家手握两个后母的儿子，衣服厚而温暖，告诉后妻说："我所以娶你，就为了孩子，你欺骗我，走吧，不要留在我家！"闵子骞向父亲说："母在一子单，母去三子寒！"后人因而称赞闵子骞："一言其母还，再言三子温。"

《史记·仲尼弟子列传》记载的第一个弟子是颜回，第二个弟子即是闵子骞。《论语·先进篇》孔门四科十哲，首科德行代表人物四人：颜渊、闵子骞、冉伯牛、仲弓。闵子骞排序第二。

孔子称赞闵子骞孝行，说："孝哉闵子骞！人不间于其父母昆弟之言。"（《论语·先进篇》）孔子还称赞闵子骞说："夫人不言，言必有中"、"君子也"。

闵子骞不仅有孝行，还有为政的干才。闵子骞问政于孔子。孔子说："以德以法。夫德法者，御民之具，犹御马之有衔勒也。君者，人也；吏者，辔也；刑者，策也。夫人君之政，执其辔策而已。"（《孔子家语·执辔》）闵子骞不只有为政长才，德行也佳。季桓子曾有意请闵子骞当费邑宰，遭闵子骞婉拒，季桓子找了一些人劝说，闵子骞向说客说："好好帮我婉拒，如果还来找我，我就搬去汶水之上，离开鲁国了。"

《论语·先进篇》说："闵子侍侧，訚訚如也；子路，行行如也；冉有、子贡，侃侃如也。子乐。曰：'若由也，不得其死然。'"这章没有颜回，闵子骞就排序第一，而且记录者尊为"闵子"，闵子骞在孔门地位，仅次于颜渊。

由于闵子骞曾为父亲御车，孔子又告为政之道如御马之有御勒也。早期帮孔子御车弟子，若非樊迟，即可能是闵子骞。

设若把孔子三十五岁往齐国前，所收弟子归为第一期，除了琴张、曾皙、颜路、季路、子石、闵子骞等人外，孟懿子、南宫敬叔和樊迟都应列为第一期（《孔子家语》记载，还有秦商、漆雕开）。

比闵子骞大约小五岁的公冶长和南容，大概在孔子从齐返鲁后入孔门。公冶长曾经拘系在监牢里，可知孔子收徒不分贵贱，也不计较过往，给有心向学的人机会，即使坐过牢的公冶长不仅可以成为孔门弟子，孔子甚而认为公冶长的坐牢，并非犯了罪，还把女儿嫁给他。公冶长入孔门为学，连坐牢的人都前往受教，可知孔子彼时收徒讲学的轰动与叫座。

南容能识时，孔子欣赏南容在邦国有道的时候，不会没有官位，邦国无道的时候，也有能力免灾。亦即仕进或退隐，都能精准拿捏，智慧不低。孔子因而为他选对象，把大哥孟皮的女儿嫁给他。

孔子嫁女、嫁侄女，至少比女婿、侄女婿大二十岁。

冉伯牛在德行科四杰当中，排序在颜渊、闵子骞之后。冉伯牛的事迹，《论语》只有一则记载：冉伯牛得恶疾，孔子前往问疾，从窗外握着冉伯牛的手，悲痛说："亡之，命矣夫！斯人也而有斯疾也！斯人也而有斯疾也！"（《论语·雍也篇》）孔子伤痛颜渊的话不少，悲痛冉伯牛只有这句话，但就因这句话，冉伯牛得以名传千古，列为孔门德行弟子。孔子会对冉伯牛说出："亡之，命矣夫！"可知冉伯牛必有德行长才，在孔子心目中，冉伯牛虽出身低，却值得培养期待。冉伯牛早死，却是孔门弟子中第一个为官的杰出从政人物。

冉雍字仲弓，具为政长才。仲弓父亲不善，孔子勉励说："犁牛之子骍且角，虽欲勿用，山川其舍诸？"（《论语·雍也篇》）孔子不仅认为仲弓能用，且能大用，"可使南面"（出自《论语·雍也篇》，指可以出任政治领袖）。仲弓曾经当了季氏的邑宰，可以胜任季氏邑宰，年岁应该比孔子小不到二十岁，和闵子骞相差不多。

公冶长、南容、冉伯牛、冉雍等弟子，在孔子三十岁至四十岁时，进入孔门，可视为第二期弟子。

从齐国逃回鲁国的孔子，耳闻目见齐、鲁政局，不免有些失落，他曾说"齐一变，至于鲁；鲁一变，至于道"（《论语·雍也篇》），而今两国君王都受制于大夫，尤其是鲁国，鲁昭公逃奔齐国，三桓中的季平子成为实际的鲁君。

孔子学古圣先贤智慧，知兴替得失，对政治现实并不丧志灰心，他坚持"政者，正也"，他向弟子说："其身正，不令而行；其身不正，虽令不从。"（《论语·子路篇》）他还信誓旦旦说："如果有用我为政，一年可以见到成效，三年就有成就了。"

孔子也从晏婴身上看出，晏婴一人存则齐国安定，更加坚定了"人能弘道"、"人道政为大"的理念。故而，孔子回鲁后，孔门大开，更加积极收徒，只要自修其身、有心向学的，就可以进入孔门。

以往，只有各国司徒才拥有"选士"、"造士"权力，选人材子弟入官学，学诗、书、礼、乐四教，学子都是贵族子弟，连孔子都没有机会为士，现在孔子自己"造士"，无分贵贱，都可进学！以往，只有大贤者才能为师，像齐国吕望（姜尚）为文王师。孔子将师转变，凡能传道知新者即可为人师："温故而知新，可以为师矣！"（《论语·为政篇》）

"士"在古时是"吏"，孔子将"士"与"德行"结合，学德行要学智、学仁，为人则要学为士，他告诉弟子"士"可分三个层次：一、"行己有耻，使于四方，不辱君命"；二、"宗族称孝焉，乡党称弟焉"；三、"言必信，行必果"（均出自《论语·子路篇》）。他对"士"的基本要求是"士志于道，而耻恶衣恶食者，未足与议也"（《论语·泰伯篇》）、"士而怀居，不足以为士矣"（《论语·宪问篇》）。孔门弟子们对夫子此一教诲谨记于心，并将学士、为士之道传下去，像曾子就接着说："士不可以不弘毅，任重而道远。仁以为己任，不亦重乎？死而后已，不亦远乎？"（《论语·泰伯篇》）

"士"本为古时的基层公务员，孔子把"士"转成类似后世的知识分子、读书人，但这个"士"并非一个人成德成才的终极目标，孔子认为"士"上面，还有更高境界的"君子"、"贤人"、"圣人"等上一阶段的成德者。他要广收弟子，有教无类，有心向学，只要束脩其身者，就可以进入孔宅之门，成为入门弟子。他训勉弟子博学、成德，并且进入公门，让善良百姓安居乐业，不必躲到猛兽四虐的泰山里，他自己更要为弟子表率，有机会就从政，道济天下百姓。

顾颉刚先生认为"吾国古代之士，皆武士也"，继之论士蜕变，则又说："古代文、武兼包之士至是分歧为二。"唐文标先生则分期说：一、上古时期纯粹执干戈以卫社稷的武士；二、春秋时期受教育后文武合一的士；三、战国时期，专业化后文武分途。孔子说"有文事者必有武备"、"一张一弛，文武之道也"，六艺中有射艺和御艺，中国自古的士即文武兼备，孔子弟子冉求娴熟六艺，也能带兵打仗，顾、唐的分法略显勉强。《礼记·王制篇》说："有发，则命大司徒教士以车甲。"国家一有战事，需要征发士兵，就命令大司徒训练士人穿盔甲、驾兵车，如何应敌作战。古代的士文武兼修。

鲁昭公三十二年（前510年），孔子四十二岁。鲁昭公几度有意借助诸侯力量返国未成，终而死于晋国乾侯这个地方。昭公的灵柩运回鲁国，专权的三桓不立昭公之子，而立昭公之弟鲁定公继承君位，且将鲁昭公葬在鲁公伯禽的墓道南边。鲁国先公墓均在墓道北，季平子这一做法，意指鲁昭公不是伯禽的子孙，季平子又有欲给鲁昭公恶谥，遭大夫荣驾鹅反对，终而谥"昭"字。（谥出自国君，季平子却蛮横介入。）

鲁昭公失政八年，季平子专权，表面上，三桓借机扩权弱化公室，实际上，亦是三桓种下衰败的开始。

三桓专擅鲁国国政之前，大多亲自主持家政和邑政，虽然三桓在主要的十八县邑设有邑宰，家中也有家宰，但三桓仍亲自掌权操控；三桓专擅国政后，要关心国家的安全。公元前546年，宋国大夫向戎的弭兵和平会谈，到鲁昭公卒殁，已超过三十年，诸侯间的攻伐加剧，以季平子而言，他还得操心诸侯间的军事冲突，鲁国自身的国安维护，便没有时间处理家政和各邑县的邑政，家政和邑政便落入家臣和邑宰之手，其中影响最大的是季桓子的家臣阳货。

季桓子掌控鲁国国政大权，他的家臣阳货、仲梁怀和公山弗扰（《史记·孔子世家》作公山不狃）争权，斗得国无宁日，而另外二桓的仲孙氏孟懿子也受制于家臣公敛处父，叔孙武叔则受制于家臣侯犯，出现了"陪臣执国命"的情况。就鲁国来说，"陪臣"就是家臣，而以阳货为代表。

季氏的家臣阳货和公山弗扰都有心取代季氏执国政，都想借助孔子的帮忙。孔子收徒众多，许多弟子或狂或狷斐然成材，而孔子讲学论政，也显现高度的从政热忱。

孔子热心政治，却婉拒阳货邀请。孔子说："天下有道，则礼乐征伐自天子出。天下无道，则礼乐征伐自诸侯出。自诸侯出，盖十世希不失矣！自大夫出，五世希不失矣！陪臣执国命，三世希不失矣！天下有道，则政不在大夫。天下有道，则庶人不议"、"禄之去公室，五世矣！政逮于大夫，四世矣！故夫三桓之子孙，微矣！"（《论语·季氏篇》）孔子既然认为"陪臣执国命，三世希不失矣"，陪臣执国命不正，政治之本在正，孔子当然不愿助阳货这种陪臣。

阳货决定独揽鲁国大权，暗中盘算先驱逐与他同属季氏家臣的仲梁怀，但遭公山弗扰制止，因而借着季平子之死展开行动。

季平子因为跟郈氏斗鸡赌博发生纠纷，鲁昭公有意借机重振公室，不幸功败垂成，鲁昭公以流亡齐国收场，季平子是实际的鲁国执政者。季平子卒于鲁定公五年（前505年），由嫡长子季桓子接位。阳货在季平子入殓时，为了一块颈上名叫"玙璠"的宝玉是否应该陪葬，发动了肃清异己的斗争。

季平子代理鲁昭公时，他在颈上挂着一块象征鲁君权力的宝玉玙璠。大殓时，阳货主张玙璠应陪葬，仲梁怀认为季平子代理鲁君祭祀才能佩戴，现在鲁定公已经接位五年，不能再佩戴玙璠。原是一件陪葬物是否应陪葬的不同意见而已，阳货却借机大怒，囚禁仲梁怀。季桓子出面干涉，阳货竟然也将季桓子囚禁起来，同时驱逐仲梁怀，还杀死了季氏族人公何貌，捆绑季桓子一家大小，监禁在南门外的乡里，直到季桓子告饶，才放了他，阳货以一个家臣竟然掌控鲁国国政。

阳货并非无智无谋的草莽人物，他富于心机，且能预谋筹划，有领导统御之能。鲁定公六年（前504年），孔子四十八岁，阳货要鲁定公侵袭郑国，自己带兵攻占匡地。夏天，他指示季桓子出访晋国，献上侵袭郑国和匡地的俘虏，他又强派孟懿子给晋国夫人送礼。秋天，阳货逼迫鲁定公及三桓在周社签订盟誓，又在孔子浅葬母亲的"五父之衢"发誓诅咒，迫使鲁国君民承认他的地位。

实质掌控鲁国，又逼迫鲁君和三桓承认地位，阳货仍不满意，他有了一个更周详、野心的谋略，本为仲孙氏偏房支庶的阳货，却成季氏的家臣，他勾结了对季桓子不满、同为庶出的季寤、公山弗扰、公鉏极、叔孙辄、叔孙志五人，结帮拉派，想把嫡传的季桓子、孟懿子、叔孙武叔一并除去。

阳货和孟懿子都是仲孙氏，对孟懿子曾拜孔子为师自然注意，他曾在孔子十八岁、季氏造士飨宴时，得悉孔子有心出仕为政。经他长期观察，孔子可用，后来曾通过他人邀请孔子帮忙，但孔子始终未应允。孔子教诲弟子众多，才干之士不少，孔子本人智慧圆通，受到齐景公和晏婴的赏识，阳货有心成大事，需要孔子这种人才襄助，他听闻孔子知礼，想出了一个法子。

阳货是知货的有心人。《礼记·玉藻》说："敌者不在，拜于其室。"（"敌"，对方，非敌人）当时，如果赠物时受赠人不在家，翌日受赠人应该亲自登门前往赠物者之家去拜谢，阳货于是派人送去一头蒸熟的乳猪给孔子。孔子不想见阳货，依礼又不能不去阳家致谢，做了一点情报工作，确定阳货不在家时，才前去回拜。没料到回家路上遇见阳货。阳货招手说："来，我跟你好好说一说。"阳货说得振振有词："你一身本领，像怀有宝物，却不出来做事，让国家迷乱，可算是仁者吗？"孔子回说："不可！"阳货接着说："你想为国家做事，却屡屡失去时机，可算是智者吗？"孔子再回说："不可！"阳货又说："时间一去不回，岁月不等人啊！"孔子只能敷衍说："嗯，我将会出来做点事了！"

阳货要求孔子出来做事，孔子又教导弟子笃行为政，当然就有人质疑孔子何以不出来为政，孔子只好引了《尚书》"孝乎惟孝，友于兄弟"来解释：孝悌齐家，可以推之于国，孝悌之道是家政，也是为政，何必出仕居位才算为政呢？

鲁定公八年（前502年）十月，阳货邀请季桓子到蒲园赴宴，决定在宴会上杀死季桓子，并准备隔天调动费邑的军队进攻孟、叔二家。仲孙氏的郕（一作"成邑"）守城官公敛处父对阳货的密谋已有风闻，通知了孟懿子，做好了应敌准备。

阳货派林楚给季桓子御车，阳货的堂弟阳越带着武士随后。季桓子身处险境，见情况不妙，往蒲园的路上，幸运地说动了林楚。林楚突然改变行车路线，驱车前往孟懿子的家。孟懿子早有准备，射杀了阳越，解救了季桓子。

阳货本人则如先前计谋，劫持了鲁定公、叔孙武叔，攻打孟孙氏。公敛处父与阳虎战于鲁城南门之内，又战于鲁都城内地的棘下，阳货进入鲁国国君办公的公宫，抢劫了鲁国的宝玉和大弓，进入阳关叛乱。

和阳货同为季氏家臣的公山弗扰，虽然在阳货为季平子入殓是否颈系玙璠而驱逐仲梁怀，与阳货意见不合，但二人本来就合谋推翻季桓子，大约在阳货作乱前夕，公山弗扰也在费邑发动叛乱。

鲁国这次内乱中，出现了插曲。鲁定公八年，孔子五十岁。公山弗扰以费邑叛乱后，竟然派人与孔子联络，请孔子去费邑，共同反抗季桓子，孔子表示有意前往。

阳货曾力邀孔子相助，孔子总是设法拒绝，公山弗扰和阳货可说是沆瀣一气、一丘之貉，公山弗扰的人品和叛乱目的，都违反孔子"政者，正也"的为政基本原则，孔子有意相助公山弗扰，遭弟子季路露骨反对："难道走投无路了吗？就此打住吧，何必到公山氏那儿搅和呢？"（《论语·阳货篇》："末之也，已，何必公山氏之之也？"）

孔子回答季路说:"公山氏来找我,不会是白白找我去的,如果有人用我行道,我难道只是为了鲁国那些无道的徒子徒孙吗?"(《论语·阳货篇》子曰:"夫召我者,而岂徒哉?如有用我者,吾其为东周乎?"东周,周室之东,即鲁国,并非后世以周平王东迁,所分的东、西周。正史的"东周"、"西周"之分,在战国时代。《战国策》有《东周策》和《西周策》。孔子生在春秋时代,他所说的"东周"不可能是战国时代的巩县"东周",更不是今人所说的周平王以后的"东周",而是为尊者讳,以"东周"称"鲁国"。《礼记·乐记》说,武王打败殷纣,以陕县为界,分中国为两部,周公治理东方,召公治理西方。《春秋公羊传》亦有此说。个人以为,孔子的"东周"即东边周朝的鲁国。)

孔子后来打消帮助公山弗扰的念头,大概跟弟子季路的不悦有关。

阳货谋害三桓行动积极,三桓为自保,联合攻打阳货据守的阳关。阳货后来派人烧毁阳关的邑门莱门,趁着三桓军队惊慌时突围到齐国,向齐景公说:"三次加兵,必定取鲁。"(多给他一点兵力,必定攻下鲁国)齐景公有意听从阳货,打算出兵,齐大夫鲍文子劝阻。阳货在齐使计不成,又投奔晋国,受到赵简子的任用。

阳货叛乱失败奔赵,赵简子接纳,孔子感叹说:"赵氏其世有乱乎!"(《左传·定公九年》)这是"知人",是孔子对阳虎这个人的认知。为政在人,知人为先。《尚书·皋陶谟》皋陶说:"在知人,在安民。"禹说:"吁!咸若时,惟帝其难之。知人则哲,能官人;安民则惠,黎民怀之。"为政之道不外乎知人任官和安民惠民。

阳货个性阴鸷难驯，长于设谋使诈，不易错枉，相助徒然助纣为虐，这是孔子对阳货的认知；不过，孔子对公山弗扰和佛肸就有攻错能使枉者直的自信。孔子说公山弗扰召请他，定会重用他，"如有用我者，吾其为东周乎？"

《论语·子路篇》也说过类似的话："苟有用我者，期月而已可也，三年有成。"孔子自信只要有位者用他，他在一周岁十二个月就会有小成，三年则有成就。此即孔子曾说的"为政在人"，孔子知人，自认只要公山弗扰、佛肸让他施政，让他大展身手，就可安定人民。

"吾其为东周乎"，意指为政为了安民，岂是为了鲁国那些争权夺利、穷奢极欲的腐败子孙？（孔子后来当了中都宰，仅只一年，四方都称赞效法，而中都这个都邑是季氏的，季氏僭越弃礼，和公山弗扰、佛肸其实并无多大分别。）

孔子为何有那么大的自信呢？一是他在从齐国回鲁后至五十岁之间，收了不少贤才弟子。孔子以前的中国之学是"王官之学"，只有官家才能造士，读《诗》《书》《礼》《乐》，学子局限于贵族子弟。孔子打破读书由官方垄断的藩篱，下放庶民，孔学可说是"庶民之学"。由于孔门大开，有教无类，学子只要洁身以进、有心向上，孔子无不教诲。孔子收徒教学消息，不只传遍鲁地，也传至邻近他国，有些弟子来自远地。

孔子得天下英才而教之，自然乐在其中矣。但最大之乐是在四十五岁至五十岁之间收到一名得意弟子。

孔子弟子中，至少有两人，父子皆入孔门，一是颜路和他的儿子颜渊，二是曾皙和他的儿子曾参。颜路和曾皙都是鲁国人，孔子早期弟子也大多是鲁国人。

颜渊名回，字子渊，小孔子三十岁。颜渊素性温良谦逊、进退有节，孔子跟他谈整天，他静静地听着孔子的教诲，像呆子没识见般，等到颜渊退出去的时候，孔子暗自考察他私下的言行，孔子看出颜渊能够将听得的道理加以实行，发其所学，行其所学，因而说："颜回这孩子不愚！"

颜渊不只不愚，还积健不息，知而即行，孔子不由得感叹说："语之而不惰者，其回也与！"（同他说话，他能聚精会神地听话，始终不懈怠的，大概只有颜回一个人吧。）

孔子对颜渊不违如愚，退而亦足以发，又能行健不息，十分欣慰，曾笑向颜渊说："回啊，我说什么你都欣慰接受，没有疑问。教学才能相长，这对我可没有什么用处！"

儒士的表现在"不陨获于贫贱，不充诎于富贵"（《礼记·儒行篇》），一般人说得容易，却不易逆来顺受。颜渊一家清苦，却能乐天之道自强不息。颜渊吃的只有一小篮饭，一瓢汤，住在低旧的小弄，依然不改乐天之道，孔子不免称赞道："贤哉回也！"

孔子不知道哪块云会下雨，因而对弟子一视同仁，有教无类；孔子认为每一人都禀天地之性直生，先觉应该觉后觉，故而诲不倦，连放牛班的孩子都不放弃，但人之性虽相近，才情却各有不同，如欣赏音乐，喜爱程度和种类自然不会相同，孔子在他一生所教诲的弟子中，毫无疑问，他较亲近颜渊和季路。

季路只小孔子九岁，个性和颜渊截然不同，颜回对他这个老师言必听从，毫无不悦，子路则一有疑问，快人快语，表现在脸上，直言不讳，甚至批评夫子。但他的优点也不少，他好勇果决，是指挥将才；他即知能行，有当日事当日毕的作风，如果让他断狱，他不会拖泥带水，很快裁决。孔子有贴身的事，都要他跑腿。

季路的家境并非富有，但有个姐姐嫁到卫国，姐夫叫颜雠由，财力不错。季路比颜渊大二十一岁，多了一辈，但季路十分喜爱敬重这个小了一辈的同门师弟。孔子、季路和颜渊可说是三代人，但三人可以无辈分差别，闲谈自己的志愿。

有一天，颜渊和季路侍坐于孔子身边。孔子心情不错，就向两个钟爱的弟子说："何不各自谈谈自己的志向？"说话永远抢先的子路说："我盼我坐的车马与朋友同坐，衣裘与朋友同穿，就是坐破穿破，也不怪朋友！"

季路说的是与朋友相交重情重义，符合他大刺刺的豪气个性。颜渊接着说："我但愿自己能做到不矜说自己的善行，也不张大自己的功劳。"颜渊说的是自省自惕的修德功夫。

"愿闻子之志"，季路等到师弟颜渊说完志向后，反问老师的志向，孔子回说："老者安之，朋友信之，少者怀之。"孔子说出自己的志向，立见三人境界的高低，颜渊那时年岁尚轻，志愿是自修自省的内圣之道，孔子后来见颜渊自修有成，因而称赞颜渊"不迁怒，不贰过"。季路却把自己的志向说小了，只是身外物和朋友共用。孔子概括老少，安老慈少，也就是"老吾老以及人之老，幼吾幼以及人之幼"。"朋友信之"，"之"是"我"，朋友信我。孔子之志，何止是身外物的分享合用呢？

从孔子的"盍各言尔志"看出，孔子教诲弟子，不是死板的教条灌输，而是因材施教，活生生的智慧启发，让弟子循序以进，这种教学先进且实用，但有些学子不易悟得，颜渊随孔子多年后，则有深入领悟，曾感叹说："仰之弥高，钻之弥坚，瞻之在前，忽焉在后。夫子循循然善诱人，博我以文，约我以礼。欲罢不能，既竭吾才；如有所立，卓尔；虽欲从之，末由也已！"（《论语·子罕篇》）

颜渊可以说是孔子四十岁到五十岁的第三期弟子，这期弟子包括小孔子二十九岁的冉求、商瞿，小孔子三十岁的高柴、宓不齐，以及言语见长的宰我和安贫自守的原宪、季次，向孔鲤问父亲有什么"异闻"的陈亢，孔子拟派他做官而自以为还没准备好的漆雕开（《孔子家语》载说，漆雕开小孔子十一岁，不足采信）。卫人子贡小孔子三十一岁，可和颜渊列为同期弟子。公西华亦应属于此期弟子。

在季氏当过家宰的孔门弟子至少二人，第一期弟子季路，还有第二期弟子冉有（冉求）。冉求才艺双全、文武兼具。季氏的家宰权力很大，阳货、公山弗扰做了季氏的家臣，得以叛乱，而家臣仍需听命于家宰。

《周官》的"宰"是官吏的通称。《周官》有冢宰、大宰、小宰、宰夫、内宰、里宰。春秋卿大夫的家臣和采邑的长官也称宰，叫"家宰"、"邑宰"。季路当季氏的家宰，就有意派子羔为费邑宰，但遭孔子反对。（详文见后）

冉求多才多艺，孔子说"求也艺"，冉求后来率领季氏军打败来犯的齐军（详文见后），在孔门四科十哲中，政事科代表是冉有、季路，冉有排序还在季路前。

商瞿字子木，鲁国人，《仲尼弟子列传》说："孔子传《易》

于瞿，瞿传楚人馯臂子弘，弘传江东人矫子庸疵，疵传燕人周子家竖，竖传淳于人光子乘羽，羽传齐人田子庄何，何传东武人王子中同，同传菑川人杨何。何元朔中以治《易》为汉中大夫。"《周易》是五经之原，能传《易》需要甚高智慧境界。《史记》把商瞿传孔子易学的启后次序，记录得十分清楚，但《论语》竟然未提及商瞿半句，《韩非子·显学篇》说："自孔子之死也，有子张之儒，有子思之儒，有颜氏之儒，有孟氏之儒，有漆雕氏之儒，有仲良氏之儒，有孙氏之儒，有乐正氏之儒。"八儒中也没有传孔子易学的商瞿，可谓遗珠之憾。

高柴，字子羔，一说身长不满六尺，孔子说"柴也愚"。季路特别喜欢子羔，季路当季氏家宰后，要子羔当费邑宰，孔子认为不适宜，子羔在卫国国君争夺中，因愚而逃命，留下季路一人，被杀死。（详文见后）

漆雕开在《论语》只出现一次，孔子有意派漆雕开去做官，漆雕开却表示："吾斯之未能信。"做官人人喜爱，但漆雕开表示对做官没有自信。孔子对漆雕开的自知之明很高兴。可知漆雕开为学、行事笃实，《韩非子·显学篇》的八儒有漆雕氏之儒，可惜的是，《论语》没有漆雕开的问学记录。

宓不齐，字子贱。孔子少称弟子"君子"，却说子贱："君子哉若人！鲁无君子者，斯焉取斯？"孔子称赞说，鲁国若没有君子，子贱如何取法至君子境界？子贱做鲁国单父邑宰时，回来向孔子报告说："这里比我不齐贤能的人有五个，他们教我如何施政。"孔子听了向人说："可惜啊！不齐所治理的单父邑太小了，治理大些的县邑就好啦！"

原宪，字子思（孔子孙子孔伋亦字子思），孔子当鲁司寇时以原宪为家宰，孔子给他应得的俸禄，原宪推辞不肯接受。孔子说不必辞粟，如果自己用不到，可以拿给邻舍同里的人。原宪行己有耻，向孔子问耻，问克伐怨欲不行焉，是否可以算是仁人。

《晏子春秋》景公问晏子说："吾欲善治其国之政，以干霸王之诸侯。"晏子作色对曰："官未具也。臣数以闻，而君不肯听也。故臣闻仲尼居处惰倦，廉隅不正，则季次、原宪侍。"《史记·仲尼弟子列传》说："公晳哀字季次。"孔子说："天下无行，多为家臣，仕于都；唯季次未尝仕。"孔子称赞季次，许多弟子设法在大夫家当家臣，但季次廉洁，不愿在天下无行时出仕，可惜《论语》未见季次事迹。

宰我因昼寝，被孔子骂"朽木不可雕也，粪土之墙不可圬也"（《论语·公冶长篇》）而名垂后世。宰我能言善道，在孔门弟子四科十哲中，和子贡同为言语科的杰出代表，排序还在子贡之前。宰我主张三年丧太久，一年丧就可以了，孔子问宰我，父母死居丧一年安心吗？宰我竟然回答"安"。孔子向学生谈仁，骂宰我"予之不仁也"，可说责备至深。孔子卒殁，宰我、子贡、有若都称赞孔子，宰我说："以予观于夫子，贤于尧、舜远矣！"孔子最称赞的古代圣人是尧、舜，宰我说孔子贤于尧、舜，简单一句话，就把孔子捧上了天。

子贡姓端木，名赐，卫国人。小孔子三十一岁。子贡善于做跨国买卖，眼界宽广灵通，应该是在卫国听到孔子收徒，慕名前往鲁国拜师，不是孔子周游列国到卫国，才拜孔子为师。

《论语·子罕篇》子贡曰："有美玉于斯，韫椟而藏诸？求善贾而沽诸？"子曰："沽之哉！沽之哉！我待贾者也。"子贡问孔子，假如有一块美玉，把它放在柜子里藏起来呢？还是找一个识货的商人卖掉呢？子贡这一问，当是孔子未出任中都宰前的待价而沽的时段。

《史记·孔子世家》说"公西赤字子华，少孔子四十二岁"，年岁明显有误。孔子五十二岁当中都宰，如果公西赤小孔子四十二岁，公西赤才十岁，孔子怎会派他使于齐？公西赤和闵子骞、季路、冉求、曾皙侍坐于孔子，并说出自己可以为相的志愿，公西赤应该小孔子三十二岁左右，才近理（钱穆《孔子传》即言**公西赤小孔子三十二岁**）。

孔子在四十岁到五十岁之间，培养了这批可以为政安民的弟子，这些弟子个个都是可堪大用的大器人物。孔子培养那么多人才，让他们站在身边，看看就很快乐。如《论语·先进篇》："闵子侍侧，訚訚如也；子路，行行如也；冉有、子贡侃侃如也。子乐。"（孔门几个大材弟子能愉悦陪伴老师，当是孔子未任中都宰，诸弟子也未出仕前，此章可进一步说明，子贡在孔子周游列国前已入孔门。）

孔子自认有这么多干才弟子，何事不成，才会信心十足地说："苟有用我者，期月而已可也，三年有成。"

孔子不仅培育了为数甚多的可用弟子，还从《易经》学到进退存亡之道。孔子教学以《诗》《书》《礼》《乐》为主，但自己勉力学《易》、研《易》。《易》有六十四卦，笔刻于竹简上，一片片的竹简用皮绳捆绑，孔子因不停打开学习，皮绳弄断了三次。

孔子学《易》，认为《易》不求福避祸，非以卜筮给无常的人生安慰指引。《易》是补过之书，人皆有过，要知过能改，学《易》就是学知过改过。孔子五十岁在即，他认为人老戒之贪得，许多人临老境，因贪得而造成大过；因此，一人即使到五十岁才学《易》，也可以让自己在进退存亡之中，免于大过。

对于进退存亡的认知和掌握，孔子对子路心中难免有些隐忧，子路做事积极，知进而不知退，更不用说掌握存亡之道了。孔子对阳货退而不仕，对公山弗扰、佛肸有意受召出仕，这不仅要知人还要知时，不仅知退还要知进，子路显然不懂时势，不知进退。他特别提出了曾当过季氏的小官吏，也因得到南宫敬叔帮忙，得以西去洛邑学礼乐，说："季孙之赐我粟千钟，而交益亲。自南宫敬叔之乘我车也，而道加行。故道虽贵，必有时而后重，有势而后行。微夫二子之贶财，则丘之道殆将废矣！"

"时"与"势"十分重要，时势可以旋乾转坤造英雄，英雄也可以造时势拨乱反正。《易经》乾卦阐扬时义，君子"时乘六龙以御天"；坤卦地势坤顺，"君子以厚德载物"法坤。孔子从齐国回来，督励弟子修德、成德，以待时。

孔子五十而知天命，天德在心，乐天知命故不忧。孔子不忧己私，与天地合德、知己之性、知人之性。《易经》四德元、亨、利、贞，贞下起元，六画卦始、壮、究，究而又始，孔子逢天下无道的春秋乱世，仍深信治乱相循，治起于衰乱之中。

天子失政，鲁国君不君、臣不臣，孔子忧思天下百姓之病，澡身浴德，正静安虑以待时。而一旦时至，他又如何选用他的得意弟子呢？

这一天，孔子的讲坛传出了瑟声。古人平时，国君不能无缘无故让身上的佩玉离身，大夫不能无缘无故地撤去家中悬垂的钟磬，士也不能无缘无故撤去屋里的琴瑟。这时，鼓瑟的人是孔子第一期弟子曾皙，侍坐孔子身旁的还有季路、冉有、公西华三弟子。

孔子想起先前季路和颜渊侍坐，他一时兴起，曾要二人各言自己之志。此景此情如昨，他想自己当老师的，总不能让弟子以为不了解他们，便说："我的岁数比你们大些，不要因我年大，在我面前不敢说话，私下却说：'没有人了解我们的志向。'如果有人想知道你们，你们能做些什么？"

老是抢头说话的季路率直说："拥有一千辆兵车的国家，夹在大国之间，外有强大敌军压境，内有饥饿灾荒，我子由若当政，三年可使人民不仅有勇力，而且知道处事方法。"

孔子听了咧嘴一笑，问冉求。冉求说："方圆六七十里或五六十里的小国，由我冉求治理，三年可使百姓丰衣足食。至于有关礼乐，那就另待高明。"

"子华呢？"公西华恭谨地说："不是说我能，而是说我愿意学习。宗庙祭祀或外交会盟，我戴正礼帽，穿上礼服，可以做个称职的小司仪吧！"

"点呢？"曾皙听老师招呼，瑟声减弱，"铿"的一声放下瑟，站起来说："我和他们想法不同呢！"

孔子说："没关系，只是说说你的志向罢了！"

曾皙说："暮春，春服刚做好，穿上。五六个大人、六七个小孩，跳进沂水里戏水，然后走上舞雩台吹风，再一路高歌回家！"

曾皙一提起沂水，孔子心中似乎流过一股暖流。沂水出于山东曲阜县东南的尼丘山，西流经曲阜兖州，合于泗水。孔子之母颜氏祷于尼丘山生下他，似乎可以这么说，尼丘山是他的骨，他的父亲之山，而沂水是他的血脉，他的母亲之河，他的脑海顿时映现幼时在沂水戏水，并在不远的祈雨舞台雩台吹风情景，那是何等的惬意，他自然脱口说："我喜欢点的想法！"

但就像他跟弟子仲弓说："犁牛之子骍且角，虽欲勿用，山川其舍诸？"鲁国社稷岂能少了他孔丘，任他悠游沂水间呢！

第七章 —— 宰治中都，一年小成
相礼鲁定公，礼让齐景公

孔子十五岁志于学。博学可以增广见闻，开阔思想新天地。博学不能只会读书，且要能审问、慎思、明辨。孔子入太庙每事审问，就是博学的方法，因为孔子学能博、问能审，久之，自然学而有得，让弟子心悦诚服。

鲁国曲阜不仅有太庙（开国之君的庙，即今周公庙），还有一些先王庙，像鲁桓公庙、鲁僖公庙，孔子就曾带弟子季路等人参观，并借机教诲。

孔子参观桓公庙，发现一个倾斜的器物，请教守庙的人，守庙的人说是一种"宥坐之欹器"。"宥"通"右"。孔子学博，曾听过这种放置于君王座位右边的"欹"（音 qī）；这种器物特异处是"虚则欹，中则正，满则覆"（空时就会倾斜，适中就平正，装满就会倾覆），于是要季路注水。果然，水空就倾斜，水平适中很平正，水满就倾覆，孔子感叹说："哪有东西满而不倾覆的呢？"

季路顺着孔子慨叹，请问夫子"持满"（抱持满而不溢）之道。孔子因而回答："聪明睿智的人，要用'愚'来保持满；功被天下的人，要用'让'来守持满；勇力盖世的人，要以'怯'来守持满；富有四海的人，要靠'谦'来把持满。这就是把退而损之的道理。"（《孔子家语·三恕》："聪明睿智，守之以愚；功被天下，守之以让；勇力抚世，守之以怯；富有四海，守之以谦。此所谓挹而损之之道也。”）

"欹"这种器物，放置国君座位的右边，国君一眼就看得到。"欹"常刻有一些铭文用来警惕君王，后世效法，因而有所谓的"座右铭"。

孔子因材施教，也因时施教。鲁国有一个节俭的人，用瓦锅煮食物，自认味道很美，就用小瓦盆装了一些进献给孔子。孔子接受，十分高兴，如同接受牛羊猪这样的美味馈赠。季路说："小瓦盆，是简陋的器物，用它煮出来的食物，也是粗劣食物，夫子为什么如此欢喜呢？"孔子说："喜好劝谏的人思念国君，吃到美食的人会想到他的父母亲，我不看重盛食物器皿的好坏，而是因为这人吃到好东西而想到我。"

孔子入太庙每事问，使他成为庙宇建制、礼器、祭器、礼法的专家，像弟子子贡观赏太庙北堂，出来问夫子："我刚才细心观察北堂，发现北堂的户扇都是断绝的，是有它的理由，还是匠工的过错呢？"孔子回说："太庙堂屋建造本来就有规制。由官方招请良匠，因良材而施作，并非没有良材而断绝的，那是因为崇尚文采的缘故。"（《荀子·宥坐》："太庙之堂亦尝有说，官致良工，因丽节文，非无良才也，盖曰贵文也。"）

孔子对古代文化，钻研甚深，不仅名闻鲁国，还享誉春秋其他国家，也间接促成了他在鲁国的为政机会。

季平子卒殁那年，孔子四十七岁，季桓子袭鲁国上卿之位。季桓了在费邑挖掘水井，挖到一只腹大口小的瓦器，器内有个像羊的东西，就去请教博学多闻的孔子，并且说挖的瓦器里有只狗。孔子说："据我了解，那是羊。我听人说过，山林里的怪物是一种单足的兽——夔，和学人说话的山精——罔阆（同'魍魉'）；水里面的怪物是怪龙和罔象；泥土里的怪物则是雌雄未成的'坟羊'（羵）。"那应是孔子和季桓子首度的交谈，孔子的博学给季桓子留下很深的印象。

几年以后，吴国攻打越国，把越都会稽城给拆毁了，发现一节骨头，长度就占满了一车。吴王夫差派专使来请教孔子，专使提了一些问题，孔子一一加以说明，吴使听了之后说："善哉圣人！"吴国太宰后来见孔子弟子子贡，就问说："夫子圣者与？何其多能也！"

鲁国三桓与家臣争权内斗，受害最深的是哀哀无告的老百姓，孔子以天下苍生为念，公山弗扰虽非有德行的大夫，他考虑受召，因为他不是为了争权夺利，而是争取为民服务机会。

孔子称赞尧的伟大在则天："大哉，尧之为君也！巍巍乎！唯天为大，唯尧则之。"（《论语·泰伯篇》）则天即法天，而天之行也健，孔子故而说："君子以自强不息。"（《易·乾卦》）自强不息的君子自然不会安于贫贱，而是求富贵，所以孔子说："富而可求也，虽执鞭之士，吾亦为之。如不可求，从吾所好。"

孔子认为贫贱非人之所求，而是人遭逢困穷的无奈，不得不面对。人逢困穷，仍要坚持基本信守之道。孔子欣赏颜渊"一箪食，一瓢饮，在陋巷，人不堪其忧，回也不改其乐，贤哉回也"（《论语·雍也篇》），是称赞颜渊不忧贫贱，不改乐天之道，因为乐天就能行健不息，这是对治贫贱的要方。孔子自言"饭疏食饮水，曲肱而枕之，乐亦在其中矣。不义而富且贵，于我如浮云"（《论语·述而篇》），也非乐守贫贱，而是求富贵必得合义，否则宁可贫贱。

富贵不等同做官为仕，但做官为仕有地位有俸禄，自是得富贵捷径。孔子弟子原宪问什么叫"耻"，孔子回说："邦有道，谷；邦无道，谷，耻也。"（《论语·宪问篇》）古人为官给谷米当俸禄，一个国家有道，为官服务百姓，尽一己之责拿谷米是应该的，若是只为取得俸禄谷米，无视国君无道，这就是耻。

孔子所谓"邦无道，谷，耻也"，不是说国家败坏无道，就不应该去做官。"自己国家自己救"，有为者怎能弃国家衰乱于不顾？所以每个人应救衰补弊，而非尸位素餐，霸住官位，坐领公粮，这才叫没有羞耻心。

"邦无道，谷，耻也"，传统注解重视孔子说的这句话，忽略了上一句话："邦有道，谷。"邦国有明君贤臣行道，自己不出来一同行道，也是耻辱。"邦有道，谷"，孔子鼓励弟子求仕为官，弟子子张才会向孔子学干禄。学干禄即"邦有道"，如何得谷为仕。

孔子从政的时机终于到来。

阳货作乱，鲁定公遭劫持，季桓子遭囚禁，还差点被家臣所杀，鲁国宗族家臣接二连三发生家乱情事。宗族家臣不可信，只好找非宗族能士帮忙，季桓子挖井找到一个瓦器，瓦器中的东西不知道是什么？请教孔子，孔子说是"坟羊"，季桓子对孔子的饱学印象深刻。加以阳货、公山弗扰叛乱，曾召孔子，孔子终未前往，季桓子遂有取用孔子的念头。

鲁国国政实权掌握在正卿季桓子之手，季桓子表面上仍要尊重鲁定公。大概经过季桓子推荐，鲁定公于是见了孔子，问孔子说："君使臣，臣事君，如之何？"孔子对曰："君使臣以礼，臣事君以忠。"

孔子政治学说的真精神是"政者，正也。子帅以正，孰敢不正"，"为政"即"为正"，先正己然后正人。先前，齐景公问政，孔子答说："君君，臣臣。"即是君自正，做好君的事；臣自正，做好臣的事。齐景公问政于孔子，齐君有重臣晏婴，齐国人信任他，权势大夫如陈氏，仍不敢造次，孔子故而要齐景公和卿大夫诸臣先自正。

鲁昭公失政，鲁君数代受制于三桓，鲁定公直接问孔子："君使臣，臣事君，如之何？"一国之君最基本的要件，就是使令群臣，而群臣最基本认知，即事奉君上。鲁定公这一问，赤裸裸说出他这个国君无法行君位使群臣、卿大夫诸臣不事君的困境，当务之急在让群臣行臣道事君。

"君使臣以礼，臣事君以忠"，即因当时君臣俱失礼、臣又不忠。孔子不是站在国君立场，单方面要求群臣尽其忠，孔子认为君臣关系非服从性的上下对待，而是和谐的对立关系，君使臣得有礼，而臣事君也要尽礼，君臣以礼相待。"臣事君以忠"，臣下尽己之所能事君，则是铁律。

鲁定公除了问孔子君臣如何做到以礼使臣、以忠事君外，还期望孔子以一句话来说明如何才能兴邦？如何则会让国家衰亡？孔子对答说："话不可以这么简单说。不过，古代哲人说过'为君难，为臣也不容易'，假若做君上的知道为君的艰难，不也近于一句话便可以使国家兴盛了吗？""古代哲人也说过：'我做国君的没有别的快乐，而是以没有人违抗我为快乐。'假若君王所说的话正确而没有人违抗，不是很好吗？假若说的话不正确而没有人敢违抗，不也近于一句话便可以使国家衰亡吗？"

鲁定公和季氏对孔子为政之道应该心中都暗自肯定，二人起码对孔子比对三桓家臣放心，决定不妨让孔子试试看。《礼记·郊特牲》说："古者五十而后爵。"鲁定公九年（前501年），孔子年五十一岁，孔子任中都宰。

《史记·五帝本纪》说："一年而所居成聚，二年成邑，三年成都。"《周礼·地官·小司徒》说："九夫为井，四井为邑，四邑为丘，四丘为甸，四甸为县，四县为都。"春秋时代，大城叫都，小城叫邑。但孔子后来"堕三都"的三都是郈邑、费邑（亦称酆）、郕（亦称成邑），皆称邑，都、县、邑、城并未有明显区别。

鲁国中都位于鲁国西部水陆交通要道，为鲁桓公以下九位国君陵墓所在地，中都为鲁国先君埋葬处。"中都"两字或许蕴涵了"中也者，天下之大本也"的意思。

《孔子家语》，魏王肃作注，宋人王柏认为是伪书。王肃注解《孔子家语》加了一些自己的意见，但一本书能成书必有所据，不应说全书皆作伪无用，余嘉锡《古今通例》说："（古书）时代既早，纵属依托，亦自有其价值。"《孔子家语》首章《相鲁第一》，第一段文字记录的即是孔子初仕为中都宰的施政大要："孔子初仕，为中都宰。制为养生送死之节，长幼异食，强弱异任，男女别途；路无拾遗，器不雕伪。为四寸之棺，五寸之椁，因丘陵为坟，不封不树。行之一年，而西方之诸侯则焉。"（孔子刚做官，担任中都邑的邑宰。他制定了使老百姓生时有保障、死时得安葬的制度，年老和年幼的饮食做必要不同安排，也依据能力大小承担不同工作，男女走路各走一边。在道路上遗失的东西，没人拾取据为己有，器物尚实用，不求浮华雕饰。死人装殓，棺木厚四寸，椁木厚五寸，依傍丘陵修墓，不建高大的坟墓，不在墓地四周种树。这样的制度施行一年之后，西方各诸侯国都纷纷仿效。）

古代地方县邑，没有较周全的生死、丧葬规划，孔子这些看似简单的施政，让地方父老眼睛为之一亮。

中国古代为政做官者，大抵没有什么主动施政理念，勤政爱民就是好官吏，《论语》一书的孔子为政之道，传统说法是"德治"、"礼治"、"人治"。

"为政以德，譬如北辰，居其所而众星共之。"（《论语·为政篇》）

"道之以政，齐之以刑，民免而无耻；道之以德，齐之以礼，有耻且格。"（《论语·为政篇》）

"道千乘之国，敬事而信，节用而爱人，使民以时。"（《论语·学而篇》）

"举直错诸枉，则民服；举枉错诸直，则民不服。"（《论语·为政篇》）

"政者，正也。子帅以正，孰敢不正？"（《论语·颜渊篇》）

孔子这些教诲弟子的为政之道，重德，重人性之正，有别于"法治"，许多学人怀疑其可行性，但孔子以此治理中都。

中国老百姓素性善良，只怕贪官如狼似虎，中都百姓看到上司长官提供的是符合人性的良善规定，自然乐于遵守，道不拾遗，夜不闭户，孔子担任中都宰仅只一年，就有小成，四方诸侯听到消息，派人来观摩学习。"有朋自远方来，不亦乐乎？"孔子乐在其中矣。

"苟有用我者。期月而已可也，三年有成"，期月是十二个月、一年，孔子不是光说不练的人，他说到做到。孔子做出了成绩，鲁定公和季桓子当然与有荣焉。《史记》说鲁定公以孔子为中都宰，但中都其实为季氏的都邑，鲁定公只有表面上的赋税征收权，所有土地、军队、人民全归三桓所有。掌握鲁政实权的是季桓子，而非鲁定公。

鲁定公见孔子治中都卓然有成，便问孔子说："学你治理中都的方法来治鲁国，可能有成效吗？"

孔子恭敬说："即使治理天下都可以，何止鲁国呢？"

于是，鲁定公命令孔子为司空，不久，由司空再任命大司寇。

中都坐落在今湖口村一带，有一个湖，名叫马踏湖，孔子处理好政务，常在马踏湖边钓鱼，随同前往的冉耕等几个弟子，就和孔子一起钓鱼，听孔子讲书。（后世为纪念孔子宰中都，建立了讲书堂、孔子钓鱼台、孔圣庙。）

中都后改名汶上县，《汶上县志》记载，孔子离任时，邑民纷纷前往挽留，不得已求孔子脱鞋留念，这鞋后世名为"夫子履"，俗称"铲鞋"。

孔子治理中都有成，季桓子嘉勉孔子，信任孔子举荐的弟子冉耕接任中都宰。

冉耕字伯牛，孔子认为冉耕有德行。

冉耕因夫子推荐接任中都宰，意义非凡。

周代官吏本来是司徒召士读书有成，才得以成为吏，这些吏大多由基层做起，成为政府的公务人员，如今日的事务官；孔子的弟子冉耕一出任即为中都宰，类似今日的政务官。

冉耕不负孔子裁成之智，没让中都老百姓失望。可惜的是，秉承师教，孜孜不倦于政事的冉耕，不久却病逝于任所。孔子知道冉耕病危的消息，赶去问病，冉耕可能得到传染病，师生情重，孔子仍从窗外执起冉耕的手，悲痛说："就这样没有了，这是命吗？这个人怎么会害这种病！这个人怎么会害这种病！"

中都士民百姓感恩冉耕，将他葬在今汶上县城西门外感化桥侧（宋代改葬东平县城西北十五里处。思圣堂正殿内塑孔子坐像，冉伯牛与抗金留守中都的岳飞陪祭两旁）。

孔子和冉耕为官得到百姓尊崇，孔子的几个出色弟子也陆续得到季桓子的重用。孔子的大弟子季路在"堕三都"前，成为季桓子的家宰。家宰是家臣之长，可以提名邑宰的人选。当然，还得经过季桓子首肯。

孔门弟子为官的，季氏提拔最多，孔子当中都宰、小司空、大司寇时，也造就几名自己的弟子为官。

中国的古代官爵名，除了史、卿、大夫、士外，最重要的是司、正、尹、宰与相，宰与相跟后世的宰相制度有密切的关系。

郯子叙述他的先祖少皞氏以鸟名官的情形，便说当时已有历正、工正、农正及司徒、司马、司空、司事等官。《尚书·帝典》也有司徒、司空的官，《洪范篇》则有司空、司徒、司寇的官。而殷末似乎就有司空、司徒、司寇的官了。春秋时代，以"司"为名的官大为发展，各国都有司徒、司马、司空、司寇之官，而且多属卿，司徒更多的是正卿，实际执掌一国政事，类似后世的宰相，而"司马"一名在春秋时代各国，官制上最为凌乱，大都主掌兵马，宋国"司空"为避武公讳，改称"司城"，负责城都建设，而主法刑的司寇（包括"司败"）地位较低，陈国也以"司城"、"司败"为官衔。

孔子由中都宰而小司空，由小司空为大司寇。有什么差别呢？邑宰是地方官，没有爵位，但出任小司空、大司寇则是朝廷命官，爵位为下大夫，有禄地采邑，有家臣、家宰。孔子在众弟子中，挑选原宪当家宰，冉有当家臣，孔子本有意选派漆雕开出来做官，但漆雕开说："我对做官这件事，还没有准备好，没有绝对的信心。"孔子听了，颇为高兴，孔子还选公西赤当使者。

原宪个性狷介廉洁，由于鲁国行禄秩之制，没有采邑的士人只有俸禄。孔子给原宪九百斛粮食，原宪不想接受，认为自己有谷米够吃了。孔子说："入仕有公粮，这是规矩，你用不着，就分给邻里乡亲吧！"

给入仕的士人多少谷米俸禄，孔子交给长于理财的冉有处理。孔子派弟子公西华当使者，出使齐国，身为孔子家臣的冉有问孔子，给公西华母亲多少谷米较恰当，孔子说："一釜。"一釜相常六斗四升。冉有觉得少了些，请求加些，孔子回说："再给一庾。"一庾相当二斗四升。冉有认为还是太少了，给了公西华母亲五秉。孔子知道，唯恐弟子们以为老师小气，解释说："子华去齐国，乘的是膘肥的马驾的车，穿的是轻柔的皮裘。君子应该雪中送炭，不作锦上添花。"（君子周急不继富）

《礼记·王制篇》说："诸侯世子世国，大夫不世爵。使以德，爵以功。"诸侯的太子能够世袭诸侯的国家，大夫的儿子不能世袭大夫的爵位。三桓世袭卿位，季孙氏垄断司徒之位，孟孙氏为司空，叔孙氏为司马（《左传·昭公四年》叔孙氏家臣杜泄向季桓子说："吾子为司徒，实书名。夫子为司马与工正，书服，孟孙为司空，以书勋"）。鲁国司马有副手左司马、右司马，司空有副手小司空，司寇则有大司寇、小司寇之分。

司空一职已由三桓的孟氏世袭，孔子的司空只是小司空，但因司空孟懿子为孔子弟子，司马迁尊圣人孔子，不写"小司空"，而孔子改任"司寇"就写"大司寇"。

"入朝"即入公门、入国君之门。鲁国朝廷和其他诸侯一样，有库门、雉门、路门，也有外朝、治朝、内朝三朝。

礼以文饰为贵。天子的礼服是绣着龙的衮服，诸侯礼服绣着黑白色斧形图案，孔子是下大夫，礼服上绣着黑青相间状的花纹。孔子的冠冕前后悬垂红绿色丝绳的五个玉串，佩的是象牙制作的环，直径有五寸，用的是杂彩组绶。

国君的族亲叫公族，公族朝见国君于内朝。内朝见君依年龄辈分为序。群臣在外朝根据官爵高低排定班序。孔子入朝，最先入库门，低头如鞠躬的样子走进。进入库门到外朝，见到国君不常御的虚位，仍然起敬谦恭。走过外朝渐近国君，虽和同僚说话，低声不敢放肆。由外朝入雉门，升国君听政的治朝之堂，先撩起衣裳的下摆再前行。

孔子侍奉君侧，行礼如仪：恭敬地站立在国君面前，上身略向前倾，绅带离身下垂，衣裳下摆接地，好像被脚踩住，脸颊如同屋檐探出，拱手下垂，目光下视，耳朵上听，视线下不过国君的腰带，上不过国君的衣领，国君讲话，倾听时头偏右，任用左耳。

孔子入朝为官，眼界更宽。闻知、推知都不如目见亲知。孔子以知礼名闻鲁国，甚至驰名邻近诸侯国，但有些礼仪虽可以从文字记载或查访时贤，亦即"征文考献"得知，但终不如眼见。孔子学礼研究礼，也能推知宫廷之礼，但成为小司空下大夫入朝，更能印证自己知见是否正确。

孔子的官位小司空，是司空孟懿子的副手，孔子依职务权责，根据土地的性质，分地为山林、川泽、丘陵、高地、沼泽五类，各种作物都依土性种植，得到很好的生长。《礼记·王制篇》说："凡居民，量地以制邑，度地以居民。地、邑、民居，必参相得也。"（凡安置人民，要测量土地形势来兴建城邑，估计地方大小来安置人民。地形的广狭，城邑的大小，人民居住的多少，必须通盘考虑，配置得当。）

不过，即使是做个无法影响邦国大政的小司空，孔子仍做了一项非常有意义的事情。孔子在鲁昭公墓旁挖沟，把鲁昭公的陵墓与先王的陵墓连到一起。鲁昭公三十二年（前510年），鲁昭公死于晋国乾侯这个地方，鲁昭公灵柩运回鲁国，季平子有意贬降鲁昭公，将鲁昭公葬在先王墓道南边，还打算挖沟隔离，并给"恶谥"。虽然后来招致反对，没有挖沟，也没有恶谥，但是仍将鲁昭公葬在先王墓道南边。孔子先跟季桓子沟通，将挖一条长沟，但这条沟不是隔离，而是沿着陵墓外挖掘，把鲁昭公和先王陵墓反而围在一起。孔子向季桓子说："令尊（季平子）以此羞辱国君（鲁昭公），却也彰显了自己的罪过，破坏了礼制。现在挖沟把陵墓合到一起，可以掩盖令尊不守臣道的恶名。"（《孔子家语·相鲁》："贬君以彰己罪，非礼也。今合之，所以掩夫子之不臣。"）

孔子不独能获得鲁定公的信任，也和三桓暂时相安无事。这证明"为政在人",搞政治就看个人的能耐。孔子秉着"君使臣以礼,臣事君以忠"的原则,以礼行事,以礼服人,以忠谋国,以忠事上,公山弗扰有欲相召,君子素患难行乎患难,何惧公山弗扰!

孔子不久就接任大司寇(可避免成为自己弟子副手的尴尬),司寇掌刑罚正奸邪,听狱讼,可孔子认为"人之生也直,罔之生也幸而免",每个人都秉受自然之性,人人皆有明德,若能以直错诸枉,可以使枉者直,故而说:"道之以政,齐之以刑,民免而无耻;道之以德,齐之以礼,有耻且格。"德化礼治是孔子为政基础;政刑规范,人民只会钻法律漏洞。孔子秉持《尚书》"刑期无刑"的理念,对争讼、听讼的成效持疑,认为无讼才是治世根本:"听讼,吾犹人也。必也使无讼乎。"(出自《论语·颜渊篇》,意为:"审理诉讼官司,我不会别人比差。最重要的是能够使人民不打官司。")

中国古人纯朴,德化自有感人的力量,孔子将出仕司寇,一个卖羊的沈犹氏,不敢早上先牵羊饮水,再牵到市上卖,增多斤两骗人;妻子淫乱的公慎氏赶忙休了妻子;好奢侈的慎溃氏赶快离开鲁国;鲁人卖牛马的不敢哄抬价钱。所以孔子当鲁司寇,道不拾遗,市不预价,种地、捕鱼的都能够体谅年纪大的人,给予帮忙,路上看不到白发老人负重。不过,并不是每个人都支持孔子这种尊重道德、觉醒人性的做法。

有一个父亲告儿子不孝兴讼,孔子拘囚了儿子,经过三个月仍没有判决。父亲后来撤告,孔子就放了他的儿子。季孙氏听到,就不满地说:"这个老头骗我,对我说'治理国家必兴孝道',现在有一个人不孝，就应该杀他，却放走了他。"

冉有和季桓子交情不错，听到了季桓子的批评，告知孔子，孔子慨叹说："呜呼！上失之，下杀之，其可乎？不教其民，而听其狱，杀不辜也。三军大败，不可斩也；狱犴不治，不可刑也，罪不在民故也。"（出自《荀子·宥坐》，意为："在上的失措，而去诛杀在下，这怎么可以呢？不教导人民而听治狱讼，这是诛杀无辜。三军大败，就不能再斩罚败军。狱讼不理法令不当，就不能处刑，因为罪过不在人民。"）

鲁定公十年（前500年），孔子年五十二岁。十七年前，孔子前往齐国求仕，谒见齐景公和齐相晏婴，孔子没想到十七年后再见到齐景公。

孔子在鲁国为政风评极佳，不仅鲁国人称许，其他诸侯国也十分瞩目，派官观察，邻近的齐国也提高了警觉。齐国的大夫犁锄眼见形势不利齐国，就对齐景公说："鲁国重用孔子，照情形看，将会危害齐国的安全。"为何提出谏言的是齐大夫犁锄，而不是晏婴呢？原因简单，晏婴大孔子三十四岁，此时晏婴已八十五岁，几年前晏婴即因老病致仕辞退，这一年晏婴就死了。齐景公失去晏婴佐国时，便妄信犁锄建议，约定鲁定公在夹谷会盟交好。夹谷山，一名祝其，地处于泰山山脉中段，地理学上称鲁山，海拔千余米，状颇雄伟。夹谷是一岭道，为齐鲁两国交通要道。

《史记·孔子世家》说孔子当大司寇时"行摄相事"，后代学人因而说孔子曾当鲁国宰相，这是错误说法，孔子"摄相事"的"相"是襄助，而非宰相。

春秋以前官制，与正、司、尹意义相近的大官名，还有"宰"。

周公曾任大宰而执政，鲁国视大宰一职为正卿，而且不轻易设置，因此发生了公子翚求当大宰不成而弑鲁隐公一事，鲁国因而未设置大宰之官。但大夫家则设家宰。采邑大夫的家宰与大宰之别是，家宰是大夫私家总管，大宰则是公室或王室总管。

"相"在尧舜时代就曾使用，但"相"只是泛指辅相之臣。"相"的本义是辅助瞽者的人，引申帮助君王披戴冕服或于宗庙朝廷辅助君王祭祀及辅相礼仪者，甚至主政的辅政者亦谓之相。归纳起来，"相"有三义：一、相礼，襄助国君或大夫主持礼仪。这一职务是临时性的，但相当重要，必以地位高、熟悉礼仪的人担任。为国君相礼的人，通常是各该国的执政，执政不懂相礼是羞耻的，孟釐子就因为不能相礼，自己感觉羞耻，病危前嘱咐儿子孟懿子和鲁人南宫敬叔向孔子学礼。二、泛指襄助当副手，并非职名。三、辅佐国君，襄理国政。春秋列国正卿，虽不称相，但已有执政事实。

管仲虽说相桓公，但这个相不是正卿，齐桓公派他"平戎于王"，他自称"臣贱有司"，而且只敢"受下卿之礼而返"。管仲执政，并非他的官爵地位高，而是因为齐桓公的大力支持，春秋时代堪称国君幕僚长的相国、宰相，只有齐国次卿晏婴。

战国时代，各国先后将执政称为"相"、"相国"或"丞相"，楚仍维持"令尹"旧名。战国最先设置"相"的是魏国，但无论相、相国或丞相，都是所谓的"宰相"，宰相亦即国君的最高幕僚和百官首长，也就是执政之官。

孔子受鲁定公赏识，但鲁定公在三桓世袭三卿的限制下，只是下大夫，无法给予孔子较大的爵位。

齐、鲁会盟于夹谷，按理说，正卿季桓子应该随鲁定公前往相礼，但季桓子大概恐怕自己像孟釐子一样不知礼，大失颜面，于是由娴熟礼乐的孔子摄理辅相之事，也就是"行摄相事"，而非当宰相。

　　古代诸侯相见有一定的规范。诸侯与诸侯没有约定日期和地点，偶然相见，这种相见叫作"遇"；约定了日期，而且相见在边境某地，这种相见叫作"会"；诸侯派遣大夫级的使臣去访问另一国的诸侯，这种访问叫作"聘"；订立条约要求彼此信守叫作"誓"；一同在某处，杀牛取血，分别涂在嘴上，表示说话算数，绝不叛约叫作"盟"。齐鲁的夹谷之会，杀牛取血（莅牲），所以是会盟。

　　两国会盟有应对进退礼仪，鲁定公必须有礼仪专家相礼，齐景公和晏婴曾到鲁国问礼，孔子帮鲁昭公相礼，孔子成了夹谷会盟相礼的鲁方不二人选。鲁定公打算准备好车辆就前往，孔子就对鲁定公说："我听说有文事时，必须要有武备，有武事时，必须要有文备。从前诸侯出了国境，一定带全必要的文武官员随行，请君上带领左司马、右司马（司马副手）随行。"鲁定公说："好的！"于是带左右司马出发，和齐景公在夹谷相会。

　　《史记·孔子世家》描述会盟现场情景说，会盟地方筑了土台，台上备妥座席，上台土阶有三级。两君就在台前行了相见礼，作揖互让一番才登上台。两君馈赠应酬的仪式完成后，齐国管事官员趋前向齐景公请示道："请开始演奏四方舞乐。"景公说："好哇！"于是旌旄羽袚矛戟剑拨都出了场，敲打吼叫地表演起来。孔子见状赶忙跑过去，一步一阶就往台上走，最后一阶没有跨上，便举袖一挥说道："我们两个君王，是为了和好而来会盟的，这种夷狄的野蛮乐舞，怎么可以用在这个场合呢？请命令管事官员叫他们下去吧！"管事的叫他们退下，他们却不肯动，孔子就朝左边的齐相晏子（晏子事实上并未与会）看看，又朝右边的齐君景公看看，景公有些尴尬，迟疑了一会，就命令表演乐舞的人下台。（《史记·孔子世家》：有司却之，不去，则左右视晏子与景公。景公心怍，麾而去之。）

过了一会儿，齐国管事趋前进言说："请演奏宫中的女乐！"景公说："好吧！"一些戏子侏儒于是上台表演。孔子看了又急忙快步上阶，最后一阶没有踏上就说道："一些小小百姓敢胡闹迷乱国君，论罪应该正法，请命令相关官员执法。"于是，那些表演的优倡侏儒遭诛杀，身首异处。

夹谷之会内容，《春秋》经文只有"夏，公会齐侯于夹谷"八字，《公羊传》没有传文，《左传》却说，孔子为中都宰为司空，由司空为大司寇，治绩卓然有成，邻国齐国有戒心，大夫犁鉏告诉齐景公说："孔子只是知礼的读书人，没有勇智胆量，假使我们派莱人劫持鲁侯，一定能成事。"

吕尚封齐，周公封鲁，齐国国势一向比鲁国强盛。齐景公时，与鲁国交战，先后夺取郓城、讙、龟阴等鲁地。鲁昭公失国，即逃奔齐国。

齐国自晏婴致仕养老，已无献计谋国大臣，犁鉏因而向齐景公提出，孔子依恃鲁定公支持，若挟持鲁定公，孔子顿时无用武之地，齐国自然无惧鲁国了。

犁鉏如此献计，齐景公何以接受？鲁国自鲁僖公以来拥晋而又附齐，如今孔子从政于鲁，国力日盛，恐不利齐国，犁鉏这个构想其实是"重施故技"。齐桓公曾与鲁庄公会盟，鲁臣曹沫以匕首劫桓公于坛上，胁迫"返鲁之侵地"，现在若是齐国君于会盟时，劫持鲁君，似乎有说辞。

不过，齐鲁夹谷之会的真实"剧情"，情节似乎没有如司马迁在《史记·孔子世家》描写得那么丰富，孔子也没有那么精彩的演出。

另一个可能较接近事实的剧本是，会盟一开始，齐方就请莱人武士表演武乐，莱人即欲劫持鲁定公。但孔子有备而来，一见表演的莱人手持兵器上坛，立即请右司马快步踏土阶而上，将手持兵器的莱人斩杀。

齐国本来计议挟持鲁定公，并无意加害鲁定公，孔子指示右司马手不留情，那些莱人立遭斩杀。

斩杀莱人后，孔子要随从带领鲁定公退离土坛，并向齐景公说："齐鲁两国君会盟合好，但那些曾被齐国收服的东夷莱人手持兵器作乱，这一定不是你齐君所以来对待会盟诸侯的本意。蛮戎不当来谋害诸夏，夷狄不当扰乱华族，囚虏不当来干预会盟，兵戎不当逼迫盟好。否则，就是对神明不吉祥，道德上无义。人为之事尽失礼，你齐君一定不是这样的人！"（《史记·孔子世家》："吾两君为好，裔夷之俘敢以兵乱之，非齐君所以命诸侯也。裔不谋夏，夷不乱华，俘不干盟，兵不偪好，于神为不祥，于德为愆义，于人为失礼，君必不然。"）

后文这段比较明确简单的夹谷会盟"本事"，修正了《孔子世家》的记载，但这记载也非出自他人之笔，而是出现在《史记·齐太公世家》，原文是这样的："四十八年，与鲁定公好会夹谷。犁鉏曰：'孔丘知礼而怯，请令莱人为乐，因执鲁君，可得志。'景公害孔丘相鲁，惧其霸，故从犁鉏之计。方会，进莱乐，孔子历阶上，使有司执莱人斩之，以礼让景公。景公惭，乃归鲁侵地以谢，而罢去。是岁，晏婴卒。"

莱人，是齐国的原住民，周朝人视为东夷。武王平商而王天下，封吕尚于营丘，营丘边是莱地。殷人所封的莱侯于是出兵与吕尚争营丘。孔子故而把会盟动兵戈责任归为莱夷，给齐桓公下台阶。至于孔子"礼让齐景公"（孔子以礼的让德对待齐景公），出自《春秋左氏传》。

《春秋经》对齐、鲁两国这次的会盟事件只用了一个字"平"："十年，春，王三月，及齐平。""平"是讲和、媾和、和解，结束双方战争或敌对状态。提出夹谷会盟的齐国企图劫持鲁定公，但企图未得逞，齐方于是在盟约中提出："齐师出境，而不以甲车三百乘从我者，有如此盟！"（齐军对外出兵时，鲁军必须派出三百乘兵车相随，否则即破坏盟约。）鲁国军力和齐国军力相差悬殊，如果无条件接受此盟约，鲁国即成为齐国附庸国。孔子于是派出鲁国大夫兹无还向齐国提出交换条件："而不反我汶阳之田，吾以共命者，亦如之！"（如果齐国不归还鲁国的汶阳土地，与鲁国命运共同，也有此盟约为证。）

齐国不得已，只好签订盟约。《春秋左氏传》说，约成后，齐景公将以东道主设宴款待鲁定公。孔子向齐景公爱臣梁丘据（《左传》此说有疑点。《晏子春秋·内篇谏下》："景公欲厚葬梁丘据，晏子谏"，梁丘据早晏婴亡故，不可能参加夹谷之会）说："事既成矣，而又享之，是勤执事也。且牺、象不出门，嘉乐不野合。飨而既具，是弃礼也。"（盟约已经签订，事后就没有必要再来设宴，免得麻烦贵国执事。何况古诸侯间宴乐，都是牺、象不出门，嘉乐不野合的，否则就违礼了。）

牺、象是礼器，嘉乐是钟磬，孔子认为依礼会盟，没有礼乐器，就不能设宴，古代国君的乐师有初饭、亚饭、三饭，依吃饭时段演奏不同音乐。因为礼乐器不能出宫，野外宴请无礼乐器，即是失礼。孔子从年少就以知礼驰名，连齐景公都曾经向孔子问礼。"礼之用大矣哉！"孔子就是靠着知礼大挫齐国君臣威风。

《史记》说，夹谷会盟，齐景公看见孔子态度严正，不由得敬畏动容，知言道义不如鲁方，归齐后深为震惧，向群臣说："鲁国是用君子的道理来辅助他们的君王，你们却把夷狄那套歪理告诉我，害我开罪了鲁君，应该怎么办呢？"齐景公于是把先前侵鲁得来的郓邑、汶阳、龟阴等地，归还鲁国谢过。

司马迁记载齐、鲁国君会盟夹谷，是用英雄传奇笔法，描述孔子文武兼备，智勇双全，有胆有谋，不亢不卑，司马迁说孔子以眼神镇住齐景公和晏婴，虽不如《史记·项羽本纪》形容樊哙"披帷面向立，瞋目视项王，头发上指，目眦尽裂"，但笔法略同。司马迁有如目睹现场发生的整个情节，其实是想象创作的。

两国议和，倡办国有些娱乐安排，终是人之常情，来者是客，何敢以兵诛杀现场表演者，表演者即使有罪，也应当由该国审判执行，又岂容来客定是非诛杀？如果晏婴仍在朝献策，不会发生夹谷会盟之事。再者，夹谷之会是两国大事，身为相国的晏婴若能与会，也必会以礼会盟，岂会发生现场杀人情事？

孔子义正词严，齐景公对孔子的"礼让"，自然心生惭愧，孔子知礼，他曾和相国晏婴狩猎入鲁境问礼，初见孔子。孔子也曾前来齐国，齐景公曾向孔子问政，结果未用孔子，而今又怕鲁国重用孔子成霸，而听从大夫犁鉏建言会盟，欲劫持鲁定公。齐景公于是在和好会盟后，将齐国侵伐鲁国的郓城、汶阳、龟阴的田地都还给鲁国谢过。

齐景公归而告群臣："鲁以君子之道辅其君，而子独以夷狄之道教寡人，使得罪于鲁君，为之奈何？""鲁以君子之道辅其君"，即指孔子以君子道辅佐鲁定公。"子独以夷狄之道教寡人"，"子"当为犁鉏，齐景公无晏婴辅相，致令一些近佞胡乱出主意。《齐太公世家》这段文末有"是岁，晏婴卒"。会盟在夏天，晏婴不可能拖着残年老迈之躯会盟，《晏子春秋》记载晏婴老病，先前已致仕辞官，不晓得司马迁何以说孔子"左右视晏子与景公"？孔子有德，有言，而他一生较杰出的功业，就是齐、鲁两君会盟夹谷这桩事。后世对夹谷会盟，都以《孔子世家》记载为准，误导后学，认为孔子之能盖过晏子。

尊崇孔子的后学，相信司马迁记载。《史记》说，齐景公因晏婴批评孔子"盛容饰，繁登降之礼，趋详之节，累世不能殚其学，当年不能究其礼"，后学对晏婴劝阻齐景公取用孔子的小家子气不以为然，因此对孔子于夹谷会盟中大显身手，将晏婴比下去，至为快慰。其实，晏婴并没有批评孔子，晏婴也没有参加夹谷会盟。不过，孔子在夹谷会盟中，不因少了晏婴的参与而失色。孔子相礼之能、预判决断之智、礼让齐景公之仁，显现了一个聪明睿智者的形象。

第八章 ——摄相事，诛少正卯——堕三都未成，奈龟山何齐国谋计与鲁国会盟，主因在于担心鲁国重用孔子，恐怕危害齐国未来的安全，故而拟先下手劫持鲁定公要盟，不意反而成就孔子，遭孔子以礼相责，齐景公不得不归还侵鲁的郓城、汶阳、龟阴三地"谢过"。

齐君谢过，孔子打了一场漂亮的外交战，鲁定公和三桓当然对孔子刮目相看。孔子决定利用这千载难逢的大好时机，向鲁定公提出"堕三都"的构想："臣无藏甲，大夫无百雉之城。"（臣子的家不可以私藏兵器，大夫的封邑不能筑起高一丈，周长三百丈的城墙。）

何以要"堕三都"呢？这要追溯到三桓的仲孙蔑。仲孙蔑为三桓的孟氏，谥号"献"。《大学》引过孟献子说过的话："畜马乘，不察于鸡豚；伐冰之家，不畜牛羊；百乘之家，不畜聚敛之臣。与其有聚敛之臣，宁有盗臣。"（做大夫的，不当再细察养鸡养猪的小利；卿大夫之家，不当畜养牛羊与民争利；有可以出车百乘的封地之家，不当再养那些搜刮民财的家臣。与其有损害道义的聚敛之臣，宁可有损财的盗臣。）

孟献子在《礼记》中也有两处记载，一是《杂记下》，孟献子曰："正月日至，可以有事于上帝，七月日至，可有事于祖。"亦即七月禘祭，始于孟献子。孟献子虽为鲁国司空，当时却是正卿执政，执政的孟献子才能下令七月行禘祭。《檀弓上》的另一记载是："孟献子之丧，司徒旅归四布。夫子曰：'可也'。"孟献子那次丧事，足利本（日本足利本）"司徒"作"司徒敬子"。传统说法，孟献子官衔为"司空"，不应是"司徒"，敬子可能是孟懿子家臣，或者是小司空，秉承执政正卿孟献子遗命，使众士将四方赠送的助葬财务，一一归还。孔子说："这事办得应该。"

古代文字少，古人常借字借词，容易误解，像这里记载的"司徒"并非官衔。《礼记·少仪》记载："适有丧者曰'比'。童子，曰'听事'。适公卿之丧，则曰'听役于司徒'。"这句话的意思是，来到有丧事人家，应该说："我来是要与执事人员一起效力。"未成年人来到丧家，应该说："我来听候差使。"参加公卿的丧礼，应该说："我来听候家宰役使。"此处"司徒"的"徒"是徒众、徒属，"司徒"即供负责人司令差遣之徒。

三桓从季文子做世卿后，三家共同把持鲁国政权，季文子拉拢同为三桓之后的仲孙氏与叔孙氏，使得三桓永久分占鲁国国政和领土。三桓轮掌国政，季文子死后，由孟献子接任。孟献子是关心百姓的贤明大夫，但他执政时，容许季孙宿（季武子）在他的私邑费邑造了一个筑墙设防的城市，三家私邑因而先后都造了城墙，形成国中有国现象，城墙内的私邑屯置了大量兵器和军队。三家有设防，即象征公室卑、私门尊，堕都除防即是"张公室，抑私门"。

《礼记·礼运篇》说："冕弁兵革藏于私家，非礼也，是谓胁君。"冕服、弁服、兵器、甲胄藏在大夫家里，是非礼的，这叫作威胁国君。大夫筑墙设防，藏兵器，甚至私藏军队武力，是明目张胆地公然胁君。

"张公室，抑私门"的构想经孔子提出，鲁定公当然大喜赞成；相反，三桓应该表示反对，但刚好三桓的重要城邑都由家臣霸占，尤其是季氏的费邑，正由曾有意召孔子相助叛乱的公山弗扰占据。季桓子欲借堕三都，将公山弗扰赶走，不仅赞同攻伐费邑，还答应孔子，让季路担任季氏家宰，由他执行堕三都行动。

季氏在季武子后，成为世袭的鲁国执政正卿，家宰权力何其大，有些人反对季路不知道礼数，刚好遇上一次宗庙祭祀。往昔，这种祭祀都在天未亮开始，祭一整天还不够，又点蜡烛继续。由于时间长久，虽有身体强壮的人，也心存恭敬之心，却因疲倦懈怠了，执事先生大多侧着身子靠在柱子上应付行事。季路参与司礼工作，简化流程，天亮开始行礼，到傍晚就结束了。孔子高兴地说："谁说仲由不懂得礼呢？"

季桓子、孟懿子、叔孙武叔三个三桓卿大夫，都住在鲁国的都城曲阜，而他们各自领地都有自己的私人城池。季孙氏的城池在费邑，叔孙氏的城池在郈邑（今山东省东平县彭集镇后亭村），孟孙氏的城池在郕。叔孙氏力量最弱，郈邑亦由家臣侯犯、驷赤霸占，叔孙武叔亲自带兵，很快将郈邑城墙拆除，完成撤防工作。

费邑仍为公山弗扰所侵占，季氏企图借助孔子之力拆除费邑城墙时，公山弗扰结合了叔孙辄，率领费邑叛军，直接攻打鲁国都城曲阜。鲁定公吓得躲进季氏的宫内，登上季武子所建的高台。危急时刻，孔子命令申句须、乐颀领军反扑，打败了公山弗扰。

公山弗扰与叔孙辄败逃齐国，费邑城墙于是被拆除了，费邑重回季孙氏之手。

堕费邑目的达成后，出现了两个难题，使堕三都的后续行动无法顺势推动。

一是孔子的弟子孟懿子阳奉阴违。孔子有意堕三都，孔子是孟懿子的老师，弟子不好公开反对老师，而且堕三都先从叔孙氏、季孙氏开始，最后才轮到仲孙氏，孟懿子可以观后效，再探取下一步行动。

孟懿子的城堡在郕（部首"阝"部，有"左阜"、"右邑"之分，"郕"故而亦书"成邑"或"郕邑"，费邑亦书"鄪"），郕在鲁国北部边境，今山东省宁阳县境内。郕的邑宰是公敛处父，此人擅于用兵，上回阳货败逃就是败于公敛处父之手。公敛处父和孟懿子关系比较和谐，不像季孙氏、叔孙氏的都邑都沦落在家臣之手。季路将堕郕时，公敛处父向孟懿子说："郕城墙遭拆毁，齐国军队很快就攻到北门。郕是孟孙氏的堡垒、保障，没有郕就没有孟孙氏，我将守住郕，不让城墙拆除。"

堕郕邑和费邑能够成功，与郕邑的本来主公叔孙武叔和费邑的主公季桓子亲自出马，师出有名有关。孟懿子撒手不理，堕三都注定有头无尾，功败垂成，重蹈鲁昭公讨伐季氏，终致失利的类似命运。

孟孙氏、叔孙氏、季孙氏三桓虽有自身的利益冲突，但三桓对公室鲁君又命运共同，公室兴，三家就势微，季氏的费邑、叔孙氏的郕邑城墙遭拆除后，仅剩下孟孙氏的郕，三家必须正视郕若再顺利撤防，便得面对尊崇公室的处境。鲁昭公当年围攻季平子，眼看即将得手，其他二桓出兵相助季平子，鲁昭公因而被迫离国失政。当年鲁昭公失国的关键人物就在孟懿子。如今，堕三都的成败左右人物，也是孟懿子。

孟懿子曾在阳货作乱时，救过季桓子。三桓体认孔子的"贬家臣"，实际上是"抑三卿"，限制三桓的利益。孟懿子按兵不动，季桓子此时又对季路任用子羔为费邑宰有意见，不再出兵攻郈。

正当堕三都展开时，鲁定公也启动了修缮长府的工程。"长府"，传统解读为藏财货的府库。公元前517年（昭公二十五年），鲁昭公即以鲁国都城的长府为讨伐季氏的据点，失败后被迫逃往齐国。堕三都尚未完成，鲁国政局尚未稳定，孔子弟子闵子骞反对修缮长府，说："应该照旧，何须改建？"孔子听到闵子骞的说法，肯定说："这个人话不多，说的话一定抓到重点！"（《礼记·曲礼下》说："君子将营宫室，宗庙为先，厩库为次，居室为后。"孔子可能认为鲁定公未先整修宗庙，所以称许闵子骞反对修缮长府。）

费邑为季氏重要都邑，今称费县，区域包括上冶镇的西华城、古城、宁国庄一带。费邑后来长久为季氏家臣南蒯、公山弗扰操控，公山弗扰甚至二度以费邑叛乱。堕费邑后，季桓子有意请闵子骞为邑宰，闵子骞不受命，并且对来客一再游说坚定地回道："好好帮我辞去这个官吧！如果还要找人再来，那我就搬到汶水之上了！"（《论语·雍也篇》："善为我辞焉。如有复我者，则吾必在汶上矣。""汶上"非后来的汶上县，而是汶水之上。）

闵子骞坚辞后，身为家宰的季路就决定派师弟子羔为费邑宰。孔子一听，大为不满地说："害了一个好人家的儿子！"季路回话说："有官员、老百姓，又有土地、国家，何必要读书，然后才能出来做官呢？"(《论语·先进篇》："有民人焉，有社稷焉，何必读书，然后为学？")孔子一听，说了重话："我就是讨厌巧舌如簧的人！"

孔子对季路有意取用子羔当费邑宰动怒，季路不解地说"何必读书，然后为学"，似乎不了解老师心意。

孔子温、良、恭、俭、让，不会为人已甚，说话含蓄，总留给人情面。费邑为季氏主要都邑，季桓子愿意堕三都，并由季路任季氏家宰，领兵堕三都城墙，显现他对费邑的重视。赶走公山弗扰，季桓子还特别选定闵子骞为费邑宰，季路就不应该在闵子骞拒绝接受后，就派子羔接费邑宰。

子羔本名高柴，有一说，他身长不及六尺，当时年二十四，但孔子不是以才貌或身高评价一个人，而是以才智德行来用人，孔子认为"柴也愚"，又说"回也不愚"。为政需要知机识时之人，性愚之人较缺乏灵便的应世智慧，不容易主宰像费邑这么长期落入家臣公山弗扰盘踞的城邑。孔子不好直说子羔不适合当费邑宰，而委婉说子羔这个孩子还要多读些书，再出来做行政工作。季路竟然听不懂老师的言外之意，还直辩说："费邑有官员、老百姓，也有代表社神、稷神的国家社稷，就可以行政做事，何需要先再读些书呢？"孔子听季路搞不清楚，说些强词夺理的话，才骂他就是像你这种搬弄口舌的人，我最讨厌。

季路是性情中人，可以和朋友情义相挺，但也有他的粗疏地方，不是每个师门兄弟都喜欢他的。孔子有个弟子叫公伯寮的，就乘机向季桓子毁谤季路。季桓子受其蛊惑，当时一个名叫子服景伯的鲁国大夫，是孟献子的族人，激于义愤转告孔子说："季桓子已经被公伯寮迷惑了。"他还说："吾力犹能肆诸市朝。""肆诸市朝"的传统注解是"杀死公伯寮，将他尸陈街头"。这个注解太沉重了，一个人犯了毁谤罪，应该交由有司断案，岂能任大夫随意杀死？"肆"宜解为"揭发"，将公伯寮毁谤师兄季路的恶行恶状，揭发于朝廷或街市中，让公伯寮无地自容。

公伯寮的毁谤季路可能收效，季桓子不再出兵，季路便不能带兵攻郈。十二月冬，围郈的竟然是鲁定公自己，但未能拆除郈城墙。

孔子的"堕三都"，口号响亮，不仅有象征意义，也有实质功能。堕三都不是毁掉三桓的三个都城，而是拔除三个都城的围墙而已，季路如同今日拆迁大队的队长，带人执行拆除围墙任务，郈邑和费邑的所有权人也参加拆除工作，任务顺利达成，形成撤防，解除邑内的武装。郕则遭到住户的抗争。由于住户抗争激烈，拆除并不顺利，行政命令并未达成。

对于弟子孟懿子从开始不反对老师孔子堕三都，到后来按兵不动不予支持，导致堕三都的功败垂成，可能有人以此事问孔子，孔子只能感叹说："道不同不相为谋。"孔子和孟懿子的师生之情至此走远了。

堕三都并未造成多大的人员伤亡，收场较容易和平解决，郕既然无法撤防，自然撒手打住，抗争的邑宰公敛处父既没有受罚，孔子也不算完全失败，三个城邑拔了两个城邑的围墙，确实做出了成绩，"强公室，削私门"的宣示效果起了一些作用。没有军权、百姓支持的鲁定公当了十三年的空壳子国君，感觉孔子帮他出了一口闷气，不但没有怪郈未撤防，反而在隔年，亦即鲁定公十二年（前498年），孔子年五十四岁，由大司寇行摄相事。

《礼记·王制篇》说，司寇是国家掌管刑法的长官。司寇审正刑书明辨罪法，来受理诉讼案件，一定要经过三审审讯。虽似有犯罪意图而查无实状的不受理。罪可轻可重的，要附入处罚较轻的律文来判罪。罪当赦免的，要就其所判的重罪而赦免。凡决断墨、劓、荆、宫、死刑五等轻重不同的刑罚，一定要根据客观理由来论处，责罚要符合犯罪事实，充分运用自己的聪明智慧，极力发挥自己的忠爱之心，尽力查出真实案情。凡可疑案件，要广泛听取群众意见。

"摄相事"的"摄"有权且代理的意思，古代天子如成王年幼，由周公"摄政"，但非"摄相"，因为"摄政"是天子成王年幼，周公实质上代行天子之政，而辅相可以随时任命替换。鲁定公的正卿季桓子是实际的相，鲁定公怎能命孔子"摄相"呢？所以加一个"事"字。"摄相事"宜解读为权且代理季桓子做事。

"摄相事"可代相行事，孔子心中自有盘算，不免脸现喜色，有弟子看到老师喜形于色，跟平常老师教诲谦逊不同，于是问说："听说一个君子人，祸事临头不慌张恐惧，好事到来也不喜形于色。"孔子回说："我是说过'闻君子祸至不惧，福至不喜'这句话；不过，我不也说过'乐其以贵下人'这句话吗？"

"以贵下人"的"贵"是指有位，有其位就有其政，就能临人做事。成竹在胸的孔子，听朝第七天，就以"摄相事"身份，做了一件令鲁国朝野惊骇不已的事，他下令斩杀了鲁国大夫少正卯，理由三个字："乱政者"。

孔子对鲁国闻人大夫少正卯诛杀，应该有其事证，只是没有写出来，《荀子·宥坐篇》记少正卯有"五恶"，这"五恶"超过盗窃之贼：一曰心达而险，二曰行辟而坚，三曰言伪而辩，四曰记丑而博，五曰顺非而泽。（一是心通达于事而凶险，二是行为邪僻而坚持顽固，三是言辞伪诈而巧辩，四是所记都是怪异之事而博，五是顺其非而辩解。）

荀子以"五恶"来揣测孔子之所以诛杀少正卯的原因。《礼记·王制篇》说，有四类诛罚的人，司寇无须详加审理，其中之一是"行伪而坚，言伪而辩，学非而博，顺非而泽以疑众，杀"，与荀子"五恶"差不多。

孔子以行仁弘道教诲弟子，而行仁不仅只单方面的好仁，更要恶不仁，一般仁人君子只能好仁，却无能恶不仁。《论语·里仁篇》孔子说："我未见好仁者，恶不仁者。好仁者，无以尚之。恶不仁者，其为仁矣，不使不仁者，加乎其身。有能一日用其力于仁矣乎？我未见力不足者。盖有之矣，我未之见也。"孔子说"恶不仁者"的方式，是不使不仁者的言行影响自己。《阳货篇》孔子亦说："恶紫之夺朱也，恶郑声之乱雅乐也，恶利口之覆邦家者。"

参酌《论语》这两章，孔子诛杀少正卯，即因少正卯不仁，而少正卯的不仁，孔子认为足以覆灭国家。对于一个能颠覆国家，使国家沦于覆亡的，当然不能姑息养奸，锄奸反而是行仁利仁。

孔子认为覆邦家的乱国者，即是害德者。什么是害德者，孔子用了一个名词——"乡原"（"原"同"愿"）。《阳货篇》孔子说："乡原，德之贼也！"乡愿是德之害也，是有害于德的。

孔子对乡愿必定有一些说辞，《孟子·尽心篇》引孔子说："过我门而不入我室，我不憾焉者，其惟乡原乎！乡原，德之贼也。"

孟子书并未提及孔子诛少正卯，但《尽心篇》却诠释了孔子何以恶乡愿害德。万章问孟子说："一乡皆称原人焉，无所往而不为原人。孔子以为德之贼，何哉？"曰："非之无举也，刺之无刺也。同乎流俗，合乎污世，居之似忠信，行之似廉洁，众皆悦之，自以为是，而不可与入尧舜之道。故曰：'德之贼也。'孔子曰：'恶似而非者：恶莠恐其乱苗也，恶佞恐其乱义也，恶利口，恐其乱信也，恶郑声，恐其乱乐也，恶紫恐其乱朱也，恶乡原，恐其乱德也。'君子反经而已矣！经正则庶民兴，庶民兴，斯无邪慝矣！"

所谓"乡愿"，即貌似而神伪，外表看似忠厚老实，内心却一肚子坏水。要指摘他的不是，却无法举出实例；要批判他的缺失，也好似找不出他的缺点。这种人在流俗同污打混，平素像忠信之人，行举像廉洁之士，能博得不知内情的人喜好，他自以为是，却不能跟他同入尧、舜之道。

孔子何以说乡愿"不可与入尧舜之道"呢？《尚书·帝典》记载："（舜）流共工于幽州，放驩兜于崇山，杀三苗于三危，殛鲧于羽山，四罪而天下咸服。"尧、舜就因流放窜殛四凶，天下民才能顺服。

可以说，孔子就是效法尧舜之道诛杀少正卯的。

或许有学人会引《论语·颜渊篇》季康子问政于孔子曰："如杀无道，以就有道，何如？"孔子对曰："子为政，焉用杀？子欲善，而民善矣！君子之德，风；小人之德，草。草上之风，必偃。"强调孔子反对为政用杀。但孔子反对的是"上失之，下杀之"，上面权位之人，不教民而杀民。孔子杀的少正卯则是鲁大夫，害德的上位者。

中国圣哲之道，唯仁人才能恶不仁，从尧、舜、孔子以至后世，一脉相承。《大学》说："唯仁人，放流之，迸诸四夷，不与同中国。此谓唯仁人，为能爱人，能恶人。"（独有仁人，才把那些嫉妒有技能的人压抑，嫉妒彦圣的人流放出去，摒弃在夷狄的地方，不与同居中国，这就是说，只有仁人，才能爱人，才能恶人。）

宋代范仲淹说："一家哭，何如一路哭耶！"宁可一家哭，不叫一路哭，杀恶人便是行善，杀乱国害德的人才叫仁人。

孔子诛少正卯自然有争议（今世法治社会，当然不允许孔子入朝七天，就杀少正卯），但就因孔子诛少正卯，整个鲁国气象焕然一新，《孔子世家》说："与闻国政三月，粥羔豚者弗饰贾，男女行者别于涂，涂不拾遗，四方之客至乎邑者不求有司，皆予之以归。"（孔子参预国政才三个月，贩羊卖猪的商人就不敢哄抬价钱；行人男女都分开走路，各守礼法，路上见了别人掉落的东西也不敢捡回去；四方旅客来到鲁国的，不必向官吏请求，都会给予亲切的照顾。）

《大学》说："一家仁，一国兴仁。一家让，一国兴让。一人贪戾，一国作乱。其机如此。此谓一言偾事，一人定国。尧舜率天下以仁，而民从之。桀纣率天下以暴，而民从之。"孔子诛少正卯，一民气，定民志，短短三个月就有兴邦气象，这使得邻近的齐国更加紧张起来。晏婴死后，齐国无识见之臣，有齐臣就建议齐景公说："孔子主政下去，鲁国必会强大称霸，要是称霸，我们齐国最靠近鲁国，必然会先来并吞我们齐国，何不先示好送些土地呢？"

先前倡言夹谷会盟的大夫犁鉏又提出点子说："还是先设法破坏他们的改革图强决心，如果破坏不成，再送上土地不嫌迟。"

古代求和示好除了送地，还送女色和宝物。犁鉏献计先前用硬的，与鲁国会盟，挟持鲁君，结果灰头土脸归地谢过；这回献计来软的，齐鲁既然在夹谷签了盟约，两国即结盟和好，齐国为示好，所以送去从齐国内精心挑送的美少女八十人，穿上华丽衣裳，教她们学跳康乐舞，还送上三十辆缕金雕玉的马车，以及佩带精美文案彩饰的骏马一百二十匹，安置在鲁城南面的高门外边，派使者传达送给鲁君示好。

鲁定公十二年冬，就在堕郈失利的关键时刻，齐国送美女宝马，公然安置在鲁城南的高门外，势必轰动喧腾，鲁定公和季桓子对这突来的艳福当然心动，季桓子先换上一般平民衣服，前往高门外多回观赏，决定接受，但齐国表明要送鲁君，季桓子就跟鲁君说好，借巡查之名，到高门外看了一整天，把政事荒废了。鲁定公和季桓子的君臣关系并不融洽，鲁定公彼时正借助孔子张公室削私门，围郈受阻未成，但两人对美女宝马是否收受却是意见一致，一拍即合，只是不便马上公开收下。

季路当时是季桓子的家宰，季桓子欲接纳齐国美女和宝马，季路当然先知道，告知夫子，孔子"摄相事"，或许向鲁定公婉转进谏，但鲁定公本性贪婪好色，季桓子又从中怂恿，鲁定公最终还是笑纳。

八十名美女都经过歌舞训练，鲁定公和季桓子自然沉沦于美色歌舞中，懒得听朝三天，鲁定公也不与孔子再谈如何完成堕郕都城墙了。

孔子当上司寇摄相事，正在鲁国进行一番换筋动骨的政治大改革，岂能立时缩手放弃，他还企图设法让鲁定公收心重理朝政。

《孔子世家》记载这一段历史，语焉不详，容易误解：

（齐人）陈女乐文马于鲁城南高门外。季桓子微服往观再三，将受，乃语鲁君为周道游，往观终日，怠于政事。子路曰："夫子可以行矣。"孔子曰："鲁今且郊，如致膰乎大夫，则吾犹可以止。"桓子卒受齐女乐，三日不听政；郊，又不致膰俎于大夫。孔子遂行，宿乎屯。而师己送，曰："夫子则非罪。"孔子曰："吾歌可夫？"歌曰："彼妇之口，可以出走；彼妇之谒，可以死败。盖优哉游哉，维以卒岁！"师己反，桓子曰："孔子亦何言？"师己以实告。桓子喟然叹曰："夫子罪我以群婢故也夫！"

按照《孔子世家》文字记载，好像说鲁定公和季桓子佯装视察鲁城南面的高门外边，见到齐女乐和文马，整天杵在那儿，荒废了政事，季路就劝孔子辞官去职，而孔子回说："鲁国不久就要郊祭天地，如果鲁君还能依礼将祭肉分送给大夫，那么尚有可为，我们还可以留下问政。"

鲁定公和季桓子见到齐君赠送的美女和文马，虽说心痒难耐，恨不得立即笑纳，但碍于人民观感，还需顾及孔子等群臣反应，并没有立即首肯接受。《孔子世家》记载，二人逡巡于高门外一天，季路就要孔子辞官，说不通；再者，国君以往依礼，外祭郊天后，都会分发大夫祭肉。孔子怎会揣测鲁定公明春郊祭后，不会依礼发祭肉呢？

"桓子卒受齐女乐，三日不听政；郊，又不致膰俎于大夫。孔子遂行，宿乎屯。"这段话不能按照字面了解，齐君送女乐的对象是鲁定公，而非季桓子，听政的是鲁君，也非季桓子，这一记载是站在孔子的立场，孔子"为君者讳"，不能直言鲁定公，而言季桓子。

孔子主张"为亲者讳，为尊者讳"。《论语·子路篇》叶公语孔子曰："吾党有直躬者，其父攘羊，而子证之。"孔子曰："吾党之直者异于是。父为子隐，子为父隐，直在其中矣。"这是"为亲者讳"。《述而篇》陈司败问昭公知礼乎，孔子曰："知礼。"孔子退，揖巫马期而进之，曰："吾闻君子不党，君子亦党乎？君取于吴，为同姓，谓之吴孟子。君而知礼，孰不知礼？"巫马期以告。子曰："丘也幸，苟有过，人必知之。"《仲尼弟子列传》在此文下接一句话："臣不可言君亲之恶，为讳者，礼也。"这是"为君者讳"。《里仁篇》子游说："事君数，斯辱矣！朋友数，斯疏矣！"子游这句话应该是听自孔子，事君不可面数君之过，也不能一而再责君。

《礼记·曲礼下》也说："为人臣之礼，不显谏，三谏不听，则逃之。"人性感物而生欲，好色是人性，但好色成性、纵色淫欲则损其德。身为国君，对色要知止知戒，但这终是私德，最重要的是不能以私害公。孔子依礼不会在朝廷面君时，大肆批评鲁定公，阻止鲁定公接受齐女乐，也不会过分责难季桓子鼓动鲁定公接纳齐女乐，三天怠忽朝政。孔子见其大，关心的是大事，鲁定公和三桓能否继续放手，让他大刀阔斧，将鲁政推向王道之政，才是要事。即所谓"齐一变，至于鲁；鲁一变，至于道"。但时势似乎对孔子越来越不利。

鲁君接受齐女乐在冬天，郊天在隔年春天，期间大约有两三个月，孔子并没有立即辞官，而是仍然在朝。

孔子堕三都的真正用心在"张公室，削私门"。堕三都功败垂成，三桓势力再度凌驾鲁定公，鲁定公无法驾御三桓，就无力重用孔子，季桓子又成为实际的执政者，季桓子对有意张公室削三家的孔子也有了戒心。孔子自鲁定公九年出仕，到这时已四年，其中当了大司寇近三年，孔子后来可能不再"行摄相事"，只当大司寇了，孟子因而解读说："孔子为鲁司寇，不用。"

孔子决定去官，在郊祭后，鲁定公"不致膰炙于大夫"。"膰"音 fán，《说文》作"燔"；宗庙祭祀用的肉，生肉叫"脤"，熟肉叫"膰"。《周礼·春官·大宗伯》说："以脤膰之礼亲兄弟之国。"《左传·成公十三年》说："国之大事在祀与戎，祀有执膰，戎有受脤。"

《孔子世家》说："桓子卒受齐女乐，三日不听政；郊，又不致膰俎于大夫。"郊祭本是天子之祭，虽说成王命鲁得郊祭文王。鲁有天子礼乐者，以褒周公之德。但这终是非礼。后世鲁君仍行天子郊祭，各国也都仿鲁国行郊祭之礼。郊祭后，鲁君依礼要分祭肉给大夫，但鲁定公这年郊祭，却不仅未分祭肉给孔子，也未分给其他大夫，这意味鲁定公已被正卿季桓子架空君权，季桓子不只"摄相",甚至有"摄政"之实。

其实季桓子不是不重视孔子,只是不愿孔子接近鲁君,超过亲近自己。

史书都以鲁君受齐君八十女乐,怠于政事,导致孔子辞官,说是鲁国中了齐国"美人计",这个看法有待商榷:鲁定公是一国之君,季桓子是一国执政正卿,要得美女千人百人,何有困难,一时玩乐性质而已,岂会为八十名齐女乐着迷,怠忽朝政呢?

孟子说:"不知者以为为肉也,其知者以为为无礼也。乃孔子则欲以微罪行,不欲为苟去。君子之所为,众人固不识也。"(《孟子·告子篇》)孟子说不了解孔子的人还以为孔子为几块祭肉才走的,了解孔子的人以为孔子是为鲁君失礼才出走的。孟子认为,孔子不想随便离开,要让自己背点小罪名而离开鲁国。君子的所作所为,是一般人难以理解的。

"欲以微罪行"、"不洁其名"(乐毅报燕王)的说法,一般人的确难以理解。《礼记·祭统》说:"礼有五经,莫重于祭。"又说:"祭者,教之本也已。"鲁定公不发祭肉给大夫是大事,而非孟子所说的"微罪"。

再者,季路说"夫子可以行矣",孔子未受膰肉"遂行",这个"行",不是如孔子先祖从宋国迁移至鲁国的"去国",而是去职远行。《论语·里仁篇》说:"父母在,不远游。游必有方。"孔子的母国是鲁国,他的去鲁(《孟子·万章篇》说"孔子之去齐,接淅而行;去鲁,曰:'迟迟吾行也。去父母国之道也。'"这个"去"只是离去)不是去国、抛弃鲁国人的身份。孔子妻儿都还在鲁国,只是远游到他国求用世。

鲁君郊祭未分送祭肉给大夫，孔子决定辞官，但孔子并非一辞官就离开鲁国，开始周游列国。(《孔子世家》记载孔子出游之国不超过十个，但《史记·十二诸侯年表》说"是以孔子明王道，干七十余君，莫能用"，孔子还到过不少名不见经传的小国。)

鲁定公十三年（前497年），孔子五十五岁辞官。古人六十叫"耆"，七十叫"老"，八九十叫"耄"，孔子辞官已近耆老，却还想到齐鲁之外的其他国家，寻找为政机会。孔子做此决定，已做祖母的孔夫人一定不应允："都做了祖父的老头子，不安分，不好好在家教学生，还要卖老命出远门找做官机会，我看算了吧！"孔夫人大抵是夫君孔子不听劝，有些喋喋不休，个性温、良、恭、俭、让的孔子也不禁说了几句话："你这女人，和一般人家同样见识。我在家，你唠唠叨叨；我不在家，你又埋怨！"孔子声音有些大了，弟子难得听到老师和师母吵架，忠实记录下来：子曰："唯女子与小人为难养也，近之则不孙，远之则怨。"(《论语·微子篇》,《论语》的"小人"是一般人家。"近之则不孙，远之则怨"，孔子非骂一般女人，而是有特定的对象。孔子这段话，宜解读夫妻吵架。)

孔子有意出游他国求仕，想行道济助天下之民，鲁国一些人听到，有人佩服，世乱至极，孔子有心拨乱反正，勇气可嘉；也有人则认为，孔子不知老之将届，还想出去闯天下，有些愚蠢。

春秋时代周游列国，不是始于孔子，吴国的延陵季札开其先锋。吴王寿梦有四个儿子，先后次序是诸樊、余祭、余眜、季札。季札有贤才，寿梦立季札，季札让位不接，于是由诸樊接位，诸樊在位十三年卒，兄弟都希望季札接位，季札仍不肯，改由余祭接位，封季札于延陵，有"延陵季子"的封号。

吴王余祭四年（前544年），吴国派季札出使鲁国，请观周乐，这年孔子只有七八岁。季札离开鲁国，接着出使齐国，劝相国晏婴赶快把封邑与国政交还国君，躲过一场灾难，季札接续出使郑国，见了执政的子产，又往卫国，说："卫多君子，未有患也。"再往晋国见过赵文子、韩宣子、魏献子，说："晋国的国政将会集于这三位大夫之家吧！"

季国出使列国，最有名的故事是徐国国君喜好季札剑，嘴巴不敢说，季札心知肚明，但为出使一些大国，不能不佩剑，等到季札再来徐国，徐君已死，于是解下宝剑，系挂在徐君坟冢边的树上。跟随的人说："徐国君已死，还要送给谁呢？"季札答复说："话不能这么说，当初我心里已经答应送给他了，难道就因为他现在死了，就违背我的本意吗？"

季札到列国，不为做官求仕，因为他受封于延陵，是子爵，已有官爵，可以衔吴君之命，所以称"使"，但孔子去职无位，他仿效季札到许多国家，但目的为仕进，后人故而称孔子周游列国"求"仕。

孔子跟季札有一面之缘。《礼记·檀弓下》记载，在列国间访问的季札，当他访问齐国后，随行的长子病死在路上，季札将他的长子葬在嬴、博之间，这个地方在泰山以东，离鲁国北境不远，孔子特别专程去参加季札为其长子举办的丧礼，认为季札处理的方式极为合宜。

孔子欲周游列国，既非临时起意，出游前，当然会好好筹划一番。孔子失势远游，和齐国脱不了干系。孔子先前曾去齐国求仕不成，自然不会再往齐国，西游卫国是最佳选择。季路有个姐姐，嫁到卫国，孔子的游国，首站就交由季路打理。

有一天，季路外出，回鲁国已晚，鲁城外门石门已关闭，季路只能睡到石门外。第二天一大早，管理城门的人开门，看到城门边的季路，就问说："你从哪儿来的？"季路答说："我从孔家来的。"管城门的人即对子路说："嗯，孔家！就是那位明知道天下无道不可为，一大把年纪还要奔波劳苦的孔先生吗？"

石门的守门者都知道孔子这个人"是知其不可而为之者与"，可见鲁国很多人关心孔子的去向，都了解孔子"知其不可而为之"的真精神，正是真儒者的风骨气节，以天下苍生为念的不舍襟怀。

孔子去鲁适卫，并非鲁定公和季桓子所欲见。孔子"张公室，坠私门"并不符合三桓利益，季桓子自然不愿再大用孔子，但不大用孔子并不是要孔子去职。孔子任职四年，做得有声有色，享誉诸侯国，孔子弟子能人不少，可取用为政治民。鲁定公不致膰肉给大夫，很可能是季桓子自己致膰肉给大夫。至于孔子去职，应是认为不为君用即应去职。季桓子本人是个有识之人，雅不欲见孔子去职，他应该希望孔子就好好做个专职的大司寇，所以在孔子车行出走时，派了师己相送。"师己"是一个名叫"己"的乐师（《礼记·乐记》有子贡向师己问乐，师己回答甚有见地。师己当是鲁国的大乐师）。

孔子周游列国的第一晚"宿乎屯"。"屯"不是地名，孔子借宿之地在郓城，春秋时叫西郓邑，位于鲁境西邑，鲁军屯兵于此，故而简称"屯"（西郓邑曾遭齐国侵占，孔子在夹谷会盟上，向齐景公讨回）。

孔子知乐好乐，这个名叫"己"的乐师，在孔子借宿的郓城屯兵处，向孔子说："夫子则非罪！""夫子"是孔子，"非罪"，怪罪，意思是孔子怪罪季桓子了。

《孔子世家》记载，孔子不打算直说，而是向师己说："我用唱歌的方式告诉你好了？"

孔子的《去鲁歌》（一名《出走歌》）如下（李长之译）：

彼妇之口，可以出走（用的是美人计，美人计把人赶走）；
彼妇之谒，可以死败（歌舞也够迷人，政事可就没了救）。
盖优哉游哉，维以卒岁（我有什么不开怀？我今后悠哉游哉）！

师己回来时，季桓子问孔子说了些什么？师己实实在在相告，季桓子感叹说："孔子责怪我收下八十名的齐女乐了！"

人之将死其言也善。季桓子将死，坐着辇车见鲁城，感叹鲁国这个国家几乎要兴起，可惜的是因自己得罪孔子，鲁国因而不兴（昔此国几兴矣，以吾获罪于孔子，故不兴也），自责甚重，他还告诉嫡长子季康子说，必要找相鲁的人，一定要找孔子。季康子葬好季桓子，想遵循遗命，召回孔子，臣子公之鱼说："昔吾先君用之不终，终为诸侯笑。今又用之，不能终，是再为诸侯笑。"公之鱼说，季桓子因不重用孔子，使鲁国国势日衰，成为诸侯国君的笑柄。季桓子不能扬名于后世，以显父母，反而为天下诸侯笑，尤其是因好色骂名，更加不堪。季桓子自孔子离去，虽不至于千夫所指，至少心神难安，有负先祖。

师已送行，回复季桓子，说孔子唱《去鲁歌》："彼妇之口，可以出走；彼妇之谒，可以死败。盖优哉游哉，维以卒岁！"《去鲁歌》可能不是孔子所唱，而是师已为丰富此行陪孔子去鲁的内容，自己揣摩孔子心意所作之歌。齐国归女乐，已是数月前之事。孔子说"君子不器"，岂会念念不忘齐归女乐小事？"盖优哉游哉，维以卒岁"，这又岂是孔子周游列国志愿？

倒是另外一首记载于《琴操》的《龟山操》，反而唱出孔子离鲁的悲苦心境：

予欲望鲁兮，龟山蔽之（我想遥望鲁都呵，可龟山遮蔽了它）；
手无斧柯，奈龟山何（手中没有劈山的斧头，我又能把龟山怎样呢）？

龟山是鲁国北面不远的小山头，孔子离鲁，不时回首遥望，当他走到龟山背后，再回头时，已不见鲁国了。孔子心中惆怅无限，自恨手中无劈山之斧，不能将龟山砍倒，好让他再见母国一面。

不过，就是鲁君不能重用，孔子离开了母国，开始十四年的颠沛困穷岁月，使他悟出了《易经》的穷、变、通、久之道。弘道博施，道济天下的宏愿，孔子虽未在有生之年亲自实现，但孔子以其造次生命印证造化流行，成为集中国先哲之学的集大成者。

第九章　——　际可之仕，卫多君子

斯文在兹，匡人如予何

鲁定公十三年（前497年），孔子五十五岁，踏出了周游列国的第一步，孔子所选择前往的国家是卫国。卫国国都帝丘（濮阳），在鲁都曲阜西面，而负瑕邑、大野泽（嘉祥）、屯（郓城）是通往帝丘的必经之地。孔子借宿郓城（屯）后，就前往负瑕邑（兖州古城村）。

负瑕邑可说是孔子周游列国第一站。《论语·子罕篇》达巷党人曰："大哉孔子！博学而无所成名。"子闻之，谓门弟子曰："吾何执？执御乎？执射乎？吾执御矣。"《礼记·杂记》说："余从老聃助葬于巷党。""巷党"似乎即是后人所称的"里巷"，"达巷党"亦即一个名叫"达"的里巷。当代学者孟宪斌考证说："孔子周游列国，途经达巷党的负瑕邑。"（近来负瑕邑故城址，挖出有"叔孙氏"字样的铜戈等文物）负瑕邑仍是鲁国土地，当地人民大概和从曲阜来的孔子交谈，感觉孔子真伟大，学问广博，可惜好像没有足以树立名声的专长。达巷党人在鲁国边境，和孔子一谈就称羡孔子太有学问了，却不知道孔子在鲁都是家喻户晓的成名人物。

孔子择定卫国为他离鲁前往之国，有其原因。《论语·子路篇》孔子说："鲁卫之政，兄弟也。"鲁、卫何以是兄弟之邦呢？周人灭商，将周朝东方域城的殷民分封诸侯，鲁国伯禽代父亲周公受封殷民六族，卫国康叔受封殷民七族。卫康叔名封，周武王同母少弟，周公旦也是周武王同母弟，周公和康叔是兄弟，鲁、卫之地是周朝的文化重镇，都遵从周公和周礼。

再者，卫国当时的政治安定，经济富足，比孔子早先周游列国的季札就说："卫多君子，未有患也。"

孔子选择卫国，另一重要因素是季路的妻子有个哥哥叫颜雠由（即颜浊邹），可以先落脚在他那儿。

孔子曾向季路告诫说："暴虎冯河，死而无悔者，吾不与也。必也临事而惧，好谋而成者也。"（《论语·述而篇》）孔子在夹谷会盟前，向鲁定公说，有文事必有武备，因而随身带左右司马与会，终而斩杀莱人立威；孔子堕三都，将堕费邑时，公山弗扰、叔孙辄率费人袭鲁，鲁定公及三桓都躲入季武子所建的高台，孔子早有准备，命申句须、乐颀下手反击，打败费人，追击至姑蔑，逼得公山弗扰逃奔齐国，孔子堕都行动前就找了好手以备不时之需。

孔子周游列国非临时起意，而是有缜密的规划，他带去的弟子有长于辅相的颜渊，长于当使者的子贡，长于将率的季路，长于官尹的宰予，多才多艺的冉求，孔子还带了弟子公良孺。公良孺勇猛豪迈，他随从孔子不是自己一人，而是私人带了五辆兵车二十人护卫孔子。颜雠由的经济状况显然不错。孔子周游列国一行人，至少十乘四十人，颜雠由的家要能容纳四十以上的孔门弟子住宿和饮食提供，又不晓得孔子一行人住多久，颜家绝对不是量入为出的一般人家，而季路的姐姐爱弟情深，夫婿听妻子，也愿意善待孔子，颜雠由后来也成为孔子弟子。

古人二十加冠成婚，不管贫富，都遵循婚礼规定。《礼记·昏义篇》说："夫礼始于冠，本于昏（今字为'婚'），重于丧、祭，尊于朝、聘，和于射、乡，此礼之大体也。"婚礼是礼的根本。

孔子弟子不能免俗，穷如颜渊，豪迈如季路，每个弟子都在二十岁前后结婚。中国古人男女不分尊卑，但有主从，男主外女主内。《论语》一书所载，都是孔子主外的事迹，且是以他个人为主的言行、事迹记载，少有父母、妻子和儿子、孙子的记录，孔子长子伯鲤，因弟子陈亢之问，以及孔子告诫要读《诗经》之《周南》《召南》才提到的；孔子有个女儿，孔子评论公冶长这个弟子虽然坐牢，其实并非他个人的过错，他还把女儿许配给他，也是无意中带到的。

《论语》完全未提孔门弟子的妻儿事迹，甚至未提及弟子们从学结婚后，如何安家室讨生活。

靠山吃山，靠水吃水，每个人都从环境中学取生活技能，跟随孔子多年的弟子，除了几个在孔子当官时进入公门为官外，有一大部分弟子如漆雕开，便开始遵循孔子教诲，开始讲学。《论语·述而篇》孔子说："德之不修，学之不讲，闻义不能徙，不善不能改，是吾忧也。"孔子四忧之一是忧弟子修德后，不接着讲学，此即孔子以文化、道统传承为己任，要受学弟子接着他讲下去。

随孔子周游列国的弟子，命运与夫子成了共同体，孔子若是受到国君礼遇，爱屋及乌，随行的弟子也可踏入仕途；孔子一旦不顺遂，随行弟子也陷入困穷命运。孔子周游列国，不只关乎个人进退，也肩负弟子吃饭生活的重担。

卫灵公三十八年、鲁定公十三年（前497年），孔子带着不少人马浩浩荡荡地驱向卫国，虽说声势不小，但孔子和随行弟子的心情并不开朗。风尘仆仆，前景未明，孔子虽说已过知天命年岁，自己也能知进退存亡之道，但进退终须有时，可圣人不能生时。

车乘一进入卫国境内，马车行进速度放缓，卫国行人很多，孔子不由脱口而出："这里的人真不少哇！"驾车的冉有看到老师神色不错，就顺着夫子的口吻问道："人民不少，怎么样进一步治理这些人民呢？"夫子回道："让老百姓经济富裕起来。"冉有继续问："富了以后，又该怎么办呢？"夫子回复道："教育！"孔子之意是先富后教，以礼治国。

孔子和弟子们安住妥当后，有个自称来自仪地的封人（仪封人）想看孔子，跟孔子请教。

孔子离开鲁国，诸侯国君不仅讥笑季桓子有贤才不能重用，也对孔子的举动加以留意。卫国有些人知道孔子入卫，十分关心。这个自称"仪封人"的来者突然出现，要见孔子。在一个陌生的国度，有一个年纪不小的陌生来客，蓦然求见，弟子们不免犹豫。

"仪封人"的"仪"是地名，卫国仪邑。"封"是疆界，"人"是有位者，"仪封人"就是曾任卫国仪邑的官员。这个仪封人没有报上名姓，但他向接待弟子只说一句话，就让孔门弟子不敢怠慢，他说："一个有德位的君子到仪这个地方，我未尝不得见的！"（《论语·八佾篇》仪封人请见，曰："君子之至于斯也，吾未尝不得见也。"）

接待弟子安排了孔子和仪封人会面，谈的内容不得而知，但这仪封人出来后向几位孔门弟子说："诸位后生小子，何必担心你们的老师一时丧位离鲁呢？天下无道已经很久了，天将以你们的老师作为手持木铎的传道人。"（《论语·八佾篇》："二三子何患于丧乎？天下之无道也久矣，天将以夫子为木铎。"）

"仪封人"是个有先见之明的识者，他的肯定意义重大，他不仅安慰随行的孔门弟子，且是第一个看出孔子是上天嘱意的司铎者。

孔子初入卫国，深受季札称赞"卫多君子"的影响，他试着了解、接触卫国的君子人。他认为卫国有两个贤大夫够格称君子：史鳅和蘧伯玉。

史鳅（字子鱼）为政直道而行，临死前嘱咐儿子，不要"治丧正室"，以此劝告卫灵公进用蘧伯玉，斥退弥子瑕，古人称为"尸谏"，孔子称赞史鳅："直哉史鱼，邦有道，如矢；邦无道，如矢。"（《论语·卫灵公篇》）孔子入卫，这个不管国君有道无道，都如箭般直射、不顾情面的史鳅已死，孔子没想到蘧伯玉竟然派了使者来探望孔子。孔子尊重蘧伯玉，因而尊重使者，与使者同坐，并问道："蘧夫子忙什么呢？"使者回说："蘧夫子有欲减少过失而担心做不到。"（《论语·宪问篇》："夫子欲寡其过而未能也"）使者离开，孔子嗟叹："好个使者！好个使者！"

孔子借住季路妻兄家，不能长时依赖，必须设法尽快进入卫国朝廷，得俸禄，与闻朝政，所以与卫国权贵人物开始往来。卫国一些在位当权者，耳闻孔子治鲁英明，也陆续前往探望孔子。

季路妻子与史鳅所痛恨的卫灵公宠臣弥子瑕妻子是姐妹淘，弥子瑕对季路说："假使孔子能够住在我家，可以得到卫国卿相的高位。"季路转告孔子，孔子回说："有命。"意思是只要进而有礼，退而有义，得以仕进或不得仕进都有命，不必拉关系。

　　卫国大夫王孙贾善于治军，是卫灵公的权臣，他以当时的一句俗谚请教孔子："'与其媚于奥，宁媚于灶'，何谓也？"(《论语·八佾篇》)"奥"、"灶"都是神明。古时尊长住在西南隅，神明方位也设在西南隅，灶神虽在煮饭的灶边，但灶神每年腊月廿四日，都要回天庭，向天帝陈述这家人的善恶，所以当时人可能有与其向奥神祈求谄媚，不如向灶神祈助较实际些的说法。王孙贾不知是否暗示孔子与其自己找门路结交卫灵公，不如依附他。孔子却说："不能这样说，行事逆理背天，得罪天老爷，天老爷一定不保佑，还有什么地方可以向上天祈求请罪呢！"(《论语·八佾篇》子曰："不然，获罪于天，无所祷也。")

　　孔子到卫国，最兴奋的是季路，不仅夫子住在姐夫家，自己与有荣焉，他还认为夫子在鲁国为政，短短几年，治绩有成，声名远播，卫灵公闻夫子到来，一定会大用，他就问夫子："卫君有待夫子为政，夫子将以何者为先？"孔子回说："必定先从正名着手。"孔子回答季路，如同齐景公问政的"正名"老调，季路于是说："只有这种说法吗？夫子太迂腐了，正名，正什么名？"孔子一听，骂季路俗鄙粗野，一个君子对他所不知道的事，就闭嘴不说，并解释"正名"的重要："名不正，则言不顺；言不顺，则事不成；事不成，则礼乐不兴；礼乐不兴，则刑罚不中；刑罚不中，则民无所错手足。故君子名之必可言也，言之必可行。君子于其言，无所苟而已矣！"(语出《论语·子路篇》。孔子来回卫国有四五次，卫灵公生前未重用过孔子，只礼遇孔子为际可之仕。季路伴随孔子，不会妄想等到卫灵公亡故，孙子卫出公接位后会用孔子。季路这一问法和孔子答以"正名"，应是初入卫，才有这种问法。孔子强调"正名"的重要，可能闻南子不正有关。传统将"卫君"说是"卫出公"，显然有误。）

孔子初到卫国，卫君灵公当然知道，他也听闻孔子治鲁的贤能，他若不礼遇，可能有不识人才之讥，于是开门见山问孔子："你在鲁国为官，官禄多少？"孔子也直接回答："粟子六万小斗。"卫灵公倒也干脆说："好！那就俸禄粟六万。"

卫灵公给孔子粟六万，是俸禄，没有封邑，也就是没有爵位的闲官。按照孟子的说法，"仕"分三种，有"见行可之仕"，有"际可之仕"，有"公养之仕"。孔子在季桓子时受重用，是"见行可之仕"；于卫灵公，是"际可之仕"；于卫孝公，是"公养之仕"。所谓"际可之仕"即因礼遇而做官（"际可之仕"，类似今日顾问）。

虽然是礼遇闲官，但孔子接了下来，卫灵公跟孔子没有渊源，能以礼对待，他没有不接受之理，何况这解决了他和弟子们的吃饭问题。

孔子在卫，除了间知卫有君子史鰌和蘧伯玉之外，《论语》还记载四个较出色的有位"君子"。

一、公子荆。《子路篇》子谓公子荆，善居室。始有，曰："苟合矣！"少有，曰："苟完矣！"富有，曰："苟美矣！"

二、孔文子。《公冶长篇》子贡问曰："孔文子何以谓之文也？"子曰："敏而好学，不耻下问，是以谓之文也。"

三、宁武子。《公冶长篇》子曰："宁武子，邦有道则知，邦无道则愚。其知可及也，其愚不可及也！"

四、公叔文子。《论语》中有两章论及公叔文子。这个大夫在卫国举足轻重，孔子特别注重。《宪问篇》章一："公叔文子之臣大夫僎，与文子同升诸公。子闻之曰：'可以为文矣。'"《宪问篇》章二："子问公叔文子于公明贾，曰：'信乎夫子不言，不笑，不取乎？'公明贾对曰：'以告者过也。夫子时，然后言，人不厌其言。乐，然后笑，人不厌其笑。义，然后取，人不厌其取。'子曰：'其然，岂其然乎？'"

公叔文子，卫国贤大夫，姓公孙，名拔（《左传》作"发"），"文"是谥。公叔文子的事迹之一是举贤，公叔文子有个家臣，名叫"僎"，公叔文子推荐他当大夫，和他成为同事，同立公朝。孔子听了这件事情，称赞文子说，"公叔拔死后谥号'文'，确是名副其实。"

孔子还听说公叔文子有"不言、不笑、不取"三项德行，把公叔文子形容得太好了，自己不太相信，就问卫国人公明贾（姓公明，名贾），没料到这公明贾不下蘧伯玉的使者，说："告诉你的人，话说得过甚了。公叔文子这个人，应当说话的时候才说话，所以人家不讨厌他所说的话；应当笑乐的时候，才有笑脸，所以人家不讨厌他的笑脸；对于财物，应该取的时候才取，所以人家不讨厌他的取。"公明贾把公叔文子形容到近乎入圣的境界，孔子不由得说："他是这样的人吗？他真是这样的人吗？"

不过，即使公叔文子没有像公明贾说得那么彦秀，但他一生作为确有值得称道之处。《礼记·檀弓下》记载，公叔文子卒，他的儿子公叔戍请卫灵公加谥。平常谥，大多一个字，卫灵公给了三个字"贞惠文"，故而后世尊称"公叔贞惠文子"，简称"公叔文子"。卫灵公说："昔者卫国有难，夫子为粥与国之饥者，是不亦惠乎？昔者卫国有难，夫子以其死卫寡人，不亦贞乎？夫子听卫国之政，修其班列，以与四邻交，卫国之社稷不辱，不亦文乎？故谓夫子贞惠文子。"

卫灵公说卫国曾发生饥荒，公叔文子煮粥救济饥饿的人；国家有难，公叔文子不顾自己生命保护国家；公叔文子在世时，勤于政事，对外与四邻诸国邦交，能不辱社稷，所以谥名"贞惠文"。公叔文子以贤臣著称，但孔子对公明贾说公叔文子的"不言"、"不笑"、"不取"，似乎仍持怀疑态度。"不言"、"不笑"，公叔文子有此修为比较不难，但孔子对"不取"有所保留。

公明贾何以强调公叔文子"义然后取，人不厌其取"，因为公叔文子太有钱，有敌国之富，让卫灵公嫉妒厌恶，孔子怀疑他的财都是"义取"吗？

《左传》记载公叔文子上朝，请设享礼招待卫灵公，退朝告诉同僚史鳅，史鳅警告说："你这做法会招来祸患，你富有而国君贪婪，你或许能躲过，灾祸可能降在你儿子身上！"

《礼记·郊特牲》说："大夫而飨君，非礼也。大夫强而君杀之，义也。"意即身为大夫而在自己家中宴飨国君，这是非礼的。大夫富强专制，国君杀掉他，这是合情合理的。史鳅可说是救了公叔文子一命。

《礼记·檀弓上》也记载蘧伯玉随从公叔文子登上瑕丘。公叔文子见景色秀美，感叹说："我真喜爱这丘山啊！我死了就打算埋葬在这里！"蘧伯玉说："你喜爱这里，我蘧瑗请求死在你的前面，替你占下这个埋葬位子。"（吾子乐之，则瑗请前）

《礼记·表记》孔子说："先王谥以尊名，节以壹惠，耻名之浮于行也。是故君子不自大其事，不自尚其功，以求处情；过行弗率，以求处厚；彰人之善而美人之功，以求下贤。是故君子虽自卑，而民敬尊之。"孔子说，古代先王按例为死去的公侯卿大夫拟定谥号，借以尊崇死者的名誉。为了达到闻其谥知其行，只节选死者一项突出的优点来定谥，耻于让死者的声名超过实际品行。公叔文子的谥有"贞"、"惠"、"文"三字，是儿子请求加谥。按照谥法，只节选一项突出优点来定谥，卫灵公却给了三个谥号，这是强取，而卫灵公也严重违背谥法。

公叔文子的儿子叫公孙戌，孔子入卫，公叔文子已死，孔子和公孙戌也有往来。

孔子入卫国广交朋友，尤其对卫国大夫更是诚心纳交。《论语·卫灵公篇》子贡问为仁。孔子借机透露为政要领，说："工欲善其事，必先利其器。居是邦也，事其大夫之贤者，友其士之仁者。"亦即以友辅仁，借着朋友辅助，就有了善其事的利器，而具体的下手处，即是事该国贤大夫和友仁人志士。只不过，孔子为了友大夫出了问题。

公孙戌富而骄，拥兵自重，图谋推翻卫灵公夫人南子的党徒宋朝。南子告卫灵公，公孙戌将谋反。

孔子人高马大，随行弟子能文善武，身强体壮，一行人俨然是小型军队。卫灵公深恐孔子帮助公孙戌，派出公孙余假，在颜雠由家门口逡巡，监视孔子一举一动。孔子感觉卫灵公不信任他，唯恐遭诬罪。危国不居，孔子在卫国只居留十个月，便决定离开。

隔年（**鲁定公十四年，公元前496年**）春天，卫灵公驱逐公孙戌，公孙戌于是投奔鲁国。

孔子离开卫国，规划前往陈国。经过郑国一个名叫匡的地方。由于形势严峻，改由颜刻（**一名颜克，可能是公良孺的人**）驾车。鲁定公六年（**前504年**）二月，阳货曾带兵侵袭匡地。夏天，季桓子出访晋国，向晋国献上侵袭匡地的俘虏。匡地人对阳货恨之入骨。颜刻当年随阳货侵袭匡地，用马鞭指着城墙一个缺口，向孔子说："我当年打入匡地，就从这个缺口！"大概旁边有匡民听到，以为高大的孔子即是阳货，匡人于是结集，将孔子一行人围住。

　　孔子在被围困五天中，形势越来越危险，弟子们不免慌乱。孔子镇定说："文王既没，文不在兹乎？天之将丧斯文也，后死者不得与于斯文也；天之未丧斯文也，匡人其如予何？"（**《论语·子罕篇》**）一般人遇兵灾，不知道如何是好，孔子却镇定地派弟子回到卫国找有能力人士解围，并还坦然无惧地安抚弟子们说："文王死了，如今不是有我孔丘担负继承文王的神圣使命吗？如果上天要毁灭此一文化，那我这个后死者也不会得知这文化了；如果上天不让文化被毁灭，那匡人又能把我孔丘怎么样呢？"

　　孔子义正词严，震撼古今（**后世孔庙大成殿立匾"斯文在兹"即取自这章**）。孔子为何以文王的继承者自居呢？

　　阳货以陪臣执国命，请孔子出仕，孔子未同意，《史记·孔子世家》如此记载："故孔子不仕，退而修《诗》《书》《礼》《乐》，弟子弥众，至自远方，莫不受业焉。"也就是说，孔子未仕中都宰之前，已着手《诗》《书》《礼》《乐》四经的修订，而在孔子离开鲁国周游列国时，孔子勤学《易经》，从《易经》中深悟文王的忧患意识。

孔子认为画八卦的是伏羲，而系辞的可能是文王，因为《易经》的系辞多忧患意识，他说：《易》之兴也，其当殷之末世，周之盛德邪？当文王与纣之事邪？是故其辞危。危者使平，易者使倾。其道甚大，百物不废。惧以终始，其要无咎。此之谓《易》之道也。"(《易·系辞下传》)又说："《易》之兴也，其于中古乎？作《易》者，其有忧患乎？"(《易·系辞下传》)孔子体会文王以忧患系辞，而他有志继文王之后，阐发弘扬易道，他深信易道的终始生生之道，有赖他这个后死者来承继。

孔子在匡地终而解围，《孔子世家》说："孔子使从者为宁武子臣于卫，然后得去。"传统注解是"孔子派了一个随行弟子到卫宁武子那里做家臣，然后才得脱险而出"，此一注解不能达意。孔子曾夸奖说："宁武子邦有道则知，邦无道则愚。其知可及也，其愚不可及也。"(《论语·公冶长篇》)宁武子在孔子入卫时已死，孔子和他的后人有交往。宁武子后人仍是大夫，自有家臣，孔子怎么会在危难时，派弟子去当宁家的家臣呢？"臣"字有多义，不只是君主时代的官吏、下属对君自称，秦汉前也用作对人的谦称，臣如仆般，司马迁这句话是说，孔子被围于匡地，派出随从弟子到卫国找上宁武子后人，谦逊求援。"为宁武子臣"，就像孔子"主于子路妻兄颜浊邹家"，"主"不是当主人，而是当宾客，以子路妻兄为主人。孔子随从弟子不只找宁武子后人，当也找了其他孔子结识的卫国朋友，像蘧伯玉，只是宁武子后人先赶到匡地，说明孔子非阳货，解了孔子的围。

在这次兵灾中，颜渊被冲散，最后才会合。一心悬念颜渊的孔子激动说："回啊，我以为你死了哩！"颜回说："夫子在，我颜回怎么可以先死呢？"

《孔子世家》说："孔子使从者为宁武子臣于卫，然后得去。"
接着记载："去即过蒲。月余，反乎卫，主蘧伯玉家。"蒲邑距离
匡地不远，孔子经过蒲邑，《孔子世家》记载有两次，第二次遇
到公叔戌据蒲邑作乱，发生争斗，第一次则平顺过境。司马迁故
而特别记载"去即过蒲"。"去"是去匡地，一离开匡地就通过蒲
邑。那么，何以"月余，反乎卫，主蘧伯玉家"？这应该是孔子
在匡地遇兵灾，求援的使者弟子除了到宁武子后人的家，也找上
了蘧伯玉。蘧伯玉大概向卫灵公谈说孔子在匡地被围困，并趁机
解释孔子并未帮助公孙戌作乱。蘧伯玉所派出的人赶上孔子，面
陈卫灵公欢迎孔子。孔子斟酌后返卫，就住在蘧伯玉的家。

不过，孔子二度入卫，却因卫灵公夫人南子关系，待在卫国
时间并不长。

孔子在鲁国政绩卓著，离开鲁国动向为其他诸侯所瞩目。孔
子来卫，卫国若能纳贤，自然对国家形象的提升有所助益。南子
心思敏锐，假若孔子见她，可以稍为弥补她的负面形象。南了于
是派人传话给孔子说："各国的君子凡是看得起卫君的，都和寡小
君（**南子自称**）见面，寡小君也愿意见孔夫子。"

孔子起初婉言拒绝，但南子再三相邀。却之不恭，只得勉强
答应。

《孔子世家》记载孔子入门，北面稽首，恭敬叩头。南子隔
着细葛布织成的帷帐回拜答礼，她身上佩戴的玉环发出碰击声，
但未记载两人对话。《论语·季氏篇》记载："邦君之妻，君称之
曰夫人，夫人自称曰小童，邦人称之曰君夫人，称诸异邦曰寡小

君，异邦人称之亦曰君夫人。"很可能即是南子向孔子请教国君夫人在各种场合的称呼，孔子因而向南子解说。

孔子不是不知道南子有不好的名声。《论语·雍也篇》孔子说："不有祝鮀之佞，而有宋朝之美，难乎免于今之世矣。"宋朝即宋公子朝，南子因与宋朝有私情，导致太子蒯聩离国，惹出后来与儿子辄争位的不幸。

孔子见南子，季路为此不痛快，孔子不得不坦白直言（"矢之曰"不好译成"发誓"，孔子何须向弟子发誓），消除弟子季路的不愉快："我所否者，天厌之！天厌之！""否"是不顺遂，厌，阻塞。孔子对季路不客气地说："我今天所以不顺遂，是老天阻我不能行道的！"

孔子立身行道，有其不变的原则，他认为"人之生也直"、"以直错诸枉能使枉者直"、"与其进也，不与其退也"。孔子秉持以礼事君，南子为君夫人，住其国食其禄，只要依礼不违礼，何人不可见？这就像教导学生，只要自行束脩以上，他有教无类，无不教诲。季路血性豪气，不能体悟夫子的用事智慧，对夫子所欲行之事，常以道义正理犯颜直陈，让他做老师的人，不能如其所愿行事。

不过，孔子见南子一个多月后，又发生一件事，让孔子决定离卫。有一天，卫灵公与南子同车出游，又叫他宠爱的宦官雍渠坐在第三辆车上，安排孔子坐在第二辆车上，招摇过市街，接受人民的欢呼。卫灵公和南子出游，应该是出自南子的怂恿，南子或许认为自己与孔子私下见面，百姓不知道，礼遇孔子坐在出游的次车，招摇风光而过，才可以获得人民肯定卫君夫妻尊重人才的美德。

　　孔子事后说："吾未见好德如好色者也。"传统解释是孔子不满意卫灵公好色不好德，让他感觉难堪，于是决定离卫。但设若不用道德角度批判，国君和夫人坐同车游逛街市，说是亲民未尝不可。卫灵公也已风烛残年，何有好色之说？孔子既然愿意坐在次车，也没有发脾气的理由。孔子萌生离卫和离鲁理由应该都是一样的，"未见好德"才是孔子痛心原因。孔子第二次来卫，寻求的是卫君的大用，但卫灵公一如鲁定公都不能好德如好色。好色是个人修为，好德用才则是国君的责任。孔子在公山弗扰相召时，说："夫召我者，而岂徒哉？如有用我者，吾其为东周乎？"孔子周游列国，目的在寻求国君大用，行道周济天下，卫灵公和夫人南子虽以礼相待，但终究未能大用他，孔子不得不二度离开卫国。

第十章

——

去卫过蒲经郑适陈

累累若丧家之狗

鲁定公十四年（前496年），孔子五十六岁，离开卫国，南向陈国。由于前回经过匡地的不愉快经验，这回取道东南方，经过曹国、宋国后西向郑国，再东南向陈国。孔子虽然以陈国为目的地，但只要有任何一国能重用他都可留下，他自信必有小成。

　　曹国是小国，都城在陶丘（定陶），孔子经过而已。殷亡后周天子采怀柔政策，封殷子孙于宋国，都城在商丘。宋国是孔子除了鲁国之外，最为眷恋的国度。孔子的先祖弗父何，原为宋愍公长子，可以做太子，但是愍公把君位传给了弟弟殇公，愍公另一儿子鲋祀，弑杀殇公，拥立弗父何，弗父何不肯接受，鲋祀便自立，是为宋厉公。孔子是弗父何的裔孙，他的父亲梁叔纥不时诵读他的另一先祖正考父的鼎铭，孔子血脉隐隐有殷人、宋人流动的感情，孔子选择夫人，因而特别婚聘至宋国，他往陈国途经宋国，当然要进入宋国，感受那丝丝缕缕的旧梦温爱。

　　孔子的弟子颜渊，在宋国有个好友罕任大夫。

　　罕任大夫官衔是司城，为宋国执政官。《礼记·檀弓下》有一段记载，说是宋国阳门的一位披甲卫士死了，司城罕任进入他家，哭得很悲伤。晋国派到宋国刺探军情的人，回报晋侯说："宋国阳门有个甲士死了，执政官罕任哭得很伤心，人民感悦。看来，现在还不宜攻打宋国。"孔子一行人受到罕任大夫热情款待，并通过他的引荐，见到了宋国国君宋景公。

孔子欲往的国家是陈国，先经睢县，西过郑国的新郑，再往东南方的陈国国都淮阳。经过郑国时，弟子子贡发现孔子走失了。子贡焦急打探，有个郑国人说："东门有个人，傻呆呆站立，两腮像古帝尧，脖子像尧时有名的大臣皋陶，肩膀像郑国的执政子产，腰以下比大禹短了三寸，一副慌慌张张、疲惫倒霉的模样，就像一条丧失主人的落魄狗。"

孔子听子贡叙述后，笑着说："他说我的相貌像似古代的圣贤，实在不敢当，但说我像一条丧家之狗，倒是入木三分，我真是一条丧家狗啊！"

"累累若丧家之狗"这句话，用来形容孔子周游列国的失意状，十分传神，后世学人常引用，这段记录在《史记·孔子世家》，当然是文人性格的司马迁创作的，古圣人尧、禹、皋陶谁见过？司马迁生花妙笔，写出了一段有趣的插曲。

《孔子世家》记录孔子两度入陈，第一次至陈，"主于司城贞子家。岁余，吴王夫差伐陈，取三邑而去。赵鞅伐朝歌。楚围蔡，蔡迁于吴。吴败越王句践会稽"，《孔子世家》叙述这些事件，尤其是吴王夫差打败勾践为春秋时代大事，时间不容有失，《史记·十二诸侯年表》记载是鲁哀公元年，公元前494年。《十二诸侯年表》又记录孔子来陈在鲁定公十四年、陈愍公六年。《史记·陈世家》亦记载陈愍公六年孔子适陈。这年，吴王阖闾攻伐越国伤指而死。

孔子入陈，即主于司城贞子家。"司城"是官名，"贞"是谥，宋国的"司城"是执政正卿，陈国可能也是。"子"是尊称。司城贞子未记录姓名，但谥"贞"，可确定是贤大夫（《论语》一些有官位的人名都用谥号，但孔子时，这些人未死，未有谥号，孔子应该都称字，后代学人才改称谥号。"司城贞子"，孔子应该直称字，如蘧伯玉名瑗，字伯玉，孔子就直称"蘧伯玉"）。

孔子游历列国之前，只到过齐国，并未和他国大夫往来，但他到卫国有贤大夫蘧伯玉接待，到陈国也有司城贞子竭诚恳待。这应该和礼贤好客的时代风尚有关（稍晚些的战国时代有四大公子：赵国的平原君、齐国的孟尝君、魏国的信陵君、楚国的春申君，四人以礼贤下士闻名，每人食客多至数千人）。

孔子治鲁声名远播，他周游列国，能言善道的弟子打先锋服其劳，在每一国中，选择一两个尊崇孔子的贤大夫，并不困难，但遗憾的是，这些礼敬孔子的贤大夫，只能安排孔子成为"际可之仕"（国君礼遇不错而做官）、"公养之仕"（国君养贤而做官），但不能够成为行道而做官的"见行可之仕"（《孟子·万章篇》）。

孟子把无实际官职的顾问性质官员，取了"际可之仕"、"公养之仕"的好名字，孔子实质就是一个可尊敬但国君不委用的食客而已。《孔子世家》记载孔了到陈国，国君陈愍公因为一件"鸟事"而派人来请教孔子。有一天，一只鹰隼落在陈国宫廷前死了，身上被楛木做的箭射穿，箭头是石头做的，箭杆有一尺八寸长，这是什么箭呢？陈愍公对这支箭的来历颇感兴趣，但没人说得出，他因而请教博学多闻的孔子。

孔子回答说："这只鹰隼飞来的地方很遥远，这箭是肃慎人的箭。从前武王灭亡了商纣，和四方蛮夷往来，开导他们。武王恩威并施，要他们把各地特产献给朝廷，不要忘记自己的职责。于是肃慎人献来长箭，这箭以楛木做箭杆，石头做箭头，长度一尺八寸。先王为了表彰他的美德，把肃慎人的箭分给长女太姬。太姬嫁了胡公，胡公后来受封陈国。当初王室分美玉给同姓诸侯，用心在展现亲谊，分远方贡物给异姓诸侯，要他们不忘归服周王，所以分给陈国的是肃慎人的箭。派人到旧府查查，可能还会发现。"

陈愍公听了孔子的话，嘱咐人到旧府去查证一下，果然找到了这种箭。孔子到陈国这年，卫国发生了大事，卫灵公下令攻击太子蒯聩。

卫灵公夫人不仅美貌风流，还有巧慧、政治头脑，她不仅赶走了卫国权臣公孙戍，还粉碎太子蒯聩暗杀她的阴谋。

南子本是宋国女子，嫁给卫灵公之前，与宋子朝（《论语》作宋朝）有私情。卫灵公溺爱南子，为了顺南子之意，曾召请宋子朝到洮城相会，南子与宋子朝的绮恋因而传遍了宋国朝野，卫太子蒯聩出使齐国，回国路过宋国野外，听到有人唱歌："既定尔娄猪，盍归吾艾豭？"（出自《左传·定公十四年》，意为："既然已经满足了你的母猪，何不归还我的公猪？"）

蒯聩听到嘲讽南子的歌，觉得羞辱，回国后，密谋刺杀继母南子。蒯聩私下对他的家臣戏阳速说："你跟我去见夫人南子，夫人接见我，我一回头看你，你就杀死她。"戏阳速一口答应。但当蒯聩回头丢眼神先后三次，戏阳速却不敢动手。机灵的南子见状不妙，哭叫道："蒯聩要杀我！"在旁的卫灵公立即拉着南子的手登上高台，蒯聩见事机败露，慌忙逃走，卫灵公亲自指挥军队进攻蒯聩，赶走蒯聩的党羽。蒯聩行刺不成，先逃亡宋国，再投奔晋国的执政正卿赵简子。

孔子在陈国期间，仍不时悬念母国鲁国，他要弟子子贡回鲁国走一走。

鲁定公十五年（前495年），春天，邾国国君朱娄子（朱娄隐公）前来鲁国朝见鲁定公，子贡也前去观礼。子贡回到陈国跟夫子谈起，鲁君与邾子相见似乎心神不在礼，这是很严重的事，鲁君生命恐将不长。这年夏天五月，鲁定公死了。

孔子感叹说："赐啊，你不幸而言中，谁叫你多嘴啊！"子贡这年才三十六岁。

公元前494年，鲁哀公即位。这年是吴王夫差二年，夫差举兵伐陈，攻取了三个县邑才离开。孔子居陈三年，晋国和楚国争战不休，常攻伐陈国。陈国屡遭敌寇，陈愍公并未启用知兵、自信"我战则克"的孔子。孔子苦无问政机会，又因陈国有些人素闻孔子博学，前来求教，孔子遂在陈国招收弟子。

孔子的陈国诸弟子中，最出色的是颛孙，名师。颛孙师字子张，《史记·孔子世家》说，子张小孔子四十八岁，可能不正确。孔子到陈国时五十七岁，子张若小孔子四十八岁，子张才九岁，怎么可能拜孔子为师呢？子张应该如同公西赤的年龄记载，少计十年。

子张性猛过急，企图心旺盛。《论语》记载，孔门弟子请问夫子最多的是子贡，名字出现四十四次，子张和子夏旗鼓相当，各出现二十三次，两个弟子个性一狂一狷，子张狂，子夏狷。

孔子对子张性狂超过，用了一个"辟"字形容。"辟"有偏激之意。

孔门弟子遵循师训，徙义改过，大都问如何成君子德行，但子张所问范围宽大，子张问德，问行，问明，问士，问善人之道。

子张问崇德、辨惑。子曰："主忠信，徙义，崇德也。爱之欲其生，恶之欲其死，既欲其生，又欲其死，是惑也。"（《论语·颜渊篇》）

（子张随从孔子在陈蔡间，遇困问行。）子曰："言忠信，行笃敬，虽蛮貊之邦，行矣！言不忠信，行不笃敬，虽州里，行乎哉？立则见其参于前也，在舆则见其倚于衡也，夫然后行。"子张书诸绅。（《论语·卫灵公篇》）

子张问明。子曰："浸润之谮，肤受之愬，不行焉，可谓明也已矣！浸润之谮，肤受之愬，不行焉，可谓远也已矣！"（《论语·颜渊篇》）

子张问善人之道。子曰："不践迹，亦不入于室。"（《论语·先进篇》）

孔学重弘道为政，弟子也常问政，但未有像子张那样赤裸裸地请教夫子"学干禄"，明问如何学做官。子张学干禄，孔子戒其言行之过，要子张谨言慎行，修天爵得人爵，故而回答说："多闻阙疑，慎言其余，则寡尤；多见阙殆，慎行其余，则寡悔。言寡尤，行寡悔，禄在其中矣。"（《论语·为政篇》）

《大戴礼记》有"子张问入官章"，孔子答行六路、除七路。孔子说："故君子莅民，不临以高，不道以远，不责民之所不能"，"故枉而直之，使自得之；优而柔之，使自求之；揆而度之，使自索之。民有小罪，必以其善，以赦其过，如死使之生，其善也。"

子张问政，孔子回答总提醒子张不能操之过急，要行之以恒。

《论语·颜渊篇》子张问政。子曰："居之无倦，行之以忠。"孔子从平居和行事言政，即要子张以平常心学为政、学干禄。

《论语·颜渊篇》子张问："士，何如斯可谓之达矣？"子曰："何哉，尔所谓达者？"子张对曰："在邦必闻，在家必闻。"子曰："是闻也，非达也！夫达也者，质直而好义，察言而观色，虑以下人，在邦必达，在家必达。夫闻也者，色取仁而行违，居之不疑，在邦必闻，在家必闻。"士是古时基层公务员，子张虽问夫子如何才能成为通达之士，但夫子看出，子张所谓的"达"不是通达，所以反问子张所谓的"达"，其实是"闻"。"闻"和"达"的境界差很多，"闻"只是博得外界的声名，孔子指出所谓的"闻"是"色取仁而行违，居之不疑"，为政者要能"质直而好义，察言而观色，虑以下人"，才能成为通达之士。

《论语·尧曰篇》子张问于孔子曰："何如，斯可以从政矣？"子曰："尊五美，屏四恶，斯可以从政矣？"子张曰："何谓五美？"子曰："君子惠而不费，劳而不怨，欲而不贪，泰而不骄，威而不猛。"子张曰："何谓惠而不费？"子曰："因民之所利而利之，斯不亦惠而不费乎？择可劳而劳之，又谁怨？欲仁而得仁，又焉贪？君子无众寡，无小大，无敢慢，斯不亦泰而不骄乎！君子正其衣冠，尊其瞻视，俨然人望而畏之，斯不亦威而不猛乎？"子张曰："何谓四恶？"子曰："不教而杀谓之虐，不戒视成谓之暴。慢令致期谓之贼。犹之与人也，出纳之吝，谓之有司。"孔子以尊五美屏四恶详谈为政之道，其中的"君子正其衣冠，尊其瞻视，俨然人望而畏之"，正是为政者的形貌标准，但子张有超出之过，师门兄弟对他并不钦服亲近，曾子说："堂堂乎张也！难与并为仁矣。"批评子张外表堂堂，只有形貌之学。

政治人物要件是"惠而不费，劳而不怨，欲而不贪，泰而不骄，威而不猛"，夫子特别善诱子张，可惜这相貌堂堂、有心学干禄、从政的优秀弟子，一生终未如愿得干禄，倒是和他同期的师门兄弟，如子夏曾出任莒父宰，子游曾出任武城宰。

不过，子张终是一个笃学好问的孔门杰出弟子。他曾把夫子重要的教诲"书诸绅"。"绅"是束在腰间，一头垂下的大带。古人以带束腰，垂其余部分当装饰。《礼记·玉藻篇》说："绅长制，士三尺，有司二尺有五寸。"古代有身份的人束绅，后称有地位权势的人，如乡绅、绅士。子张用垂下的绅带书写夫子教诲的句子，警惕自己，可谓匠心独见，子张也成了孔子周游列国的随行弟子。

子张年岁并不长，《礼记·檀弓下》记载："子张死，曾子有母之丧，齐衰而往哭之。"子张和曾子的母亲同时死，这或许也是子张未入仕的原因。

子张虽然未入孔门弟子四科十哲中，但子张传学成派，弟子翕然相从，《荀子·非十二子篇》说："弟陀其冠，神禫其辞，禹行而舜趋，是子张氏之贱儒也。正其衣冠，齐其颜色，嘿然而终日不言，是子夏氏之贱儒也。偷儒惮事，无廉耻而耆饮食，必曰君子固不用力，是子游氏之贱儒也。"子张和子夏、子游并称，三人虽同遭荀子重批，但子张居首，可知荀子时代，子张氏之儒传学极盛。《韩非子·显学篇》说："自孔子之死也，有子张之儒，有子思之儒，有颜氏之儒，有孟氏之儒，有漆雕氏之儒，有仲良氏之儒，有孙氏之儒，有乐正氏之儒。"韩非子的八儒未见子夏氏之儒、子游氏之儒，只存子张之儒，且放在八儒之首。孔子卒殁，孔门弟子传学之盛，当属子张，而非曾子、有子。

吴国在陈国南方，子游是吴国人。本名言偃，字子游，小孔子三十五岁。

《孔子家语·曲礼子贡问》说："季桓子死后服丧期间，他的儿子季康子穿着轻便的白绢缝制的衣服，没有披麻布的缞。子游问孔子说：'季康子已经可以穿练服吗？可以除去缞吗？'孔子回说：'没有披缞不可以见宾客，怎么可以除去缞呢？'"（季桓子丧，康子练而无衰。子游问于孔子曰："既服练服，可以除衰乎？"孔子曰："无衰衣者，不以见宾，何以除焉"。）这段文字是子游问季康子"练而无衰"，合不合乎丧礼规定，应该有所本。季桓子死于鲁哀公三年（前492年），孔子当时在陈国，子游作此问，说明子游在孔子六十岁左右，于陈国拜孔子为师，子游时年约二十五。孔子在陈国收徒，高徒不只子张，还有子游，子游的才学甚至高过子张。

子游在《论语》收录文章不多，而且不突显。

子游问孝。子曰："今之孝者，是谓能养。至于犬马，皆能有养，不敬，何以别乎？"（《为政篇》）

子游曰："事君数，斯辱矣！朋友数，斯疏矣！"（《里仁篇》）

子游为武城宰。子曰："女得人焉尔乎？"曰："有澹台灭明者，

行不由径，非公事，未尝至于偃之室也。"（《雍也篇》）

子之武城，闻弦歌之声，夫子莞尔而笑曰："割鸡焉用牛刀？"子游对曰："昔者，偃也闻诸夫子曰：'君子学道则爱人，小人学道则易使也。'"子曰："二三子！偃之言是也，前言戏之耳。"（《阳货篇》）

子游曰："子夏之门人小子，当洒扫、应对、进退，则可矣，抑末也；本之则无。如之何？"子夏闻之曰："噫！言游过矣！君子之道，孰先传焉？孰后倦焉？譬诸草木，区以别矣。君子之道，焉可诬也？有始有卒者，其惟圣人乎？"（《子张篇》）

子游曰："吾友张也，为难能也，然而未仁。"（《子张篇》）

子游曰："丧致乎哀而止。"（《子张篇》）

子游在《论语》的事迹、言行虽不多，却因孔子一句"割鸡焉用牛刀"而名垂百世。古代中国常自谓"礼乐之邦"，但那仅是贤哲的自我期许，罕能落实礼乐治国的理念。武城虽非大邑，孔子能在子游所治的武城闻到弦歌声，自是喜出望外，才脱口而出："割鸡焉用牛刀。"孔子心意不难了解，治大邦用大刀，治小城邑用小刀够了，意即子游大材小用了。

孔子性情温良宽厚，言行止乎礼，既不疾言厉色，也不容易开怀喜乐，像这章的"莞尔而笑"十分难能可贵。可子游在孔门弟子中文学排名第一，仍不能体会夫子欢快心情，画蛇添足解释说："夫子不是说君子能学礼乐之道就能爱人，一般百姓能学礼乐之道就容易和顺听令吗？"让孔子不得不说白一点："我刚刚是跟你开玩笑的！"

《礼记·檀弓篇》记载了子游对礼的广博精湛认知，因而有学人认为《檀弓篇》是子游弟子作的。《檀弓下》记载："有若之丧，悼公吊焉，子游摈由左。"鲁悼公为鲁哀公之子，在位三十七年。鲁悼公吊有子，子游在鲁悼公左侧导引他行吊问之礼。有若比子游只大两岁，子游在七十子中，算是较长命的。

孔子有教无类，他在周游列国时，余暇即向随行弟子讲学，陈国三年，多数时间也是讲学。他内心不免怀念鲁国未随行的诸弟子，以及母国的年轻后学，兴起了回鲁造就乡里弟子的念头。

鲁哀公三年，孔子离开了陈国，北走蒲城。蒲城和匡地相近，前回来陈经匡地，遇到兵灾，经过蒲城没事，这回北走就取道蒲城，不意经蒲城又遭蒲人包围。

卫国前大夫公孙戌遭卫灵公驱逐后，投奔鲁国，后来又回卫据蒲城作乱。公孙戌见孔子一行人来蒲，有意以武力威胁孔子加入他的叛卫行列。孔子弟子公良孺为人年长贤能，又有战斗力，孔子离开鲁国，他带了私人五辆车二十人随从，他见蒲人围过来，向孔子感叹说："我不久前才跟夫子在匡地遭兵灾，现在蒲城又遇难，这是命中注定啊！为了夫子，我宁愿战斗而死。"

公良孺带头冲杀，誓与公孙戌血战到底。公叔戌可以抗衡卫国，敢于公然叛卫，武力定然不弱，但他和孔子终究无冤无仇，孔子初到卫国还有往来情谊，又见孔子师生反击强悍，于是提出双方罢手的条件，只要孔子不去卫国，帮助卫灵公，就可过蒲境。孔子应允不去卫国的要求，可是，孔子师徒从东门离开蒲城后，孔子命令车队转向，直奔卫国的国都帝丘。

子贡见孔子背约，不解地问孔子："夫子！盟约可以违背吗？"孔子回答说："强迫签约，连神明都不会同意，为什么要信守？"（《史记·孔子世家》子贡曰："盟可负邪？"孔子曰："要盟也，神不听。"）

子贡曾经向夫子问政。孔子曰："足食，足兵，民信之矣。"子贡曰："必不得已而去，于斯三者何先？"曰："去兵。"子贡曰："必不得已而去，于斯二者何先？"曰："去食。自古皆有死，民无信不立！"（《论语·颜渊篇》）子贡问政，夫子明示足食、足兵、立信三大纲领，其中又以立信为首要，子贡才会疑惑，可以背信废盟吗？孔子解释他的话没有冲突，"信"要建立在"义"上，"义"的本义是"宜也"，要合宜，合于理，合于道，威胁受逼下的信可以不必履行。

《论语·里仁篇》子曰："君子之于天下也，无适也，无莫也，义之与比？"孔子说得坦白，君子人对于处理天下事，不是人云亦云，不一定要这么做，也不一定要那么做。那么，如何做当有个依据，孔子指出就是一个"义"字，不合宜、不宜道就不必信守、不必做。"义之与比"即以义作为衡量标准，故而"无适也，无莫也"。

子贡曾经就管仲是否仁者，向夫子提出质疑，夫子回答严峻果决，不容怀疑："管仲相桓公，霸诸侯，一匡天下，民到于今受其赐！微管仲，吾其被发左衽矣！岂若匹夫匹妇之为谅也，自经于沟渎而莫之知也！""匹夫匹妇之为谅"，"谅"即一般人的小信，要盟而信即是谅，即是小信。

子贡受到夫子教诲启示，深悟天下事可简分大、小。有些人能见大，成就大器之贤；有些人眼光、心胸狭隘，只能成为小知小识的小器人物。

孔子的"要盟也，神不听"，启发了子贡，使子贡能识其大、成其大（《论语·子张篇》卫公孙朝问于子贡曰："仲尼焉学？"子贡曰："文武之道，未坠于地，在人。贤者识其大者，不贤者识其小者，莫不有文武之道焉。夫子焉不学？而亦何常师之有"）。

卫灵公先前猜疑孔子可能帮助公孙戍作乱，知道孔子过蒲城和公孙戍打了起来，听到孔子又来卫国，大喜，亲自到郊外迎接孔子。

由于孔子刚经过蒲城，卫灵公就问："蒲城可以讨伐吗？"孔子答说："可以。"卫灵公说："我的大夫却认为不能去讨伐。蒲城是卫国防备晋、楚两国的前哨据点。我们卫国自己发兵去打，如果蒲人干脆投靠晋、楚，或晋、楚军趁乱来袭，后果岂非更糟？"孔子回说："蒲城是卫国的土地，男人效忠卫国，有誓死保卫的勇气，妇人也有保护西河这个地方的心志。我们所讨伐的对象，只是领头叛乱的四五人罢了。"卫灵公说："好！"但未下令攻伐蒲城。

孔子第三次到卫国，太子蒯聩已逃奔在外，卫国的政情相对稳定平静，但卫灵公已老。公元前494年，卫灵公已在位四十一年。血气不足，壮志已远，连政务处理也有些疏懒，孔子看出卫灵公能礼遇他，却再无心取用他。

孔子苦无用世机会，晋国大夫佛肸是中牟宰，当赵简子攻打同是晋国大夫家族的范氏和中行氏后，又攻伐中牟邑，佛肸公然反击，派人来召请孔子助一臂之力，孔子也考虑前往，又遭受季路反对："昔者，由也闻诸夫子曰：'亲于其身为不善者，君子不入也。'佛肸以中牟畔，子之往也，如之何？"季路拿孔子先前的教诲"亲身做不善事的人，君子不去那儿"质问孔子："如今佛肸盘踞中牟起兵，你却要去，怎么说得过去呢？"孔子不否认说过这句话，而是以另一句话来解释自己的心境："不曰坚乎，磨而不磷；不曰白乎，涅而不缁。吾岂匏瓜也哉？焉能系而不食？"（"我不是也这么说过最坚固的东西，是磨也磨不薄的；最白的东西，是染也染不黑的。我难道是中看不中吃的瓠包吗？哪里能够只是被悬挂着而不给人吃食呢？"语出《论语·阳货篇》。）

孔子这年已是五十八岁，接近六十。《礼记·曲礼上》说："人生十年曰幼，学；二十曰弱，冠；三十曰壮，有室；四十曰强，而仕；五十曰艾，服官政；六十曰耆，指使；七十曰老，而传；八十、九十曰耄；百年曰期，颐。"五十阶段，正是服官为政最适合年岁，孔子自信只要有让他为政机会，他定能慈少安老。至于给他机会的人，只要不像阳货那样的枭雄，他都有办法克服，季路显然不了解孔子此一进退之道。孔子有志难伸，有一天击起磬来，一个挑草筐的人从门外经过，听磬声，脱口说道："这位系磬的人有心事啊！"听了一会儿，又说道："这磬声铿铿然，太固守己见了吧。既然没有人知道自己就别强干呢！水深，只能连衣蹚水过去；水浅，还可以撩起衣裳走过去。"（《论语·宪问篇》："鄙哉，硁硁乎！莫己知也，斯已而已矣！'深则厉，浅则揭。'"）孔子听到说："果真如此！我真的走到末端困境了。"（"果哉！末之难矣。"）

孔子称赞管仲有两大原因，一是"不以兵车"，拯民于沟壑；二是基于中国之人，免于"被发左衽"的文化观点。

"夏"字在《说文解字》是"中国之人也",古尧、舜即自称"夏",《尚书·帝典》言"蛮夷猾夏",尧、舜所谓的蛮夷侵乱夏人,不是种族区别,而是文化分别,只要遵行中国文化的就是夏人。古代所谓的夏人,即能行礼文之人,这些夏人从周代后,建立了一些国家,因而名"诸夏","诸夏"和"夷狄"对称,孔子故而说:"夷狄之有君,不如诸夏之无也。"(《论语·八佾篇》)夷狄没有文化,即使有君主上下之分,还不如有文化的诸夏,虽没有君主,人民仍有礼文。

孔子在齐鲁的夹谷会盟上,批评齐国用东夷莱人的干戈舞,说"裔不谋夏,夷不乱华","裔"是边缘之地,"夷"是没有文化的异族。此言中国自古即重文化,孔子承续尧、舜、管仲的"尊王攘夷"传统。

在"尊王攘夷"的理念下,诸夏邦国都是兄弟之邦,而非生死相仇的对敌,国与国间没有仇恨,管仲的九合诸侯和向戎的弭兵之会,即诸国都是自己人,有争议时,大家开个会,坐下来谈一谈,大事化小,小事化无。因此,春秋战国时期的人民十分自由,可以选择适宜自己的国度,像孔子的先祖就由宋国迁到鲁国。而一个有志之士,想奉献心力为民服务,这个国家没有发展机会,就到另一个国家找机会,没有叛国通敌的指控,甚而一个国家失政的国君也可以逃到另一个国家。齐、鲁常有战事,身为一国之君的鲁昭公失政,就逃到齐国,再去晋国。

孔子周游列国,一国接一国,几乎走遍了鲁国四邻的国家,有的国家像卫国,孔子来去多回。较特殊的是,鲁国大夫公山弗扰曾当费邑宰叛变,召孔子帮忙,孔子有意前往,遭季路阻止。

后来，孔子堕三都，公山弗扰派兵围鲁国公宫，被孔子的护卫勇士打败。

晋国大夫佛肸以中牟宰叛乱，对抗赵简子，孔子也有欲前往，又遭季路劝阻了。孔子三度到卫国，仍不被卫灵公所用，孔子决定再找明主，所选的对象竟然是佛肸的对手赵简子。

晋国公室同样衰微，朝政由韩、赵、魏和范氏、中行氏、智氏六卿把持，彼此攻伐侵并不休，其中以赵简子最称贤能。赵简子的"简"是谥，本名鞅。赵鞅虽是六卿之一，实际上专擅晋权，俸邑跟诸侯齐等。孔子于是领了弟子子贡等人西向晋国赵简子所在地前行。一行人走到黄河边，正欲渡河去晋时，传来了赵简子杀了晋国两位贤人窦鸣犊和舜华的消息。孔子站在黄河边，面对滔滔黄河水，长叹一声说："浩浩荡荡的黄河水，多么盛大壮观啊！我不能过黄河了，这大概是天命安排吧！"（《史记·孔子世家》：孔子既不得用于卫，将西见赵简子。至于河而闻窦鸣犊、舜华之死也，临河而叹曰："美哉水，洋洋乎！丘之不济此，命也夫！"）

子贡走近问夫子何以作此感叹，孔子说："窦鸣犊、舜华是晋国的贤大夫。赵简子未得志时，需要这两人帮忙才能掌权，等到他得志时，竟然将二人杀了。我听说，剖腹取胎，杀死幼兽，麒麟就不会来到郊外；放干水池捉鱼，龙蛟也就不来调和阴阳，兴云致雨；翻覆鸟巢，打破鸟卵，凤凰就不来飞翔。这是什么原因呢？君子忌讳杀害他的同类。那些鸟兽对于不义行为尚且知道躲避，更何况我呢？"

河海滔滔，江水辽阔，中原之地，竟无行道机会，孔子曾感慨不如到文化鄙陋的九夷行道吧，有弟子说："九夷僻陋。"夫子回说："君子居之，何陋之有？"孔子看到季路在身旁，又说："道不行，乘桴浮于海。从我者，其由与？"季路一听，高兴起来了，孔子打趣道："由啊，你好勇精神超过我，可我却还没取得做竹筏的木材呢！"

孔子因而在陬乡停息下来，作了一首《陬操》，以表示悲怆之情（孔子所作《陬操》没有留下来，东汉蔡邕补作："干泽而渔，蛟龙不游，覆巢毁卵，凤不翔留。操予心悲，还原息陬"）。

西去晋国未成，孔子只好又回到卫国，住在蘧伯玉的家，卫灵公虽然郊迎孔子，但仍如前，只给俸禄礼遇孔子，而未用孔子。不久，卫灵公见孔子时，问孔子兵伐，而非问为政之道，孔子感觉卫灵公不问强国大本，只问争战攻伐之事，便回说："俎豆之事，则尝闻之矣；军旅之事，未之学也。"（《论语·卫灵公篇》）俎豆之事，他从小就学自母亲，俎豆是祭器、礼器，固然重要，但子贡问为政，孔子说三项：足食、足兵、立信。再者，孔子曾说所慎三者是斋、战、疾。孔子何尝不言军旅呢？但言兵必先言政，兵战凶危，不得已才用之，而政治不清明，言兵徒然劳民伤财，罔顾民命。

又过些日子，卫灵公与孔子说话，卫灵公见雁群飞过，只顾抬头仰望，神色间不注重孔子，孔子只好又离卫。不免长叹一声，道出自己内心长久以来永远不褪色的自信："苟有用我者，期月而已，三年有成。"

孔子有欲第三度离卫，随从弟子冉有感觉出来，便问子贡说："夫子还会继续帮助卫君吗？"子贡说："好吧，我请问夫子。"于是进入孔子房里，拐弯问说："伯夷、叔齐何种人呢？"孔子回说："古代贤人。"子贡续问："二人心中有没有怨？"孔子回说："求仁能得仁，又有何怨？"子贡出来，告诉冉有说："夫子不会留下来帮卫君了。"

伯夷、叔齐让国而死，孔子认为二人求仁得仁，何怨之有？卫灵公却驱逐太子蒯聩，君不君，臣不臣，父不父，子不子，有违孔子为政基本原则"正名"，因而可推知孔子不会续留相助卫君了（朱子注解："卫君，出公辄也"，显然不确。鲁哀公三年，季桓子病死，其子季康子召冉求回鲁，孔子在鲁哀公六年返卫，冉求彼时当季氏家宰，可知冉求与子贡讨论夫子是否助卫，当在卫灵公时）。

孔子曾前往陈国求用，但陈君待他如卫君，礼遇而不用。孔子西去欲见晋国赵简子未能成行，他的求仕之路既不愿东行回鲁，或北行往齐，就只有南行一途。他知道陈君无法重用他，当然不会再以入陈为目的，而是心中另有他国——楚国。

楚国先王熊渠说："我蛮夷也，不与中国之号谥。"楚武王伐随国说："我蛮夷也。今诸侯皆为叛相侵，或相杀。我有敝甲，欲以观中国之政，请王室尊吾号。"楚国曾以蛮夷自居，晋、齐、鲁、宋、卫等国，常以待蛮夷心态看待楚国。孔子曾盛赞管仲"尊王攘夷"，何以还有意前往楚国呢？

孔子的文化论是"入中国则中国之"，只要有心行中国礼仪，进入中国文化的范畴，就以中国人尊崇，而非以蛮夷对待，孔子心存化夷为夏的理念，他说："君子素其位而行，不愿乎其外。素富贵，行乎富贵；素贫贱，行乎贫贱；素夷狄，行乎夷狄；素患难，行乎患难。君子无入而不自得焉。"(《中庸》)孔子认为一个君子人要能做到"素夷狄，行乎夷狄"，在夷狄的地方仍能行道感化夷狄，且能在任何地方都能有所得，不会空手而回。

但是，孔子与楚人无渊源，只得先行暂居卫国，等待时机。

孔子三度离开卫国，大约在鲁哀公二年（前493年）春天，孔子五十九岁。在位四十二年的卫灵公在这年四月亡故。

卫灵公的儿子公子郢，是他与南子所生。南子决不允许谋刺他的太子蒯聩回国接任。卫灵公四十二年春天，灵公到郊外游览，要子郢替他驾车。灵公怪怨太子出奔，对子郢说："我将立你为后嗣。"子郢回说："我才德不足以承担社稷责任，君父还是另谋他计。"这年夏天，灵公去世。南子遂命子郢为太子，说："这是灵公的遗命。"郢不肯接受，认为逃亡的蒯聩儿子辄仍在，建议由辄接位，南子后来也接受了。可见南子和她的儿子郢，在卫灵公死后的进退之道，颇有节制。

卫灵公死后，卫人拥立卫灵公的孙子公子辄，辄的谥号"出"，即历史所称的"卫出公"，"出"的谥号，可能是因为他的父亲蒯聩出走在外，有些史书记载公子辄是"卫孝公"，大概是反讽父子争位，缺失孝道。

在鲁国有意召孔子出仕的阳货，叛变未成，奔逃至齐，再往赵国，阳货曾重贿赵简子，赵简子十分重用。蒯聩谋刺南子未成，先逃往宋国，后投奔与卫国有世仇的晋国。赵简子听阳货意见，接纳蒯聩。

卫灵公主政时不断介入晋国赵氏、范氏与中行氏的内争，他还与齐国联手救范氏，与执政的赵简子公然为敌，赵简子因而采用阳货谋计。鲁哀公二年六月，卫灵公未葬时，赵简子安排蒯聩头戴丧帽，借奔丧之名，还派十几个人装扮成从卫国来迎接太子的报丧人，蒯聩于是哭哭啼啼地进入戚城，准备和自己的儿子争位。公子辄得到消息，立即发兵攻击蒯聩。蒯聩因而不能进入卫国都城，只得进入宿邑以自保，卫君也罢兵。

鲁哀公三年五月，鲁桓公和鲁釐公（《左传》记载"鲁僖公"）的庙发生火灾，二庙皆毁，南宫敬叔督导鲁人救火。孔子在陈，听到鲁国先君的庙被焚毁，就说遭焚毁的，一定是桓公庙和釐公庙，孔子说："根据礼制，祖先有功德，才不毁其庙，桓、釐公的亲情已尽，又无功德，故不足以保存其宗庙，今鲁国不毁，上天以火灾毁灭。"

按照周礼规定，祖庙只能保存四代，鲁桓公是当时上堆的九代祖，鲁釐公是上堆的六代祖，但因为鲁桓公是三桓的直接祖先，也是季氏的直系祖先。鲁釐公是给季氏封地的鲁君，所以三桓违背礼制，保留桓公、釐公的庙，上天因而火烧这两座庙。

这年七月，鲁国执政正卿季桓子重病，他乘着车辇出巡，目睹鲁都城墙时，想起几年前欲"堕三都"的孔子，如今流落在外，不禁触景生情，睹物思人，长叹说："我们鲁国这个国家是有机会兴盛的，只因我当年得罪孔子，没能重用，国家才不兴盛。"（"昔此国几兴矣，以吾获罪于孔子，故不兴也。"语出《史记·孔子世家》）季桓子盯视他的嫡长子季康子说："我将死，你接替我辅佐鲁君，你相鲁后，一定要召回孔子。"（"我即死，若必相鲁，相鲁，必召仲尼。"）

季桓子去世后，季康子接下季桓子的相位，安葬父亲后，就想遵照父亲遗命请孔子回鲁。大夫公之鱼反对说："鲁定公在世时，曾用孔子，但不能有始有终，被诸侯耻笑。现在你再用孔子，如果不能有始有终重用他，又会再次为诸侯耻笑。"（"昔者吾先君用之不终，终为诸侯笑；今又用之，不能终，是再为诸侯笑。"）

季康子犹豫问道："那么可以召谁呢？"公之鱼说："最好召回冉求。"

冉求未随孔子周游列国前，和季氏家族关系良好，季康子于是派使者召冉求。季康子"使使召冉求"，自然是以鲁哀公的名义发出的召令。

冉求在陈国受召，孔子喜出望外，他离开母国已五年，求仕用世终是未成，反而自己的弟子受鲁君召令，他嘱咐冉求说："这回，鲁君相召，一定不是小用，而是大用啊！"（孔子曰："鲁人召求，非小用之，将大用之也。"）孔子因而感叹说："回去吧！我也该回去啰！我的母国故里孩子们，非狂进即狷守，章文缤纷多彩，只是不知道如何裁剪啊！"（《论语·公冶长篇》子在陈曰："归与！归与！吾党之小子狂简，斐然成章，不知所以裁之。"）孔子勉励冉求中，透露淡淡的乡愁，一旁的子贡揣摩夫子心意，知道夫子思念故土，送别冉求，告诉冉求说："你一被重用，就设法召回夫子！"

第十一章

陈蔡绝粮，楚昭王郊迎
天下有道，丘不与易也

《史记·十二诸侯年表》的十二诸侯是鲁、齐、晋、秦、楚、宋、卫、陈、蔡、曹、郑、燕，后来又加入吴，实质是"十三诸侯年表"；《史记》在诸侯年表中所列的国家，大多列入三十卷"世家"中，但蔡、曹两国未见"世家"专卷。原因应该是国小，无左右政局力量，也无值得记载大事。

曹国初封祖先是曹叔振铎，周武王之弟。《十二诸侯年表》直到曹共公十六年（前637年），才首见记事："重耳过，无礼，釐负羁私善。"

晋文公重耳逃难时，经过曹国，曹共公不以礼接待重耳，还想看看传言中重耳并生的胁骨（肋骨），曹国大夫厘负羁劝告曹共公说："晋国公子重耳十分贤能，与我国又属同姓，走投无路前来拜访，为何不以礼接待？"共公不听劝告，厘负羁只得私下馈赠重耳一些食物，并在食物下暗藏璧玉。重耳接受了食物，归还璧玉。

曹共公在位三十五年，曹文公继位十七年，曹宣公接位十七年，曹成公继位二十三年，曹武公接位二十七年，曹平公继位四年，曹悼公接任九年，曹襄公随后在位五年，遭曹平公弟通所杀，通自立为曹隐公，曹隐公只在位四年，曹靖公接任也只有四年，由曹伯阳接位。曹国在《诸侯十二年表》的纪事，只见先君故去、新君接任，未有足令史家重视的史事。但即使这样的小国，这样无足称道的国度，孔子还是前往看看曹君能否用他。鲁哀公三年（前492年）、曹伯阳十年，孔子到曹国，但曹伯阳并未接待孔子，善用孔子（曹国在这一年，开始受到邻国宋国攻击，曹伯阳十五年，公元前487年，宋国灭了曹国，掳走曹伯阳）。

孔子不会不晓得曹国国小积弱，曹君也非明贤，他仍然前往探寻为政机会，可知石门晨门批评孔子"是知其不可而为之者与"，而荷蒉者说孔子"鄙哉，硁硁乎！莫己知也"，并非冤枉了他，而是真知孔子。

孔子连见到曹君的机会都没有，他的下一步自然是宋国。宋国是孔子的先祖之国，前回路经宋国，得到宋景公的款待，说不定有机会为祖先之国奉献，可是没想到，他一进入宋国，便被宋国的司马桓魋所派的人给围困了。

孔子周游列国，沿途讲学不倦，一有空就给随从弟子讲些先哲智慧。这一天，他在一棵大树下跟弟子讲习礼，却见一大批人来势汹汹，似乎有欲杀孔子，把孔子讲学地的大树给砍断了。

弟子们见形势险恶，慌忙劝夫子说："我们赶快离开吧！"孔子却镇定如恒，说："上天既然把文德赋予我孔丘，桓魋又能把我孔丘怎么样呢！"（《论语·述而篇》："天生德于予，桓魋其如予何？"）

孔子后来还是趁夜和弟子们离开宋国。孔子虽不畏死，且自信天命在身，但"君子爱其死，以有待也，养其身以有为也"（《礼记·儒行篇》），君子人爱惜生命，重视身体，为了有所作为，不能轻忽生命。

司马桓魋何以要杀孔子，有一个说法，《礼记·檀弓上》说："前回夫子来到宋国，看见司马桓魋叫工匠为自己打造了一口石头的外棺，花了三年时间，仍未打造完成，孔子说：'如此浪费奢侈，还不如死了以后很快腐烂好！'"司马桓魋闻知，心中有怨。这个说法不合礼。

《礼记·丧大记》说："君大棺八寸，属六寸，椑四寸。上大夫大棺八寸，属六寸。下大夫大棺六寸，属四寸。士棺六寸。"大棺是外层棺，即椑，内棺是内层棺，即棺。古代棺材有定制，君和大夫的棺木都要依礼制作。

《丧大记》又说："君松椑，大夫柏椑，士杂木椑。"国君用的是松木椑，大夫用的是柏木椑，士用的是杂木椑。司马桓魋岂敢违背古代礼制，在生前就为自己打造石椑？

另一说是孔子一行人，个个是可用高手，孔子先祖又是宋国贵族大夫，司马桓魋怕宋景公重用孔子，所以派人扬威，作势欲杀孔子，逼走孔子。司马桓魋嫉才，欲杀孔子，也只可做参考（《孔子家语》说，孔子弟子司马牛之兄为桓魋，此说无据）。

从历史事实来看，宋国从这一年开始攻伐曹国，而后几乎年年攻打曹国，五年后灭了曹国。孔子从曹国来，司马桓魋不晓孔子和曹国作何往来，就像公叔戍不欲孔子帮忙卫国，在蒲城围困孔子一样（孔子后来绝粮于陈、蔡之间，就因为陈、蔡某些大夫担心孔子久留陈、蔡之间，若为楚所用，将不利陈蔡，情况相近）。

孔子微服（不应解读为换轻便服装，而是暗行之意）过宋，来到蔡国。蔡昭侯礼遇孔子，但蔡国国势太弱。蔡昭侯二十六年，蔡昭侯畏惧楚国，私下召见吴国官员，希望迁国到州来，州来接近吴国，可以借助吴国保护。孔子在蔡国隔年（鲁哀公四年，公元前491年），吴王夫差就位第五年，召蔡昭侯到吴国，蔡国大夫不愿迁吴国，大夫公孙翩就在路上射杀蔡昭公。蔡昭侯的儿子朔于鲁哀公五年（前490年）即位，后人称蔡成侯。

楚国重臣叶公沈诸梁就在这年攻伐蔡国，叶公将攻下的蔡国百姓迁到负函（在今河南省信阳市），由叶公兼治之。负函本是蔡国土地，叶公兼治之，实即占领。

鲁哀公五年，在位五十八年的齐景公死了。这年夏天，景公夫人燕姬的嫡子也死了，景公宠妾芮姬生的儿子叫荼。秋季，齐景公重病，派国惠子、高昭子两个大夫立荼做太子，怕其他儿子不服，把他们赶出都城，放逐到莱地。齐景公去世，太子荼继位，是为晏孺子。冬季，景公的其他儿子怕被杀害，都逃亡了，莱人把这事编成了歌："景公死了不埋葬，三军大事不商量，将士啊！将士啊！跟谁去效死呢？"（景公死乎弗与埋，三军事乎弗与谋，师乎师乎，胡党之乎）

孔子对齐景公的死，感叹说："齐景公有马千驷，死之日，民无德而称焉。伯夷叔齐饿于首阳之下，民到于今称之。"（《论语·季氏篇》）古时一车四马叫"驷"，"齐景公有马千驷"即有马四千匹，但平生没有可以称道的德行，老百姓就无法称赞他的德行（今人发现临淄东周墓殉马坑，就是齐景公死后，用六百多匹马殉葬。其中东边殉葬的一百零六匹殉葬马，都是战马，殉葬时被敲击脑袋，打晕后抬进坑里，然后再敲打一条前蹄，后面的一匹马提起前蹄搭在前一匹马的背上，依次看法，形成一幅激烈的奔马图，栩栩如生，这殉马坑呈现了齐景公的无德）。

孔子这时居蔡，于是派季路找上了叶公。叶公姓沈，名诸梁，字子高，"叶"是他的食邑，史家称他"叶公"。叶公对来访的季路，问孔子是怎么样的人呢？季路不知道如何回答，回来告诉夫子，夫子说："你怎么不这么说，孔丘这个人，发愤忘食，乐以忘忧，日日求进，不晓自己年纪一大把，忘了快要接近老人了！"（《论语·述而篇》叶公问孔子于子路。子路不对。子曰："女奚不曰：'其为人也，发愤忘食，乐以忘忧，不知老之将至云尔。'"）

孔子欲往楚国，必须经过负函。鲁哀公六年（前489年），楚昭王二十七年，孔子和叶公在负函见了面，叶公问政于孔子，孔子回说："近者说，远者来。"（《论语·子路篇》）"近悦远来"的意思是要让自己治理下的老百姓心悦诚服，也让他国远方的老百姓来归附，似乎没有深意，其实孔子意有所指。叶公去年攻蔡国，迁徙被攻下的蔡国老百姓到负函，这不是蔡国老百姓心悦诚服归附，而是武力逼迫，无奈告别祖坟。孔子有责难叶公以霸力服人之意。

孔子和叶公对话，也出现不同观点。对父亲偷羊，儿子应该为父亲隐瞒或举发各持己见。《论语·子路篇》叶公语孔子曰："吾党有直躬者，其父攘羊，而子证之。"孔子曰："吾党之直者异于是！父为子隐，子为父隐，直在其中矣。"

"直躬者"是躬行直道者，叶公说他的乡里有躬行直道的人，他的父亲偷羊，儿子勇于直行举发；孔子则说他的乡里躬行直道者，是从人性而来，父为儿子隐瞒，子为父亲隐瞒，这出于人性的做法，就是直道。孔子不仅以直道作为人伦准则，还以直道当为政原则。为政上的直道即是："举直错诸枉，则民服；举枉错诸直，则民不服。"（《论语·为政篇》）孔子告诉叶公为政之道在近悦远来，与孔子后来回答鲁哀公的"何为则民服"，文义相近。孔子和叶公的对话，显示了王、霸的分野。

叶公是鲁国重臣，孔子与叶公对谈后，叶公并无引见楚昭王之意，孔子改派子贡见楚昭王。返回蔡国途中，遇到长沮、桀溺和荷蓧丈人，孔子并未见到这三人，而是通过季路了解这三人的想法，并借三人抒发儒家的真精神。

长沮、桀溺耦而耕。孔子过之，使子路问津焉。长沮曰："夫执舆者为谁？"子路曰："为孔丘。"曰："是鲁孔丘与？"曰："是也。"曰："是知津矣！"问于桀溺。桀溺曰："子为谁？"曰："为仲由。"曰："是鲁孔丘之徒与？"对曰："然。"曰："滔滔者，天下皆是也，而谁以易之？且而与其从辟人之士也，岂若从辟世之士哉？"耰而不辍。子路行以告。夫子怃然曰："鸟兽不可与同群，吾非斯人之徒与而谁与？天下有道，丘不与易也。"

子路从而后，遇丈人，以杖荷蓧。子路问曰："子见夫子乎？"丈人曰："四体不勤，五谷不分，孰为夫子？"植其杖而芸。子路拱而立，止子路宿，杀鸡为黍而食之，见其二子焉。明日，子路行以告。子曰："隐者也。"使子路反见之。至，则行矣。子路曰："不仕无义。长幼之节，不可废也；君臣之义，如之何其废之？欲洁其身，而乱大伦！君子之仕也，行其义也。道之不行，已知之矣！"（《论语·微子篇》）

楚国叶县有一条河叫沙河，季路问津，就是问沙河渡口（古籍记载，叶县十里铺有长沮、桀溺的合葬墓，冢前有石碑一块，上刻"周隐士长沮、桀溺合葬之墓"，今日已不见石碑）。

隐士不是不关心政治，而是对世局失望痛心的人，长沮、桀溺虽然隐耕，但二人不仅知道孔子这个人，还知道"鲁仲尼之徒"的季路，只是他们认为"滔滔者，天下皆是也，而谁以易之"，世局不安如大水横流泛滥，有谁能改变滔滔世局呢？言下之意，就是你孔丘也无力改变不安时局，所以桀溺奉劝孔丘"与其从辟人之士也，岂若从辟世之士哉"。"人"是有位的人，指时君，桀溺认为孔子与其辛苦找有位时君，为其所用，不如跟他们二人一样，成为避开世间纷扰的避世之士。

"鸟兽不可与同群，吾非斯人之徒与而谁与？天下有道，丘不与易也"，这句话不仅是孔子向长沮、桀溺说明自己的心志，而且阐发孔学否极泰来、治起于衰乱之中的理念，启迪后学对时局虽然失望而不绝望的无尽期待。

"鸟兽不可与同群，吾非斯人之徒与而谁与？"此为儒、道的分际，道者避世隐居山林，不与老百姓往来相与，而与鸟兽同群，图个人清静、羽化成仙。孔子则主张"各从其类"，鸟兽与鸟兽合群同类，人也要与人群居，所以斩钉截铁地说，他不能和鸟兽同群，他若是不跟人类（斯人之徒）往来同处，还能跟什么同处往来呢？《论语·卫灵公篇》孔子说"人能弘道，非道弘人"，孔子认为只有人才能弘道，道衰、道不行正需人弘道，不能置人道于不顾。

"天下有道，丘不与易也"，孔子这句话有深意。天下有道就不需要他孔丘出来行道。言下之意，就因为天下无道，才需要他孔丘出来改变这无道天下。这句话说得决绝，揭示君子儒弘道的大无畏气概，也简括孔子周游列国的要旨，就因为天下无道，他孔丘才出来想改变无道天下。

"与易"，"与"，参与；"易"，改变。孔子周游列国目的，欲拨乱反正，改易天下，可惜的是，得不到时君重用，连隐者都讥嘲他这个想为时君指点迷津的"知津者"。

荷蓧丈人以礼款待和孔子失散的季路，让季路在天晚时住在家里，杀鸡做饭，还要两个儿子出来拜见来客季路，这是行悌道，长幼之节不可废。但荷蓧丈人似乎不愿见孔子。子路留言说："不仕无义，长幼之节，不可废也；君臣之义，如之何其废之？欲洁其身而乱大伦！君子之仕也，行其义也。道之不行，已知之矣！"季路留言，不是留下自己的话，而是留下夫子之言。这个留言最重要的一句话是"君子之仕也，行其义也"，君子求行道于朝，不是为个人荣禄，而是为行君子之义，而行义捷径就是出仕，所以说"不仕无义"。孔子认为荷蓧丈人知道人伦之义，但忽略了出仕的君臣之义。

孔子已在蔡国三年，蔡君如卫灵公，只是礼遇，无法重用，被迫再回走陈国。就在陈、蔡两国的路上，楚昭王大概听到孔子曾见叶公，正在陈、蔡之间的路上，于是派人礼聘孔子，孔子决定应聘前往拜谢。陈、蔡两国的大夫（**这两个大夫可能是执政大夫**）就商议说："孔子是个有才德的贤者，他所讥评讽刺的，都切中诸侯时君的弊病。如今他长久留在我们陈、蔡两国之间，我们某些大夫的所作所为，都不合孔子之意。现在的楚国是个强大国家，前来礼聘孔子。楚国若真用孔子，那我们陈、蔡两国的执政大夫可就危险了。"于是，派了一些人，将孔子围困在野外，让孔子一行人动弹不得，粮食也断绝了（今人考证，孔子绝粮的陈、蔡之地，在今河南省上蔡县蔡沟镇一带，后人为纪念孔子曾困于此地，改名蔡沟，并建有厄台、厄庙。蔡沟在春秋时代属蔡国。"沟"是沟坎、磨难的意思）。

孔子一行人绝粮，随行弟子饿病了，打不起精神来。孔子照样向弟子讲学诵诗，弹琴瑟，唱歌。季路臭着脸来见孔子，说道："夫子训诲我们要成君子之德，君子难道是困穷、穷途的人吗？"孔子回答说："君子固守困穷之道，若是一般小人，一困穷就滥行滥为了。"

孔子看见随行弟子有愠心，他向弟子阐述"时"的重要，一个人用时，有远方的志同道合之士来学习或为你所用，这是很快乐的事情；不能用时，时不至，有地位的人不能用你，你仍得固守时穷之道，不能愠于心；平时，我们就要学时，学要能以时习之，悦在心中，孔子因而说："学而时习之，不亦说乎？有朋自远方来，不亦乐乎？人不知而不愠，不亦君子乎？"

孔子不只叮咛弟子要学能时习之，也要弟子学而能思，他说："学而不思则罔，思而不学则殆。"（《论语·为政篇》）思不能固执己见、自以为是，孔子不仅说"君子之于天下也，无适也，无莫也，义之与比"（《论语·里仁篇》），还绝四："毋意，毋必，毋固，毋我。"（《论语·子罕篇》）孔子还讲如何学知、用知，他说："吾有知乎哉？无知也。有鄙夫问于我，空空如也，我叩其两端而竭焉。"（《论语·子罕篇》）叩两端之外，孔子还提出举一反三的启发方式，说："不愤，不启；不悱，不发。举一隅，不以三隅反，

则不复也。"(《论语·述而篇》)

孔子于是借着困穷时，考校了三个弟子（事见于《史记·孔子世家》）。

《诗·小雅·何草不黄》说："何草不黄，何日不行。何人不将，经营四方。何草不玄，何人不矜。哀我征夫，独为匪民。匪兕匪虎，率彼旷野。哀我征夫，朝夕不暇。有芃者狐，率彼幽草。有栈之车，行彼周道。"这首诗前两句是写统治者用兵不息，后两句是写统治者视民如禽兽。诗歌后两句恰当地用野牛、老虎出没于旷野之中，比喻征夫昼夜不停地在野外奔走，又以长尾狐狸出没草丛，比喻征夫赶着栈车在大道上奔跑，把统治者视征夫如禽兽的事实描绘出来。

孔子从"何草不黄"的诗句中选了"匪兕匪虎，率彼旷野"八个字，再加上自己的感叹"吾道非邪？吾何为于此？"为题目（后世科举考试，就是依照孔子这种方式，从经文中择一句，加以申论）。

"匪"同非；"兕"音 sì，头长独角、色青的野牛；"率"，循。"匪兕匪虎，率彼旷野"的诗义是："我们的征夫不是野牛，也不是老虎，竟然天天循着旷野奔走。"孔子隐喻自己既不是野牛，也不是老虎，何以在旷野徘徊，难道我的主张不对吗？

先行讲话的一定是抢先的季路。季路回答说："想必是我们行仁不够吧，所以人家不信任我们；想必是我们的智慧不足，人家不给我们行道机会吧！"孔子不满意季路的答话说："有这个道理吗？仲由，假使有仁德之行的人便能让人信任，那伯夷、叔齐怎么会饿死呢？假使有智慧的人就能行道，怎么会发生王子比干招致剖心呢？"

子贡接着季路入见孔子，回答同样问题说："夫子的道术是大到极点了，所以天下有位的人不能容纳夫子，夫子是不是能把理念稍微降低迁就些呢？"孔子还是不太满意子贡的说法："赐啊，这就好比一个优良的农夫虽然善于播种五谷，却不一定有好收成；良好工匠能有精巧的手艺，所作所为却不一定尽合人意；君子能够修治他的道术，就像治丝结网一样，先建立基本的大纲统绪，再依序疏理，但不一定能容合于当世。现在你不能修治自己的道术，反而降格来苟合求容，赐啊！你的志向就不够远大了。"

颜渊继子贡后回答说："夫子的道术至大无外，所以天下有位的人不能容纳夫子。虽然如此，夫子仍照着自己想法勉力推行。不被接受容纳，又有何关系？正因为人家不能容纳，才能见夫子的君子之道啊！一个人道术不修治，是自己的耻辱；至于道术修成而不被重用，是有国君王的耻辱。不被接受容纳，有何关系？正因为不被接受容纳，才能显现君子之道啊！"孔子听了十分欣慰，笑说："你有这种说法，难得，你这颜家的好子弟，假使你有财富，我为你当家宰理财！"

孔子听季路、子贡、颜渊三个钟爱弟子，谈一个问题的看法，就是举一而三隅反。颜渊有德行智慧，极像孔子，孔子把他视如儿子，可以说颜渊是"小孔子"，但有大智慧的孔子，看得出在这无道世局，面对无道国君，他和颜渊不能迎合时君，终不能为国君重用，而有财富的子贡可以做得到。孔子称许颜渊最后一句话"使尔多财，吾为尔宰"，就是肯定子贡。

孔子曾比较颜渊和子贡，说道："回也其庶乎，屡空。赐不受命而货殖焉，亿则屡中。"(《论语·先进篇》)孔子称许颜渊"庶乎"，"庶"，庶几、差不多，即近闻道，但屡屡米缸空空，但子贡"不受命而货殖焉，亿则屡中"。《史记·仲尼弟子列传》说子贡"常相鲁卫"，这个"相"不是当宰相，而是辅相，帮助鲁、卫之君；《货殖列传》又说："子赣既学于仲尼，退而仕于卫，废著鬻财于曹、鲁之间。"这个"仕"也不是真正入朝与闻朝政。子贡囤积财货殖利，预测神准，赚了大钱，《史记·货殖列传》，子贡排序第二，仅次于陶朱公范蠡。子贡当孔子徒弟，又是大财主，颜渊屡空，子贡则是"多财"。子贡多财又多能，更长于言语，《孔子世家》说，孔子于是派子贡至楚国，子贡果然说动了楚昭王，派军队迎接困厄于陈、蔡间的孔子师徒。(《礼记·檀弓下》说："昔者夫子失鲁司寇，将之荆，盖先之以子夏，又申之以冉有。"孔子当鲁司寇五十二岁，见楚叶公六十三岁。孔子不是失鲁司寇之位，就到楚国，而是历经十年。《檀弓下》说孔子先派子夏，再派冉有前往楚国，这说法也不足采信。)

　　子贡之才有说服当时国君的魅力，楚昭王见孔子，就有意将有居民里籍（书社）的七百里地封给孔子。但楚国的令尹子西阻止说："君上派遣到诸侯国的使臣有像子贡那么高明的吗？"楚昭王回说："没有！""君上辅佐之相有如颜回高明的吗？"楚昭王回说："没有！""君上率军将领有如子路高明的吗？"楚昭王回说："没有！""君上的官尹有如宰我高明的吗？"楚昭王回说："没有！"

　　子西说出孔子四大弟子子贡、颜渊、季路、宰予四人分别长于当使者、辅相、将帅、官尹。楚昭王并未见过颜渊、季路、宰予，但与子贡相见，佩服子贡，子西连说的颜渊、季路、宰予想必也是高明之士。楚昭王自然随口回说楚国这类人都比不上孔子四个门徒。

子西接着说："况且我们祖国祖先受周天子分封时，名位只是子爵，土地是五十里。如今孔子遵循三皇五帝的遗规，彰明周公、召公的德业，君上若是用孔子，那么楚国怎能世世代代保有堂堂数千里土地呢？想当初文王在丰邑，武王在镐京，是以百里小国的君主，两代经营终而统一天下。现在孔丘如果据有七百里土地，又有那么多贤能弟子辅佐，对楚国来说，并非是福。"

楚国的令尹即执政宰相，子西是楚平王的庶弟。平王卒，将军子常说，太子珍少，欲立令尹子西。子西有义，说："国有常法，更立则乱，言之则致诛。"乃立子珍，子珍就是楚昭王。楚昭王的王位可说是令尹子西给的，所以不管楚昭王对孔子的看法有没有受到子西这番话的影响，他绝对尊重令尹子西之意，不会取用孔子了。

孔子到楚国，也有市井小民善意相待。一个打鱼的人，想献鱼给孔子，孔子不接受。打鱼人说："天热市场又远，已经无法卖了，我想与其扔到粪堆上，不如献给君子，所以敢于进给您。"

孔子一听，拜了又拜，接受了这些鱼，要弟子将地打扫干净，准备祭祀。弟子说："打鱼人本来要扔掉这些鱼，夫子却要用来祭祀，为什么？"

孔子说："我听说，怕食物变质而想把它送给别人的人，是仁人一类的人，哪有接受了仁人的馈赠而不祭祀的呢？"

孔子不为楚用，只好离开楚国往陈国。离开楚国时，有一个楚国狂士车舆跟孔子车舆交接时，知道坐在车中的是孔子，经过时歌唱道："凤兮，凤兮！何德之衰！往者不可谏，来者犹可追。已而，已而！今之从政者殆而！"（《论语·微子篇》）

"已而"是到此为止。"今之从政者殆而"之意是，抨击现在从政的人不安好心。孔子一听，心有戚戚焉，赶忙下车，想与这位称赞他是凤凰的狂士交谈，但狂士已远离了。

或许有个疑问，孔子在陈、蔡间绝粮，因为陈、蔡执政大夫担心孔子为楚国所用，故而围困孔子，孔子离楚后又何以前往陈国呢？

孔子的随行弟子不只有治事能才，孔子本人更是博学多能，几乎无所不知。孔子所到各国的国君原本就有自己的老臣、重臣、家臣、近臣，无意取用孔子入朝问政，但礼遇孔子为闲职的"际可之仕"，既可博得好名声，孔子还可教育他们的子弟，何乐而不为。加上孔子不只是有智慧的人，他的温、良、恭、俭、让态度，让他入其国后，结交了不少该国的贤大夫。孔子有意入楚，陈、蔡执政大夫担心孔子为楚国所用，危害本国安全，围困孔子在情理之中，俟孔子不为楚用，陈、蔡大夫放下心来，仍然欢迎孔子到临。

孔子在陈国，不仅交到司城贞子这个贤大夫，也和陈司败有交情。《论语·述而篇》陈司败问昭公知礼乎？孔子曰："知礼。"孔子退，揖巫马期而进之，曰："吾闻君子不党，君子亦党乎？君取于吴为同姓，谓之吴孟子。君而知礼，孰不知礼？"巫马期以告。子曰："丘也幸，苟有过，人必知之。"

《礼记·杂记下》说："夫人之不命于天子，自鲁昭公始也。"

鲁昭公之前，天子命畿外诸侯夫人，亦即京畿外的诸侯夫人，皆由天子任命。但鲁昭公是姬姓子孙，吴国也是姬姓，古人同姓不婚，鲁昭公因而不敢上告天子，天子也不任命。鲁昭公严重失礼。诸侯大夫都知道这件事。陈司败就向孔子问鲁昭公"知礼乎"？孔子回答"知礼"。陈司败没有说破孔子这回答有隐讳之失，等待孔子退离时，向孔子弟子巫马期说："我听说君子人不党私，难道孔子这个君子人也有党私吗？鲁昭公从吴国娶夫人。吴和鲁同姓姬，故而不能依礼叫吴姬，而称她吴孟子。鲁君若是知礼，那还有谁不知礼呢？"巫马期把这话转告孔子。孔子说："我真幸运，假若有什么错误，人家一定知道指正。"

"昭公知礼乎？"鲁昭公是鲁国之君，孔子是鲁国人民，陈司败这一问虽是就事论事，却心存讥嘲。陈司败听了孔子说昭公知礼，便知道孔子"为君者讳"，有党私，但不好质疑追问。"孔子退"是孔子退离，可能是孔子拜访陈司败后退出。陈司败疑惑鲁君失礼，他问孔子非一般人之问，一般老百姓也不可能向孔子问鲁君知不知礼。因此，"陈司败"不是人名，而是陈国的大夫，官职"司败"。

《论语》论及孔子与他国大夫相交的，以卫国最多，陈国往来大夫则有"司城"和"司败"，孔子友善陈国大夫，才能在陈愍公六年和八年居陈国，接受如卫灵公般礼遇，陈愍公还请教孔子有关肃慎矢的由来。

楚昭王在位二十七年，接见孔子不久，吴国攻伐陈国时，楚昭王率军前往救陈国，军队驻扎在城父。《左传》记载，十月，楚昭王病于军中，天象示警，有红云夹日而飞。昭王问周史，周史说:"这有害于楚王,可祷告将灾害移给将相。"将相闻言,纷纷请求以自己生命向天神祷告,楚昭王说:"将相是我的股肱,怎么可以移祸给将相,自己脱身呢!"楚昭王不听从。周史又卜,说是黄河的河神作祟,请楚昭王向黄河神祷告。楚昭王说:"从夏、商、周三代以来,就规定祭祀不超过本国山川、长江、汉水、雎水、漳水,我虽无德,也不能超过楚国应祭祀的神,黄河之神并不是我获罪的对象。"楚昭王又制止祭黄河之神。楚昭王终于死于城父。

楚昭王为救陈国,死于城父,孔子则平安到陈国,他在陈国听到楚昭王病逝消息,感慨地说:"楚昭王通达大道,他能够不失国,是当然的了。"(楚昭王病殁,立公子章,是为楚惠王。楚惠王八年,白公杀子西,劫持惠王,白公自立为王。月余,叶公救楚,和楚惠王部下攻白公,杀了白公,楚惠王复位。楚惠王在复位这年灭陈,杀了陈湣公。)

孔子在楚昭王病死这年,又从陈国迁移到卫国,这年是鲁哀公六年(前489年)、卫出公四年。孔子在返卫前,生了一场大病。孔子生重病时,随行弟子季路年纪最大,他出主意帮夫子祷神。孔子病愈后问季路,有这种事吗?孔子曾说"获罪于天,无所祷也",意思是一个人若违天背理,无处可祈求保佑,即使祷天,天老爷也不会降福庇佑,但季路以为夫子问有没有祷神之礼,于是回答说有的,还说有一篇叫《誄》的文章说:"祷尔于上下神祇。"(《论语·述而篇》)孔子知道季路为他祷神,是出于一番好意,所以委婉说:"我孔丘向神只求祷已经很久了。"但孔子病情曾经看似十分严重时,季路派同门师弟扮演家臣,打算以大夫之礼治丧，给夫子的丧礼办得风光些，孔子在身体稍好些，知道季路派同门师弟扮演家臣，十分不愉快。

孔子曾担任鲁国大夫，有家臣，但孔子离开鲁国多年，不当大夫已很久了，治丧也就不能有家臣，季路这做法是作伪行为。"无臣而为有臣，吾谁欺？欺天乎？且予与其死于臣之手也，无宁死于二三子之手乎？且予纵不得大葬，予死于道路乎？"（《论语·子罕篇》）这段话的意思是，他孔丘已不是大夫，不能有家臣，季路却找人假扮家臣，这种事岂能遮掩天下人耳目。而且他孔丘与其死于家臣之手，宁可死于他们这些随行弟子之手。孔子甚至训诫季路说，难道没有扮家臣，你们这些弟子会把我丢弃道路不葬吗？

孔子在鬼门关前走一遭，病愈后对季路对他重病及死后所做的安排，显然不以为然，他说"获罪于天，无所祷也"、"丘之祷久矣"，以及"且予与其死于臣之手也，无宁死于二三子之手乎"，明确表示他重生不重死、重人不重鬼的"人生哲学"，这与季路重鬼神、重死大不同，《论语·先进篇》季路问事鬼神，子曰："未能事人，焉能事鬼？"曰："敢问死。"曰："未知生，焉知死？"

《论语·雍也篇》樊迟问知（智）。子曰："务民之义，敬鬼神而远之，可谓知矣。"孔子给智者的定义是"务民之义"，专务做好服务人民的事情，且要远离鬼神，孔子不涉及鬼神是否存在的争议话题，既不承认也不否认，即使有鬼神，也只要心存一个"敬"字。

鬼神的存在是宗教的充分必备条件，但孔子重视智，他四十能不惑，即已成智者，智者知天知人；孔子知天，可以"质诸鬼神而无疑"，知人，可以"百世以俟圣人而不惑。"孔子不迷信，当然死后也做不了神，他只能当个圣人，当个先师。

因此，孔子重丧祭之礼，不是重死，重鬼神，而是尊重人的尊严。孔子勉励弟子为君子儒，就是尊重人的尊严。

第十二章

穷困卫国，人不如鸟乎

冉求力克齐军，季氏币迎孔子

鲁哀公六年（前489年），孔子年六十三。楚昭王病故于城父，孔子从陈国返回卫国，时为卫出公四年。

卫出公辄立，他的父亲蒯聩在投奔晋国的阳货设谋下，进入卫国的戚邑，父子公然对立争位。

孔子在三十五岁，就回答齐景公为政之道是"君君，臣臣；父父，子子"，蒯聩和儿子辄争夺君位，正是君不君，臣不臣，父不父，子不子。孔子弟子原宪曾向夫子问耻。孔子说："邦有道，谷；邦无道，谷，耻也。"辄和父亲争位合礼吗？孔子成为卫出公尊贤的公养之仕，不违背"君不君，臣不臣，父不父，子不子"之道吗？

鲁哀公三年（前492年），《春秋》经文说："三年，春，齐国夏、卫石曼姑帅师围戚。"《公羊传》说："齐国夏曷为与卫石曼姑师围戚？伯讨也。此其为伯讨奈何？曼姑受命乎灵公而立辄，以曼姑之义，为固可以距之也。辄者，曷为者也？蒯聩之子也。然则曷为不立蒯聩而立辄？蒯聩为无道，灵公逐蒯聩而立辄。然则辄之义可以立乎？曰可。其可奈何？不以父命辞王父命，以王父命辞父命，是父之行乎子也。不以家事辞王事，以王事辞家事，是上之行乎下也。"

《公羊传》这段传文有重要的史实和史识：蒯聩虽然为辄的父

亲，在赵简子支持和阳货设谋下进入卫国的戚邑，并强行占领，但卫国人民并未接受蒯聩，四方诸侯也已接受卫出公辄接位的事实。赵简子不能因卫君父子争位而伐卫；相反，卫国大夫石曼姑受卫灵公遗命立辄，故而联合齐国大夫国夏率师围戚邑，是合礼的。

春秋之义，南子是继母，蒯聩拟杀继母是"无道"，辄因而可以用祖父卫灵公的命令，拒绝父亲蒯聩的命令，亦即父命奉行于儿子。再者，君位是王事，乃"尊尊"，父子之情是家事，乃"亲亲"，《春秋》虽讲"亲亲"，但公大于私，国大于家，故而"尊尊"不让"亲亲"。《春秋穀梁传·文公二年》也说："不以亲亲害尊尊，此春秋之义也。"

蒯聩既已成弑母未成的无道之子，孔子故而成为卫出公的公养之仕，并无不当。孔子任官的标准，端视国君是有道或无道。无道而仕，为臣若不能正君之道，只能助纣为虐，应该去职。

鲁定公十三年（前 497 年），孔子年五十五，离开鲁国到其他诸侯国求仕，希望能奉献所学，但各国国君都不能重用，只能当个际可之仕、公养之仕的闲官。离开鲁国，孔子每天朝夕相处的是弟子，弦歌不辍，时时向学生讲学，也在他所到的国度新收学生。

孔子来去卫国四次（孔子曾有意渡河见赵简子，正欲渡河时，听到赵简子杀了两位贤人窦鸣犊和舜华，返回卫国，有些学人因孔子此行仍在卫境，不计数，认为孔子来去卫国四次）住在卫国时间不短，但卫灵公、卫出公都未予重用，孔子只能收徒教诲弟子，在卫国所收弟子中，较为出色的是子夏。

子夏姓卜，名商，字子夏，温国人。温国为卫国附属国，后为魏国所灭，故称子夏为卫人或魏人。子夏小孔子四十四岁，进入孔门在二十岁上下。

子夏精研《诗》。《论语·八佾篇》子夏问曰："'巧笑倩兮，美目盼兮，素以为绚兮'，何谓也？"子曰："绘事后素。"曰："礼后乎？"子曰："起予者商也！始可与言《诗》已矣！"一般人读《诗》，像"巧笑倩兮，美目盼兮，素以为绚兮"，都求诗义了解，孔子看出子夏之问，有深层用意，回说"绘事后素"，以绘画之事启发子夏，没想到子夏不是就"绘事后素"来解读，又深一层问道："礼后乎？"孔子以"不愤，不启；不悱，不发。举一隅，不以三隅反，则不复也"来启发弟子，不意子夏反而启发了他，因而称赞子夏"起予者商也，始可与言《诗》已矣"。

孔子称赞弟子"始可与言《诗》已矣"，除了子夏外，还有子贡。《论语·学而篇》子贡曰："贫而无谄，富而无骄，何如？"子曰："可也。未若贫而乐，富而好礼者也。"子贡曰："《诗》云：'如切如磋，如琢如磨。'其斯之谓与？"子曰："赐也始可与言《诗》已矣！告诸往而知来者。"子夏和子贡都是卫人，可以说卫国不仅多君子，且学子多智能。

被孔子称赞"始可与言《诗》已矣"的子夏，自认学《诗》深造有得，曾经出题考老师。《礼记·孔子闲居》子夏问夫子"敢问《诗》云'凯弟君子，民之父母'，何如斯可谓民之父母矣？"夫子回说："夫民之父母乎，必达于礼乐之原，以致五至，而行三无，以横于天下，四方有败，必先知之。此之谓民之父母矣。"子夏问了五至后，又问三无，孔子答："无声之乐，无体之礼，无服之丧，此之谓三无。"子夏听了夫子所说的三无后，竟然"大哉问"，请教夫子那句诗接近三无的意思。《诗》原有三千篇，如何从那么多篇章中，找出和"无声之乐，无体之礼，无服之丧"相近的诗呢？但身为老师的孔子毫不含糊说："《周颂·昊天有命》的'夙夜其命宥密'是无声之乐，《邶风·柏舟篇》的'威仪逮逮，不可选也'是无体之礼，《邶风·谷风篇》的'凡民有丧，匍匐救之'是无服之丧。"《孔子闲居》文末说："子夏蹶然而起，负墙而立曰：'弟子敢不承乎？'"孔子不仅以德服人，也以学让子夏背墙站立，说："弟子我怎敢不奉承夫子教导呢？"

子夏个性较拘谨，不如子贡的大器开放，子夏谈交友说"可者与之，其不可拒之"，遭子张批评说："异乎吾所闻！君子尊贤而容众，嘉善而矜不能。我之大贤与，于人何所不容？我之不贤与，人将拒我，如之何其拒人也？"子游也批评子夏说："子夏之门人小子，当洒埽应对进退则可矣！抑末也！本之则无，如之何？"(《论语·子张篇》)

子夏和子张在孔子周游列国时入孔门为徒，两人皆是贤能人士、翘楚人物，子贡因而问孔子说："师（子张）与商（子夏）也孰贤？"子曰："师也过，商也不及。"曰："然则师愈与？"子曰："过犹不及"。(《论语·先进篇》)

子夏终是聪明人，他知道自己所知所行"虽小道，必有可观者焉"，但也自警自惕说："致远恐泥，是以君子不为也。"(《论语·子张篇》)

子夏的"不及"和子张的"过"，可以用《礼记·檀弓上》在除丧后的弹琴作比较说明。子夏为某一老人服丧期满，行过除丧祭，来见孔子。孔子递给他琴，子夏理弦而五音不和谐，弹曲而不成音调，站起来说："我还没忘记悲哀。先王制定的到期除丧的礼规，我也不敢过期。"子张也为某一老人服丧期满，行过除丧祭，来见孔子，孔子一样递给他琴，子张理弦而五音和谐，弹曲而成音调，站起来说："先王制定除丧可以弹琴的规定，我不敢不努力做到。"子夏、子张的表现大不同，也各有说辞。

子夏喜好论证精微的事情，当时没有人能超过他，他曾经返回卫国，见一个读历史的人念道："晋师伐秦，三豕渡河。"子夏纠正说："非也，己亥耳"。"三豕"不通，子夏指出是"己亥"的误写。"己亥渡河"是指己亥这个时辰渡河。读史书人说："请教晋国的史官吧！"果然是"己亥"。卫国的人都把子夏当作圣人。

孔子勉子夏立其大，成为大器之人，端严说："女为君子儒，无为小人儒！"孔子也曾比较子夏和子贡，他感慨地说："吾死之后，则商也日益，赐也日损。"子夏可日见进步，因为子夏喜欢与比自己贤能的人相处，子贡则喜欢与不如自己的人为伴，所以子夏会越来越有成就。《史记·儒林列传》说，子夏居西河，"如田子方、段干木、吴起、禽滑厘之属，皆受业于子夏之伦，为王者师。"

孔子五六十年来，至关紧要的一个字是"学"，他读书为学、学圣哲讲学，他给自己下个评语："默而识之，学而不厌，诲人不倦，何有于我哉？"(《论语·述而篇》)

那么，孔子如何教诲弟子？他又如何讲学呢？

"学之不讲"是孔子的四忧之一，那么，孔子何以忧虑学之不讲呢？因为孔子把"学"当作君子与小人的分际。《论语·宪问篇》孔子说："君子上达，小人下达。"君子学而上进，达天德，小人只能下达于地之利，以养父母。孔子所谓的"小人"不是徇私欲，目趋下流的人，而是一般小老百姓，所以孔子说"君子怀德，小人怀土；君子怀刑，小人怀惠"、"君子喻于义，小人喻于利"（《论语·里仁篇》）。小人怀土、怀惠、喻于利，皆是下达于地之利。

小人不能如君子般成为怀德、怀型、喻于义的关键处，孔子指出小人因为"困而不学"：也就是说，每个人都可以成为君子，但许多人沦为小人，即因困穷而不学，不能学而变通上达，自然沦为下民、小人。

《论语·季氏篇》孔子说："生而知之者，上也；学而知之者，次也；困而学之，又其次也；困而不学，民斯为下矣！"孔子依人的智慧分人为四等，第一等是生而知之者的上智者，第二等是学而知之者，第三等是困而学之者，第四等是困而不学者的小人。《论语·阳货篇》孔子还说："唯上知与下愚不移。"每个人天资不同，大体说来，有绝顶智慧的上智聪明人，也有不能开悟的下愚者，这两种资质的人，上智者不需要学就能知，下愚者不管如何学，都难以启发，而大多数的人都在上智与下愚之间，可以学而知之或困学而知。

孔子鼓励弟子和世人说："我非生而知之者，好古敏以求之者也。"孔子评论自己，不是绝顶聪明的人，他只是"好古敏以求之者也"，亦即他是"学而知之者"的第二等人。

"生而知之者"、"学而知之者"、"困而知之者"，哪一种人层次较高呢？孔子说："或生而知之，或学而知之，或困而知之，及其知之一也。"(《中庸》)三者没有高下层次之分。

"知"是知识、智慧，孔子说"知者不惑"，又自言"四十而不惑"，孔子自言在四十岁才达到不惑的智者境界。但一个人只当智者仍不够，要把所得的智慧实行出来，知行要合一，闻道后还要弘道，所以孔子又说："或安而行之，或利而行之，或勉强而行之，及其成功一也。""仁者安仁"，安而行之即仁者之行；"智者利仁"，利而行之即智者之行；"勉强而行之"即强学而行，困而行之。三者只要成功，也同样没有层次差别。

孔子因而训诲弟子修学之方为"博学之，审问之，慎思之，明辨之，笃行之"，并说："有弗学，学之弗能，弗措也；有弗问，问之弗知弗措也；有弗思，思之弗得弗措也；有弗辨，辨之弗明弗措也；有弗行，行之弗笃弗措也。人一能之，己百之，人十能之，己千之。果能此道矣，虽愚必明，虽柔必强。"(《中庸》)

"笃行之"是博学的目的。"笃行之"不单指个人的一言一行都要诚笃实行，为政即是笃行。

孔子施教，固然有教无类，无分别心，但也重视个人资材不同而因材施教。《论语·先进篇》子路问："闻斯行诸？"子曰："有父兄在，如之何其闻斯行之？"冉求问："闻斯行诸？"子曰："闻斯行之！"公西华曰："由也问'闻斯行诸'，子曰'有父兄在'。求也问'闻斯行诸'，子曰'闻斯行之'。赤也惑，敢问。"子曰："求也退，故进之；由也兼人，故退之。""闻"不是"听到"、"耳闻"，而是"知道"。知道就要行，季路和冉求用同一句话，向夫子请教："知道就要去做吗？"但季路和冉求所得的答案相反，孔子向季路说："有父兄在世，怎么可以知道就去做呢？"对冉求则回答："知道就要去做！"公西赤不解夫子对同一问题，却有相反的答案。夫子回答说："冉求考虑太多，所以鼓励他多前进些；仲由太急切，所以教诲他放慢脚步。"

孔子说修学之方第一是"博学"，博学即无所不学，古时儒者的礼、乐、射、御、书、数六艺，以及《诗》《书》《礼》《乐》四部书要学。经天纬地的天地之文固然要学，生活应对进退之道也要学。

有一天，孔子和季路出游，看到山雉瞧人的神色有异，就举翅而飞，盘旋半空中，再飞集在安全的地方。山雉这一趋吉避凶的举动，给孔子很深的感触，因而向一旁的季路脱口说："那山石如梁的两岩间雌雉，真是知时呵！真是知时呵！"（《论语·乡党篇》："山梁雌雉，时哉！时哉！"）孔子还感叹说："于止，知其所止。可以人而不如鸟乎？"鸟能知时，知其所该止的地方，人若不能知止，不就比不上黄鸟吗？

"可以人而不如鸟乎？"孔子知时知机，但时不至；孔子知止知进退，但离鲁至今，他行止不定，不免有些惆怅神伤。

孔子周游列国，没机会仕进入朝，反而有时间整理《诗》《书》《礼》《乐》四部书，集先哲文化思想的大成；当然，孔子仍然关切列国形势变化，脑海亦不时涌现回鲁的念头。

鲁哀公七年（前488年）、卫出公五年，孔子六十四岁。这一年，吴王夫差率兵进攻鲁国，召鲁哀公在鄫城（今山东省临沂市兰陵县向城镇西北）会盟。吴国违反飨礼规定，要鲁国拿出百牢（牛、羊、猪各一百头）作为会盟贡品，吴国以此羞辱鲁国。

吴王夫差打败越王勾践，国力鼎盛，有意称霸中原，四侵各国，威胁邻国会盟顺服，鲁国也被逼迫在鄫城会盟，吴国使臣官员向鲁国大夫子服景伯要挟说："宋国曾给吴国百牢，鲁国不可以比宋国少。何况，鲁国曾给晋大夫十牢以上，给吴王一百牢，有何不可？"子服景伯抗辩说："晋大夫范鞅贪心而放弃礼节，以大国淫威恐吓我们鲁国，所以我们被迫给十一牢。你要是用礼节来命令诸侯，当有合理的常数。你若是废弃礼节，就会超过他们。周室最兴盛的时候，供奉的天子太牢，不过十二，这是上天规定的极大数。现在你们吴国一定要百牢，这是出自你们办事者的违背天理要求。"子服景伯因而感慨地说："吴国将会亡国，弃天理而背本源，如果不给百牢，我们鲁国可要遭凶灾。"（《左传·哀公七年》景伯曰："吴将亡矣，弃天而背本，不与，必弃疾于我。"）子服景伯于是应允给吴王百牢。

子服景伯是鲁国大夫，姓子服，名何，景是谥。季路做季氏家宰时，公伯寮造谣说季路坏话，子服景伯仗义执言，要在市朝揭发公伯寮的恶行。《论语·宪问篇》记载了这件事，还有孔子的"如命何"感慨（公伯寮愬子路于季孙。子服景伯以告，曰："夫子固有惑志于公伯寮，吾力犹能肆诸市朝。"子曰："道之将行也与，命也；道之将废也与，命也。公伯寮其如命何"）。

吴国索百牢后，吴国太宰得寸进尺，还指定季康子亲自前往吴国送百牢。季康子不知如何是好，问家宰冉求，冉求提议召子贡使吴。太宰嚭见季康子未来，派了子贡前来，就消遣子贡说："鲁国君常在道上奔波，大夫季孙氏不敢出门，这是什么礼节呢？"子贡回答说："这哪里是礼节呢？就因为怕大国的缘故。大国不用礼节来命令诸侯，果真不用礼，怎么知道分寸计量呢？我们的国君竟然听从了你们的命令，他的大夫岂敢放弃他的国家？吴国先祖太伯穿着朝服带着朝帽，行周朝礼节，他的弟弟仲雍接位，断了头发，身上刺青，赤着身体做装饰，这岂是合于礼节呢？因为有不得不然的缘故。"吴国因子贡之言而打消鲁国贡百牢。

子贡出使到吴国，交欢吴太宰伯嚭，不只表明季康子婉拒辞谢来吴国的原因，并暗讽吴国的失礼，子贡还借机称赞孔子。《论语·子罕篇》太宰问子贡说："夫子圣者与？何其多能也！"子贡曰："固天纵之将圣，又多能也。"子贡隔年返回卫国，将与吴太宰对话内容告诉夫子，夫子知道后说："大宰知我乎？吾少也贱，故多能鄙事。君子多乎哉？不多也。"

鲁哀公十年（前485年）鲁国人来卫报告孔子，妻子亓官氏去世。孔子闻知，自是哀痛逾恒。

《论语·先进篇》的孔门弟子四科十贤之说，政事科有二人：冉有、季路。后代许多学人不以为然，认为季路的排序应在冉有之前。

"子路、曾皙、冉求、公西华侍坐章"（《论语·先进篇》）孔子要这四个弟子说说自己的志向，子路率尔而对曰："千乘之国，摄乎大国之间，加之以师旅，因之以饥馑，由也为之，比及三年，可使有勇，且知方也。"冉求接着说："方六七十，如五六十，求也为之，比及三年，可使足民。如其礼乐，以俟君子。"就两人志向比较，季路似乎比冉求高明。

季路亢直、果勇、盲动，孔子称季路"行行然"、"由也喭"、"由也果"，季路的长处，《论语》记载如"子路有闻，未之能行，唯恐有闻"、"片言可以折狱者，其由也与。子路无宿诺。"《史记·孔子世家》说："自吾得由，恶言不闻于耳。"（自从我有了仲由的护侍，恶言恶语再也听不到了。）季路还在孔子欲助公山弗扰据费邑叛变，以及佛肸据中牟叛相召，有欲前往，遭季路重批。孔子甚至连见南子，季路也不悦。

季路是性情中人，以情性处事，性格鲜活，《论语》读来不枯燥，季路犯颜批评夫子，是一大要因。

孔子喜爱季路这个大弟子，宽容以待，并特别重用。孔子在鲁国唯一的一次为政机会，就取用季路为季氏家宰，进行堕三都的任务。但自言"千乘之国，摄乎大国之间，加之以师旅，因之以饥馑，由也为之，比及三年，可使有勇，且知方也"的季路，却无法一鼓作气，堕下郕城。堕郕设若能完成，就能"削三桓强公室"，孔子甚至可借此获得鲁定公大用，不必周游列国。

究其因，季路的人和以及知人显有不足。堕三都不成后，季路遭同门师弟公伯寮打小报告，向季氏说坏话，而季路任用子羔为季氏宰，显然是个人喜好，不只季氏不满意，连孔子都不以为然。

孔子批评季路有勇无谋说："暴虎冯河，死而无悔者，吾不与也。必也临事而惧，好谋而成者也。"（《论语·述而篇》）季路不能临事而惧，好谋而成，堕三都若是由冉求当家宰、季路为家臣，结果可能大不同。

孔子称赞"求也艺，于从政何乎有"（《论语·雍也篇》），"艺"的境界很高，因为孔子说自己"志于道，据于德，依于仁，游于艺"（《论语·述而篇》）。"艺"和"道"、"德"、"仁"并言，冉求随孔子周游列国，进入卫国，就由冉求"仆"、驾车。

哀公十一年（前484年）春天，齐景公因为鲁国去年伐齐的缘故，派大夫国书、高无平率师讨伐鲁国。齐军到清这个地方，季康子对家宰冉求说："齐兵到了清这个地方，一定是将攻打我国，怎么办？"冉求回答说："你季孙一人守国，派叔孙、孟孙跟鲁君在边境上抵御。"季孙说："我无法调动他们。"冉求说："那么叫他们在国界近郊抵抗。"

季孙告诉叔孙和孟孙，二氏仍不肯。冉求说："如果二氏不肯，鲁君也不必亲自出征。只你一人领兵背着城和齐兵一战，而那些不跟随作战的，便不是鲁国人。再者，鲁国都邑居家，总比齐国兵车多些，一家对付敌军一车，绰绰有余，你为何忧虑呢？他们两家不迎战说得过去。现在政权都在你季氏身上，当你执政的时候，齐人来攻伐，你却不能迎战，这是你的羞耻，尔后可能无法和其他诸侯并坐论列。"季康子于是派冉求到朝这个地方，埋伏在靠近党氏的深沟（庄公三十二年，公元前662年，筑台临党氏，所以"党氏"是地方名）。

输人不输阵，叔孙武孙看见冉求积极备战，便喊着问战事。冉求回答说："君子（季氏）自然有远大的计虑，我这种小人有什么知识呢？"孟懿子强问他，冉求回答说："小人是估计了材具才说话，打量了自己的能力而行动的。"孙叔武叔听出冉求的言外之意说："这分明说我不成够当大夫了。"叔孙武叔退下去，赶忙大阅他的军队。

孟懿子的儿子孟孺子（即孟武伯），率领右师，由颜羽御车、邴泄做车右，叔孙氏也加入右军。冉求则领了左师，由管父御车，师门兄弟樊迟做了车右。季康子认为樊迟有些弱，冉求说："樊迟会用命的！"

季氏的兵甲共有七千，冉求又将三百个武城人当作自己的亲兵，老少都在宫室，驻扎在南城门外。过了五天，右师军才赶上来会合。

鲁兵和齐兵战于郊外，齐兵从稷曲前来，冉求的左军却不敢越过深沟去御敌。樊迟说："这不是不能逾沟，而是不相信你的号令。"冉求于是和将士约定三刻逾沟，以长矛直接冲进齐军，结果齐军左师溃逃，抛弃盔甲逃遁的有八十多人，齐军利用夜色遁逃。冉求连请三次追杀齐军，但季康子不应允。

相反，孟孙和叔孙的右师却一路败退，齐人陈瓘、陈庄渡过泗水来追鲁军，《论语·雍也篇》孔子说："孟之反（《左传》作'孟之侧'）不伐，奔而殿，将入门，策其马曰：'非敢后也，马不进也。'"败军何敢言勇，孟之反不伐实际上是已伐。大概，有人向孔子提到这次战役，左军的孟子反败逃，殿后不伐，孔子说出了他的看法。

这次战役，另有一事也值得一书。鲁昭公的儿子公为（《左传》作'公叔务人'，《礼记》作'公叔禺人'），看到疲惫不堪的守城者哭泣说："公事繁顼，租税又重，可苦了百姓，上位者不能谋国，士不能出死力，怎能治民。我既然批评他人，自己能不勉力吗？"公为和他的爱童汪锜都战死了。殡葬的时候，弟子问在卫国的孔子（大夫、士、庶人三日而殡，三月而葬），汪锜年岁小，是否应该用未成年的殇事处理，孔子说："能执干戈，以卫社稷，可无殇也。"

对于冉求善用长矛阵破齐军，孔子说："义也！"义不是道义，而是宜也，冉求破齐军是合宜的，无所巧取的用兵之战。

《史记·孔子世家》记载，冉求立了大功，季康子大喜，问冉求说："先生军旅之能，是学来的呢？还是本来天生的智能呢？"（子之于军旅，学之乎？性之乎？）冉求回说："向孔子学来的。"季康子又问："孔子是怎么样的人呢？"冉求答道："想用他，要有光明正大的名分，即使向老百姓公开宣布，或明告鬼神，都没有遗憾的。我冉求的军旅之道，都是夫子的教诲。虽然有千社（二十五家为一社）这么大的地方给他，也不见得说得动他。"（用之有名，播之百姓，质诸鬼神而无憾。求之至于此道，虽累千社，夫子不利也）季康子再问："我想召他回来，可以吗？"冉求回说："如果有欲召请他回来，就要信任他，不可让小人阻碍他，那是可以的。"（欲召之，则毋以小人固之，则可矣）鲁国因而派人持币往卫国召孔子。

鲁哀公三年（前492年），鲁君召冉求回鲁为季氏家宰，孔子就期盼冉求能助他回母国，不意这一盼，竟然直到鲁哀公十一年（前484年）才成行，已是六十八岁的孔子，在这八九年中，内心是何等的煎熬！

卫国大夫孔文子（"文"是谥，本名仲叔圉）敏而好学，不耻下问，他这大夫的职责又是治宾客，跟孔子关系不差。就在这个时候，孔文子因私人恩怨，有欲攻伐太叔这个人，于是向孔子请教攻打太叔的策略，孔子辞谢表示不知军旅之事。

孔子退离孔文子后，就命令弟子打包行李，放在车上，准备离开。孔文子得知这消息后，赶来劝止孔子离开。

孔子不是不重视兵战，他向子贡说为政之道在足食、足兵、立信，他也自信"我战则克"，但动兵劳民伤财，终是不得已的下策。孔子游历列国，为的是造福百姓，不是帮国君打仗。为政与兵战大不同，孔子前回离卫，即因卫灵公问兵阵。孔文子不了解孔子喜言为政而罕言治军，重蹈卫灵公的覆辙，问兵战于孔子，孔子焉能不走。不过，由于孔文子留他言辞恳切，解释说，"他有欲向太叔攻伐，为的是防止卫国的动乱"，孔子本来有意接受慰留，正巧鲁君派使者来，以币迎孔子回鲁。

去时容易回时难，鲁、卫是邻国，孔子离开鲁国才五十五岁，而今已六十八岁，先后凡十四年。这十四年中，孔子走遍了卫、郑、宋、曹、蔡、陈、楚等春秋晚期主要国家，求见了七十多国国君，后世故称孔子"周游列国"，但十四年来，孔子不仅未受诸侯重用，甚至困厄于匡、蒲、陈、蔡、宋诸国间，在陈甚至绝粮。

孔子如果想回鲁，只是几天路程，但孔子迟迟未行，直至十四年后才得以成行，即是"待时"。

孔子离开母土鲁国，当时身份是鲁国大夫，他带了一大批弟子随行，在母国无法得志行道，有志到他国施展所学抱负，他的远游是当时一件大事，倡导"正名"的孔子，当然也得以正当的名分回鲁。

鲁国国政掌握在季孙氏手中，季桓子知道孔子之才，故而死前嘱咐嗣子季康子召回孔子辅相，但季康子终究不认识孔子（**季康子曾问冉求"孔子何如人也"**）；冉求当不时相机，欲迎夫子回鲁，但苦无机会，即使子贡受季康子之召，帮季康子，似乎也没有劝说季康子召孔子回鲁机会。直到冉求这次率领季氏军打败来犯齐军，孔子回鲁的曙光终于出现。

鲁国军队分四军，季孙氏居其二，但在阳货叛乱、堕三都时，季孙氏军队表现远不如孟孙氏。这回，齐军来犯，打败了孟孙氏和叔孙氏率领的右军，幸好冉求的左军击溃了齐军，让季康子喜出望外，才提问冉求的军事才华学自何人？冉求既说学自孔子，季康子自然得重视立功的冉求建言，召孔子回鲁。

古人七十称老致仕，也就是人在七十的年岁就应该辞官退隐，孔子受召时已是六十八岁了，入朝为政的机会不多，但季康子愿意以币召回孔子，还有一个原因。《史记·孔子世家》说季康子刚好在那时候"逐公华、公宾、公林"，公华、公宾、公林三人是鲁哀公的公族族人，三人可能在那时候颇具权势，季康子心想，孔子学生众多，人才济济，冉求、子贡皆是孔子弟子，若召回孔子，就可以重用孔子弟子了。

"币"本为缯帛。古时以束帛为祭祀或赠送宾客的礼物，后来称其他聘享的礼物，如车马玉帛等，也称"币"。"币迎孔子"虽是季康子决定的，却仍须用国君鲁哀公之名。"币迎"不只赠礼物，也有名位。孔子回鲁后，说他"从大夫之后"即下大夫。

古人执杖有规定，五十之前体未衰，不能手执拐杖，五十始衰才可执杖，但执杖只能在家中，六十执杖于乡，七十执杖于国，八十执杖于朝。孔子回鲁返乡，手执拐杖。人事已非，夫人亓官氏去年过世，迎接他的不只是儿子孔鲤，还有孙子孔伋（《礼记·檀弓上》曾子曰："小功不为位也者，是委巷之礼也。子思之哭嫂也为位，妇人倡踊。"这段文字说子思哭死去的嫂子尊古礼，站在特定的位置上。"子思哭嫂"，意思说子思有个哥哥，只是哥哥不出名，被遗忘了，后学皆认为子思是孔子唯一孙子），以及曾孙孔白，四代同堂，孔子已是耆老之人。但孔子年纪虽老，他那与天同寿之名和千秋百世的志业，却正要起步。

第十三章

儒者，人之需

汝为君子儒，今众人之命儒也妄

鲁哀公、季康子以币迎孔子回鲁。孔子回鲁后，当然要登门拜谢鲁君和季氏。孔子不是个人前往，他的随行弟子大都是陪他周游列国的门人，冉求、子贡除外，可能包括颜渊、季路、宰予、有若、子游、子夏、仲弓。

孔子从二十出头开始收徒讲学，至六十八岁回鲁，将近半世纪，孔门弟子遍及各诸侯国，为数可观，形成了一个有影响力的文化教育团体，社会上对这一大批懂得礼节进退、弹击各种乐器、能诵读《诗》《书》的学有专业、技艺娴熟之士，称为"儒"，孔子则是"儒"的代表人物。

鲁哀公未见过孔子，对孔子的粗浅印象即是"儒"，但他对"儒"评价并不高，见到孔子后就问："夫子之服，其儒服与？"

人初次见面，先从外表认识，鲁哀公看到孔子衣饰，感觉怪怪的，与一般人所穿似乎不同，便开口问孔子所穿的衣饰是不是"儒服"。

《论语·乡党篇》记述孔子的衣着是这样的："君子（孔子自称）服色不用天青色和铁灰色镶边，不穿浅红色和紫色的家居服。暑天，穿粗细的葛布单衣，一定要裹着衬衫，使它露在外头。冬天，黑色衣配紫羔，白色衣配麑裘，黄色衣配狐裘。居家皮袄较长，右袖比左袖短些。"

古人衣饰重颜色，孔子穿着不是讲究华服美衣，而是有他的选择，色彩素雅，不穿紫色或红色内衣，皮袍子的右袖较短，大概为了方便写字。《礼记·儒行篇》孔子说："丘少居鲁，衣逢掖之衣；长居宋，冠章甫之冠。丘闻之也，君子之学也博，其服也乡，丘不知儒服。"所谓"衣逢掖之衣"是穿一种腋下宽大的衣服，类似今日日本的和服。"长居宋，冠章甫之冠"这句话不正确。孔子生、长皆在鲁国，何有"长居宋"？孔子又自言为邦之道："行夏之时，乘殷之辂，服周之冕。"孔子既然说要戴周朝的礼帽，就不是戴殷朝的帽子（"章甫"，缁布冠，殷冠），"长居宋"疑是"长居鲁"之误。

孔子这种衣着应该是个人的穿着品味和习惯，但鲁哀公问他所穿的衣服是不是所谓的"儒服"。孔子回说"其服他乡，丘未知儒服也"，孔子说他穿的只是一般乡人的衣服，且说他并不知道什么是"儒服"。

孔子穿的衣着是不是儒服，并不重要，孔子曾说："士志于道，而耻恶衣恶食者，未足与议也。"（《论语·里仁篇》）反而是鲁哀公身为一国之君，会有"儒服"之问，即说明鲁哀公或一般鲁国人都将孔子当成"儒"。

《论语》虽然只出现过"儒"字二次，即孔子训诲弟子子夏说"汝为君子儒，无为小人儒"，但可推论，孔子屡向弟子说儒，鲁国人也有人听闻孔子谈儒重儒，只是《论语》未记录，鲁哀公才会一看孔子所穿衣饰跟别人些许不同，就猜测孔子穿的就是"儒服"。

"儒"这个字不是始自孔子，周公所著《周官》这部书就有清楚规范。

《周官·天官冢宰》记载，"儒"是九种治民之道之一。"儒以道得民"，儒是用"道"来得到人民尊崇。什么是"道"？《地官司徒》说："以乡三物教万民而宾兴之：一曰六德，知、仁、圣、义、忠、和；二曰六行，孝、友、睦、姻、任、恤；三曰六艺，礼、乐、射、御、书、数。""道"就是"德"、"行"、"艺"，而《周官》各举六者。

孔子教学重"德行"。孔门四科的第一科即"德行"，代表弟子是颜渊、闵子骞、冉伯牛、仲弓。《论语》所谈的"德"，大抵不出智、仁、圣、义、忠、和；《论语》所谈的孝悌之道，亦涵括于孝、友、睦、姻、任、恤诸"行"中。

礼、乐、射、御、书、数等"六艺"，是当时主要生活技艺，"礼"指的是生活各种礼仪，《仪礼》的内容来源甚古，涉及面广，从冠、婚、飨、射，到朝、聘、丧、葬等人生应对仪节巨细靡遗，犹如古代一幅社会生活长卷，必须专业人士指导一般百姓面对遵循，儒者扮演了这一角色。《仪礼·士冠礼》说："冠义。始冠，缁布之冠也。太古冠布，齐则缁之。其緌也，孔子曰：'吾未之闻也，冠而敝之可也。'"今文学家认为《仪礼》是孔子作的，古文学家则认为是周公作的。"乐"指的是吹弹演奏，古时礼乐不可分，行礼得奏乐。《礼记·乐记》说："然后发以声音，而文以琴瑟，动以干戚，饰以羽旄，从以箫管，奋至德之光，动四气之和，以着万物之理。"琴瑟、干戚、羽旄、箫管非常人所能，有赖儒者辅助教导。"书"是书写，古文的认知使用也非一般百姓所能，文书往来亟须学有专才的儒者帮忙。"数"用于生活计数沟通、交易日用，货殖往来。度量衡未统一之前，借助专精儒者，不可或缺。

"六艺"中的射艺和御艺，古时十分重视，射艺不是简单的射箭而已。《礼记·射义》说，古代诸侯举行大射的时候，要先举行燕礼，卿、大夫、士举行乡射的时候，要先举行乡饮酒礼。燕礼用以明君臣之义，乡饮酒礼用以明长幼之序。所以，射艺有教化功能。天子也举行射礼，用以选诸侯、卿、大夫、士。射箭是男子的要事，天子之射时，要用礼乐文饰。天子的大射叫"射侯"，射中靶心就能当诸侯。古代天子祭天，所以叫"天子"，天子将要祭祀，先在泽宫选择助祭的人。泽宫比射之后，又在射宫比射。射中的就能参加天子的祭礼。

"六艺"的御，不只御马，还有御民、御政的深意在。《大戴礼记》说："善御马者，正衔勒（马勒口中），齐辔筴（马棰），均马力，和马心，故口无声，手不摇，筴不用，而马为行也；善御民者，正其德法，饰其官，而均民力，和民心，故听言不出于口，刑不用而民治，是以民德美之。古人御政以治天下者，冢宰之官以成道，司徒之官以成德，宗伯之官以成仁，司马之官以成圣，司寇之官以成义，司空之官以成礼。故六官以为辔，司会均入以为轴，故御四马，执六辔，御天地与人与事者，亦有六政。"（《大戴礼记》言"六官"，末文说："司空之官以成礼"，可知《周官》佚失的《冬官》即"司空"。）

孔子早年学儒，孔子之学不离"德行"，孔子本人又精"六艺"，儒以六德、六行和六艺教民，也以六艺之能谋生，孔子所忧的只是后学专注以六艺为谋生的职业之用，忽略人文的德行大本，像学礼只学玉帛之用，学乐只会敲钟打鼓，因而感叹说："礼云礼云，玉帛云乎哉？乐云乐云，钟鼓云乎哉？"（《论语·阳货篇》）学儒只学"小人儒"。

《论语·子路篇》樊迟请学稼。子曰："吾不如老农。"请学为圃。曰："吾不如老圃。"樊迟出。子曰："小人哉，樊须也！上好礼则民莫敢不敬。上好义，则民莫敢不服。上好信，则民莫敢不用情。夫如是，则四方之民，襁负其子而至矣！焉用稼？"孔子自言"吾少也贱，故多能鄙事"，所以不会轻视为农为圃，但为农为圃是分地之利，以养父母的一般小民，亦即孔子所谓的"小人儒"，孔子希望樊迟学好礼、好义、好信的"君子儒"。

孔子七十从心所欲不逾矩，回鲁已六十八岁，将人道与天地之道合德，对儒作了耳目一新、影响久远的诠释，使"儒学"得以成家，"大儒"足以定国安邦，使儒的教化成为中华文化的主流文化。

周游列国后，孔子智周万物，建构出儒者道济天下的弘规。孔子融贯《周官》的"儒"、"师"、"吏"，提出了不重视儒服而重视儒行的"君子儒"，这个孔子心目中所谓的"儒行"，借着鲁哀公之问，说出了十七种大儒之行，形塑了儒者的风范气象，激励弟子士人自立立人。这十七种儒行（《礼记·儒行篇》）是这样的：

一、儒有席上之珍以待聘，夙夜强学以待问，怀忠信以待举，力行以待取。其自立有如此者。（儒者有如席上珍宝，等待君上聘问采用；早晚努力学习，来等待聘问；心怀忠信，来等待有位之人的荐举，勉力而行，来等待取用。儒者的自立就是这样的。）

二、儒有衣冠中，动作慎；其大让如慢，小让如伪；大则如威，小则如愧；其难进而易退也，粥粥若无能也。其容貌有如此者。（儒者衣冠中正，动作审慎；临大利而辞让，举止从容，临小利而谦让，如无心之为；做大事如履薄冰，做小事如心怀愧疚；儒者不会躁进而易于谦退，柔弱谦卑的神情好像无能的样子。儒者的容貌就是这样的。）

三、儒有居处齐难，其坐起恭敬；言必先信，行必中正；道涂不争险易之利，冬夏不争阴阳之和；爱其死以有待也，养其身以有为也。其备豫有如此者。（儒者平居庄重谨慎，一坐一起都心存恭敬；言辞以信用为先，行为必守中正不倚原则；路途上不跟人争先恐后，冬天夏天不与人争暖和凉快；爱惜生命为了有所等待，保养身体为了有所作为。儒者从政前修养准备就是这样的。）

四、儒有不宝金玉，而忠信以为宝；不祈土地，立义以为土地；不祈多积，多文以为富。难得而易禄也，易禄而难畜也。非时不见，不亦难得乎？非义不合，不亦难畜乎？先劳而后禄，不亦易禄乎？其近人有如此者。（儒者不以金玉为宝贝，而宝爱忠信；不祈望得土地之利，而建立道义当作土地；不祈望多积财富，而把多学得来的文化知识当财富。儒者认为道义难得，利禄可轻，因为轻忽利禄，所以难以蓄养。儒者时不至不现身，岂非难得？非道义不合作，岂非难以畜养？以劳心劳身为先，把利禄置之于后，岂非轻忽利禄？儒者的待人接物就是这样的。）

五、儒有委之以货财，淹之以乐好，见利不亏其义；劫之以众，沮之以兵，见死不更其守；鸷虫攫搏不程勇者，引重鼎不程其力；往者不悔，来者不豫；过言不再，流言不极；不断其威，不习其谋。其特立有如此者。（儒者特立，有人以钱财货物赠送他，以玩乐嗜好沉溺他，但儒者不会见利而亏损义；有人利用众势力胁迫他，以武器恐吓他，儒者不会面对死亡威逼而改变操守；儒者遭到鸷鸟猛兽攻击，挺身相搏，不度量自己武勇力量足不足，牵引重鼎，不度量自己体力够不够；过去的不追悔，未来的不作预测；说错的话不会再犯，听到流言不屑于刨根究底；不断地保持自身的威仪，不研习权术谋作。儒者立身独特就是这样的。）

六、儒有可亲而不可劫也，可近而不可迫也，可杀而不可辱也。其居处不淫，其饮食不溽，其过失可微辨而不可面数也。其刚毅有如此者。（儒者可以亲近而不可以遭劫持，可以接近而不可以强迫，可以杀身而不可以侮辱。他们的居处不奢淫，他们的饮食不丰厚，他们的过失可以委婉地辨析说明，而不可当面数落。儒者的刚强坚毅就是这样的。）

七、儒有忠信以为甲胄，礼义以为干橹；戴仁而行，抱义而处；虽有暴政，不更其所。其自立有如此者。（儒者用忠信作为盔甲，用礼义作为盾牌；如佩戴着仁而行止，怀抱着义而居处；即使有暴政，也不变更自己所应坚守。儒者的自立就是这样的。）

八、儒有一亩之宫，环堵之室，筚门圭窬，蓬户瓮牖；易衣而出，并日而食；上答之不敢以疑，上不答不敢以谄。其仕有如此者。（儒者有一亩大小的宅院，四周一丈见方的房间，竹子编的院门，又在院墙挖出上尖下方形如圭的小旁门，用蓬草编的房户，用破瓮为边框做的窗；全家只有一件完整外衣，谁出门就换上，两天吃一天的粮食；君上答应采纳自己建议，不敢疑虑，君上不应允自己的建议，不敢诤谏进言。儒者做官入仕清廉奉公的行举就是这样的。)

九、儒有今人与居，古人与稽；今世行之，后世以为楷；适弗逢世，上弗援，下弗推，谗谄之民有比党而危之者；身可危也，而志不可夺也；虽危起居，竟信其志，犹将不忘百姓之病也。其忧思有如此者。(儒者与今人同安其居，与古人合其进德修业之志；儒者今世行事，可作为后世楷模；儒者未逢盛世，上边没人援引，下边没人推荐，进谗言、献谄媚的人又结党欲加危害；身体可以危害，而志向不可以剥夺；即使危及生活起居，最终还能伸展自己志向，仍将念念不忘百姓的病苦。儒者的忧患思念就是这样的。)

十、儒有博学而不穷，笃行而不倦，幽居而不淫，上通而不困；礼之以和为贵，忠信之美，优游之法；慕贤而容众，毁方而瓦合。其宽裕有如此者。(儒者广博学习而无止尽，诚恳专注落实于行而不厌倦，隐居独处的时候不淫邪放纵，通达于上的时候不失态困窘；遵循礼以和为贵的原则，本着忠信美德，应用优游闲适的方法；仰慕贤能的人而包容群众，削损自己方正的棱角而融和众人，有如房瓦的叠合。儒者的宽容大度就是这样的。)

十一、儒有内称不辟亲，外举不辟怨；程功积事，推贤而进达之，不望其报，君得其志；苟利国家，不求富贵。其举贤援能有如此者。(儒者推荐人才，只要对方才德兼备足以胜任，对内不避称誉亲人，对外不避推举怨家。儒者度量功绩，积累事功，推荐贤能而进达于上，不祈望报答，助君完成用贤之志；只要有利于国家就行，儒者并不因荐贤而求富贵。儒者推荐援引贤能的态度就是这样的。)

十二、儒有闻善以相告也，见善以相示也；爵位相先也，患难相死也；久相待也，远相致也。其任举有如此者。(儒者知道善事就互相告知，见到善事就互相传示；有了爵位就互相推先，有了患难就共生死；知交久在下位就等待他的升迁，知交在远方不得意就招致他来入仕。儒者对待和荐举志同道合的知交，就是这样的。）

十三、儒有澡身而浴德，陈言而伏，静而正之，上弗知也，粗而翘之，又不急为也；不临深而为高，不加少而为多；世治不轻，世乱不沮；同弗与，异弗非也。其特立独行有如此者。（儒者有如沐浴于道德之中，陈述自己建言而伏听于德，能定静正心，长上不知道，则略加启发，又不操之过急；不临深渊险境而自以为高明，不妄加自己的鲜少，而自诩为多；世局平治，处事不自轻，世局混乱，坚守正道而不沮丧；与他人意同，不营私结党，意见相左，也不对他人诽谤诋毁。儒者的特力独行就是这样的。）

十四、儒有上不臣天子，下不事诸侯；慎静而尚宽，强毅以与人，博学以知服；近文章砥厉廉隅；虽分国，如锱铢，不臣不仕。其规为有如此者。（儒者规范自己，不只能进，也能退，欲退时，上不为天子的臣下，下不事奉于诸侯；审慎定静崇尚宽和，刚强坚毅而善与人交，广博学道服膺圣贤；亲近文采章法，砥砺自己的品格方正；即使把国家分封给他，视如轻微小物，不为臣不出仕。儒者自我砥砺的器量就是这样的。）

十五、儒有合志同方，营道同术；并立则乐，相下不厌；久不相见，闻流言不信；其行本方立义，同而进，不同而退。其交友有如此者。（儒者的交友志趣相合，方向相同，营求道术相同；乐于并立行道，彼此地位有上有下，不厌离；久不相见，听到批评朋友的流言蜚语，绝不相信。行为本乎方正，交友建立在道义上。志向相同就同进，不同就退避。）

十六、温良者，仁之本也；敬慎者，仁之地也；宽裕者，仁之作也；孙接者，仁之能也；礼节者，仁之貌也；言谈者，仁之文也；歌乐者，仁之和也；分散者，仁之施也。儒皆兼此而有之，犹且不敢言仁也。其尊让有如此者。（温和良善是仁的根本，恭敬谨慎是仁的质地，宽弘不器是仁的兴作，谦逊接物是仁的功能，礼节是仁的外在行为，言谈是仁的文采，歌乐是仁的内心和乐，分财散物是仁的布施。儒者兼有这些善德，尚且不敢说为仁人。儒者的尊仁谦让就是这样的。）

十七、儒有不陨获于贫贱，不充诎于富贵，不愿君王，不累长上，不闵有司，故曰儒。今众人之命儒也妄，常以儒相诟病。（儒者不因贫贱而困窘失志，不因富贵而骄奢失节，不因君王而困辱，不因长官受威吓，不因官吏刁难而违道困穷，所以叫传儒。现在人们对儒的内涵理解是虚妄不实的，故而常对儒诟病批判。）

《礼记·儒行篇》说，孔子从卫国回到鲁国，归至其家后，鲁哀公以公馆招待孔子住宿，见孔子服饰有些奇怪，问他所穿是不是"儒服"，孔子否认后，鲁哀公问"儒行"，听到孔子所陈述的"儒行"，感慨地说："终我一生，再不敢拿儒者开玩笑了。"

《儒行篇》虽说是孔子从卫国回鲁国后，向鲁哀公说的，但观阅《儒行篇》，孔子勾勒出的"儒行"，应该是孔子收徒后，长久观察彼时儒者以六艺之术维生，成为"小人儒"，而忽略德行的君子之道，于是向弟子陈述如何当个"君子儒"，亦即为"君子儒"之方。不过，《儒行篇》的完整思维架构，待结束列国之行后才确立。我们可以将具体可行的儒者之行，与《论语》相印证。

《儒行篇》说"爱其死以有待也，养其身以有为也"，即《论语》孔子肯定"桓公杀公子纠，召忽死之，管仲不死"的爱死有待之道。

《儒行篇》说："儒有内称不辟亲，外举不辟怨；程功积事，推贤而进达之，不望其报，君得其志。"《论语》说："公叔文子之臣大夫僎，与文子同升诸公。"孔子不只认为公叔文子谥"文"，确是名副其实，也肯定公叔文子是儒者。

《儒行篇》说："非时不见，不亦难得乎？非义不合，不亦难畜乎？"《论语》记载："阳货欲见孔子，孔子不见。"

《儒行篇》说："先劳而后禄，不亦易禄乎？"《论语》说："仁者先难而后获，可谓仁矣！"

《儒行篇》说："儒有博学而不穷，笃行而不倦。"《论语》说："君子博学于文，约之以礼，亦可以弗畔矣乎！"

《儒行篇》说："儒有合志同方，营道同术……同而进，不同而退。"《论语》说："以文会友，以友辅仁"、"道不同，不相为谋。"

《儒行篇》说："身可危也，而志不可夺也。"《论语》说："三军可夺帅也，匹夫不可夺志也。"

《儒行篇》说："儒有不损获于贫贱，不充诎于富贵。"《论语》说："富与贵，是人之所欲也；不以其道得之，不处也。贫与贱，是人之所恶也；不以其道得之，不去也。"

《儒行篇》说："儒有席上之珍以待聘、夙夜强学以待问，怀忠信以待举，力行以待取"、"儒有不宝金玉，而忠信以为宝"、"儒有忠信以为甲胄，礼义以为干橹；戴仁而行，抱义而处"、"儒有博学而不穷，笃行而不倦，幽居而不淫，上通而不困；礼之以和为贵，忠信之美，优游之法"上述四儒皆重"忠信"。《论语》言行亦以"忠信"为主，《论语》说："君子不重则不威，学则不固。主忠信，无友不如己者，过则勿惮改"、"十室之邑，必有忠信如丘者焉，不如丘之好学也"、"言忠信，行笃敬，虽蛮貊之邦，行矣。"

孔子回鲁后，慎思明辨，深造有得。人之生也直，性接物而情欲生，喜、怒、哀、乐、爱、恶、欲等七情并非性，而是性感于物而后动，才有情欲，古代先王因而敬慎接物外感，故以礼乐刑政来同民心而出治道，让情欲和顺于道德，对治方法从富贵贫贱的得失入手，即是君子食无求饱、居无求安，贫而乐、富而好礼，也就是要克己复礼。

克己复礼得先建立"己所不欲，勿施于人"的恕道情操，再阐扬"己欲立而立人，己欲达而达人"的积极造士精神。《儒行篇》从自立、容貌、备豫、特立、刚毅、入仕、忧思、宽裕、举贤、援能、规为、交友等方面规范。

孔子晚年作《易·系辞传》说："天地之大德曰生，圣人之大宝曰位，何以守位曰仁。""圣人之大宝曰位"，圣人最可贵之宝就在"位"。什么叫"位"？孔子在《论语》说"不患无位，患所以立"，不忧患自己没有位，只忧患自己是不是有所"立"。何以能立就有位呢？因为"位"这个字就是"人"和"立"的复合词。一个"人"若能"立"，就有"位"了。孔子在晚年回顾自己的年轮、阅历，说他"十有五而志于学"、"三十而立"，"而"当"能"字解。十五岁能志于学，即己立；三十而立，则已达到立人的境界。

亦即"己立"后，进而"立人"，也就是自己能正位、位其位后，还要博施济众、道济天下，期望天下人也都能己立立人、人人皆有士君子之行。在大一统的大道世界中，人人都是龙，都是无首大吉的龙，都能时乘六龙以御天下事。

《儒行篇》是孔子的圆通思维，在十七项儒行之中，有二项谈儒的"自立"、二项谈儒的"特立"，也就是孔子谈儒行有四分之一在训诲弟子或教导后学能己立立人、立身行道。

《儒行篇》说儒的"自立"有二：儒行第一："儒有席上之珍以待聘，夙夜强学以待问，怀忠信以待举，力行以待取。其自立有如此者"。儒行第七："儒有忠信以为甲胄，礼义以为干橹；戴仁而行，抱义而处；虽有暴政，不更其所。其自立有如此者。"

后学说儒，常引《说文解字》："儒，柔也，术士之称。"将儒者说成柔顺的术士，但儒行的十七儒是坚苦卓绝、奋励昂扬之士，《儒行篇》还特别标举儒之刚毅，与儒柔之训相反。孔子说儒者之行，要能自立，而所谓的自立标准是"忠信以为甲胄，礼义以为干橹；戴仁而行，抱义而处"。孔学主刚健不息，儒者不能偷情苟且，畏搜退隐，要能革新、奋发、有德有行。如无惧的斗士，披挂上阵的甲胄是"忠信"，杀伐的干戈是"礼义"，所行无非仁行，所怀无非道义。这是何等的自我砥砺。即因儒者有如此节操风仪，又加以夙夜强学，自强自立，所以儒者自信有如席上的珍肴，以待王者君上的聘问举用。

《儒行篇》言儒的"特立"有二：

《儒行篇》五："儒有委之以货财，淹之以乐好，见利不亏其义；

劫之以众，沮之以兵，见死不更其守；鸷虫攫搏不程勇者，引重鼎不程其力；往者不悔，来者不豫；过言不再，流言不极；不断其威，不习其谋。其特立有如此者。"

《儒行篇》十三："儒有澡身而浴德，陈言而伏；静而正之，上弗知也；粗而翘之，又不急为也；不临深而为高，不加少而为多；世治不轻，世乱不沮；同弗与，异弗非也。其特立独行有如此者。"

《儒行篇》既言儒之"自立"，何以又言儒之"特立"，甚而说儒之"特立独行"呢？"自立"是己立、立己的内圣功夫；"特立"强调"见利不亏其义，见死不更其所"、"不临深而为高，不加少而为多"，说的是行，乃立人的外王功夫。

人道政为大，儒家特别重视为政之道，《儒行篇》有仕进、举贤援能、任举、不臣不仕等文。孔子身处无道乱世，特别重视合志同方、营道同术，面临暴政时，能不更其所守，养成"上不臣天子，下不事诸侯"、"难得而易禄也，易禄而难畜也"、"世治不轻，世乱不沮"等"虽天下人吾往矣"的卓然特立，以及"身可危也，而志不可夺也"的独往孤行风骨情操，达臻"苟不利国家，不求富贵"、"虽危起居，竟信其志，犹将不忘百姓之病也。"

《儒行篇》的儒者之行重视为政，即因孔子将"儒"与"士"（吏）合为"儒士"，既以德行自勉，亦为国家人民储备治世贤才。

"儒"不是柔术，"儒士"要能己立立人，要能安人安百姓，要能任天下之重，要能仰不愧天俯不怍人，让懦夫有立志，要能承天下之重，知其不可而为之。遗憾的是，孔子当时之儒却自困于贫贱富贵的小器窠臼中，即使得以仕进，也是受辱于君王，累身于上司，对一些上司唯命是从。针对当时众人不了解真正的儒，对儒作虚妄的诟病，孔子因而给儒重新定位："儒有不陨获于贫贱，不充诎于富贵，不愿君王，不累长上，不闵有司，故曰儒。"

《论语·里仁篇》说："有能一日用其力于仁矣乎？我未见力不足者。"《论语·子罕篇》孔子感叹颜渊说："惜乎吾见其进也，未见其止也"、"语之而不惰者，其回也与？"可以证明"儒"非"柔术"，而是为天下人之所需而雄健夺发之士。

孔子开展儒者风貌，以君子儒教诲弟子，而在儒者原有的知、仁、圣、义、忠、和等"六德"中，特别标准知、仁，《儒行篇》十七儒无一非智者之言，而统合众德为仁，故而说："温良者，仁之本也；敬慎者，仁之地也；宽裕者，仁之作也；孙（逊）接者，仁之能也；礼节者，仁之貌也；言谈者，仁之文也；歌乐者，仁之和也；分散者，仁之施也。儒皆兼此而有之，犹且不敢言仁也。其尊让有如此者。"

儒者尊让，孔子有一大跟弟子季路、曾皙、冉有、公西华一起，要这些弟子说说自己的抱负，子路抢着说："千乘之国，摄乎大国之间，加之以师旅，因之以饥馑；由也为之，比及三年，可使有勇，且知方也。"夫子哂之。"哂之"是露齿而笑，曾皙就问孔子何以露齿而笑，孔子回说："为国以礼，其言不让，是故哂之。"此即子路不懂得尊让。

"儒皆兼此而有之，犹且不敢言仁也"，这是君子儒应有的襟怀，君子儒即使能达到温良、敬慎、宽裕、孙接、礼节、言谈、歌乐、分散等德，但因尊让，所以不敢言自己是仁人、仁者。孔子的弟子子贡说孔子"温、良、恭、俭、让"五者都是仁德，孔子亦曾自言"仁远乎哉？我欲仁，斯仁已矣"，但因仁之基在尊让，当他的弟子公西华称赞夫子圣与仁，孔子回说："若圣与仁，则吾岂敢？抑为之不厌，诲人不倦，则可谓云尔已矣。"吴太宰称赞孔子是圣者多能，孔子说他的多能，是因为"吾少也贱"。

孔子自己尊让，自然也要弟子尊德，像孟武伯问弟子季路、冉求、公西华是不是仁人、仁者，孔子回答"不知其仁"，不是说这些弟子做不到仁者的境界，而是仁含摄诸德，而以尊让为基，每个弟子虽都有几种合乎君子儒的仁行，但不好称之是"仁者"、"仁人"。

仁含摄诸德，仁德非口说，必须能行，因而弟子问仁，孔子就近取譬，无一事可离开仁。虽是小事小行，却是行仁下手处。

颜渊问仁。子曰："克己复礼为仁。"（《论语·颜渊篇》）

仲弓问仁。子曰"出门如见大宾，使民如承大祭。己所不欲，勿施于人。在邦无怨，在家无怨。"（《论语·颜渊篇》）

司马牛问仁。子曰："仁者，其言也讱。"（《论语·颜渊篇》）

樊迟问仁。子曰："居处恭，执事敬，与人忠。虽之夷狄，不可弃也。"（《论语·子路篇》）

子贡问为仁。子曰："工欲善其事，必先利其器。居是邦也，事其大夫之贤者，友其士之仁者。"（《论语·卫灵公篇》）

子张问仁于孔子。孔子曰："能行五者于天下，为仁矣。"请问之。曰："恭、宽、信、敏、惠。恭则不侮，宽则得众，信则人任焉，敏则有功，惠则足以使人。"（《论语·阳货篇》）

世人对儒的看法大都非正知正见，不知君子儒应有的言行，常妄说儒，而且胡乱诉病诋毁儒，孔子回鲁借着鲁哀公问儒行，待鲁哀公"命席"，命令官员铺设席位，才陪席道出详备的"儒行"，给"君子儒"定位。

孔子回鲁后收的弟子之一子夏，长于文学，缺乏恢宏积健气象，同门师兄弟子游说："子夏之门人小子，当洒扫应对进退则可矣！抑末也！本之则无，如之何？"孔子则直接勉励子夏说："女为君子儒！无为小人儒！"《论语》谈到儒的章节，就只有《雍也篇》这章的"子谓子夏曰"，但孔子不光为子夏说君子儒，也督励每个弟子都做君子儒。《论语·学而篇》首章："学而时习之，不亦说乎？有朋自远方来，不亦乐乎？人不知而不愠，不亦君子乎？"孔子说"君子"即言"君子儒"；《论语》末篇《尧曰篇》末章，孔子说："不知命，无以为君子也；不知礼，无以立也；不知言，无以知人也。"亦是勉弟子成"君子儒"。《论语》一书套用毓老师讲解"《论语》是论道之语"、"《论语》是结论之语"的说法，《论语》也是"论君子儒之语"。(《礼记·儒行篇》的"爱其死以有待也"，与秦汉以后独裁帝制，君要臣死臣不敢不死的封建思想大不同；"儒有上不臣天子，下不事诸侯"即是《春秋》所谓的"贬天子，退诸侯"，《儒行篇》的思维不见容于后世迂腐学人，批《儒行篇》非孔子所作。)

鲁哀公问孔子穿的衣服是不是儒服，并非求知之问，而是顺口之辞，孔子回说"丘不知儒服后"，鲁哀公再接着"敢问儒行"。鲁昭公是一国之君，孔子是鲁国百姓，鲁哀公口说"敢问"，神情恭敬，但也只是一般简单请教，不料孔子却说："仓促简单说说，不能好好说尽真正的儒行，如果不敷衍，详细数说，以至于更换侍候的劳累仆人，也讲述不完。"鲁哀公听孔子如此说，便命令准备座席，让陪坐的孔子如数家珍，而他则洗耳恭听。

孔子以"儒有席上之珍以待聘，夙夜强学以待问"为儒行之始，鲁哀公听完这一桌珍席后，对孔子不由得肃然起敬。

孔子说完儒行后，鲁哀公又问政，孔子对答："政在选臣。"为政之道千头万绪，国家要强人民要富，这非国君一人之能，国君需要选择一批贤才良臣，孔子简单回说："政在选臣。"

孔子的随行弟子，个个看来都是可用之臣，鲁哀公问了言行举止神似孔子的有若（子游有此说）说："年饥用不足，如之何？"有若对曰："盍彻乎？"曰："二，吾犹不足，如之何其彻也？"对曰："百姓足，君孰与不足？百姓不足，君孰与足？"（这答问也有可能非有若陪孔子见鲁哀公之问，而是他日鲁哀公向有若之问。）

"彻"是古时田税名称，通盘计算，税取十分之一。鲁哀公因用度不足，问有若有何办法，有若却说不如采行十分之一的税则，鲁哀公直言说，目前税制十取二，还不够用，怎么可能十取一呢？

鲁哀公又转问宰予三代的社树，宰予回道："夏后氏以松，殷人以柏，周人以栗，曰：'使民战栗'。"宰予回对鲁哀公所问的三代社树是夏松、殷柏、周栗，已经是标准答案了，可是善于言辞的宰予意犹未尽，却还卖弄说周人何以用栗树为社树，为的是使人民战栗。

宰予的曲解，离事实太远了。孔子和弟子一行人离开鲁哀公后，孔子忍不住责备宰予说："成事不说，遂事不谏，既往不咎。"（你这浑小子将周代社树用栗树说是为了使老百姓战栗，真是太扯了。算了，已成的事，不能再挽回了。不善的事，就让它过去吧！）

孔子的儒行说，深深感动了鲁哀公："孔子至舍，哀公馆之，闻此言也，言加信，行加义：'终没吾世，不敢以儒为戏。'"

"儒"是"人"和"需"的复合名词，"儒"即"人之所需"，儒士所言所行即要以人的需要作为行事标准，不能违背人性，不能忤逆人伦，做人要像个人，能顶天立地，有德有行，求经天纬地之文，修博施济众襟怀。

"智者不惑"、"四十而不惑"，孔子自言他在四十岁已能确定其学。先知觉后知，先觉觉后觉，孔子广收门徒，循循善诱入门弟子。孔子所收弟子，大抵德行无亏，七十子凛遵"学而不讲"为夫子四忧之一的教诲，接踵设帐讲学，以君子儒自勉自励，孔学终成一大家——儒家，而后世遂称孔子为儒家之祖。

第十四章　删订《诗》《书》《礼》《乐》，孔子集大成
作《易传》，与颜渊藏道于民

鲁哀公虽然贵为鲁国之君，却无实权，孔子得以回鲁，全是季康子的一人主意。孔子拜谢鲁哀公后，必定前往季府拜谢。

　　向孔子请益的当时君臣，知道孔子善为政，都会问政于孔子。孔子回答季康子说："政者，正也。子帅以正，孰敢不正。"儒家重返求诸己，孔子从三十五岁回答齐景公问政，就提出"君君，臣臣，父父，子子"的正己主张；三十多年后回答季康子问政，同样是正己而后正人（"子帅以正"，正己；"孰敢不正"，正人）。

　　季康子世袭鲁国执政正卿之位后，自觉尽心对待百姓，就如同子贡自觉他虽富有，但不骄傲，向孔子说："贫而无谄，富而无骄，何如？"季康子也向孔子说："使民敬忠以劝，如之何？"季康子可能以为孔子会称赞他对老百姓的敬、忠、劝，但孔子回说："临之以庄则敬，孝慈则忠，举善而教不能，则劝。"（《论语·为政篇》）孔子没直说季康子未达这三字的境界，而是教诲他这三字的真实义："面对老百姓的临民态度要庄重有威仪，人民才会自敬敬人；能心存老吾老以及之老，幼吾幼以幼，才叫尽己之忠；能举直错诸枉，规善改过，人民才能互劝。"

　　鲁国课征税重，收入十分取二分，鲁哀公仍觉得不够用，有意加税，人民终年劳苦不得一饱，盗贼必定四起。掌管鲁政实权的季康子忧患盗贼作乱，问孔子如何治盗，孔子说："苟子之不欲，虽赏之不窃。"(《论语·颜渊篇》)孔子从为政的治本之道立说，挑明官贪民盗，如果为政者不过分贪欲，老百姓即使奖赏都不要，何况为盗呢？

季康子患盗，心中盘算惩盗用重刑，于是提出"杀无道"的构想："如杀无道，以就有道，何如？"(《论语·颜渊篇》)孔子为政以德，当然反对季康子杀无道之民的思维，说："你的为政之道，何必用杀的手段呢？你的行为做的是善事，老百姓自然向善了。上位的人行为像风，小人行为像草，风吹草上，草随风倒来倒去。"

孔子游历列国十四年，见过不少国君，由于来往卫国四次，卫灵公又是孔子第一个求见之君，季康子于是问卫灵公是怎么样的一个君王。孔子因卫灵公让夫人南子干政，造成南子和太子蒯聩的仇怨，蒯聩又谋杀南子不成，遭卫灵公驱逐，所以回答："无道也。"

季康子听孔子批评卫灵公无道，但卫国国力仍然强盛，便问孔子说："卫灵公如此无道，何以不失国呢？"孔子回答说："卫灵公因为能够重用三个贤臣，仲叔圉（孔文子）负责治理宾客外交，祝鮀治理宗庙内政，王孙贾治理军事，有这三个能臣各当其才，怎么会失国呢？"

孔子的为政理念和季康子大不同，孔子自知年岁已大，仕途已绝，只是陈述自己一贯坚持的政治理想，推荐自己的优秀弟子，季康子以币迎回孔子，也不是要请孔子出仕，而是有意重用几个出色的孔门弟子。

季康子已重用冉求为家宰，也召子贡出使吴国，二人成绩斐然，而季路亦曾为先君的家宰，季康子有意从孔子口中，听闻三人的能耐。《论语·雍也篇》季康子问："仲由可使从政也与？"子曰："由也果，于从政乎何有？"曰："赐也可使从政也与？"曰："赐也达，于从政乎何有？"曰："求也可使从政也与？"曰："求也艺，于从政乎何有？""何有"，是何难之有，果、达、艺都是难得之能，以此三人辅政，一点疑问都不必要。

孔门弟子人才济济，季康子向孔子问冉求、子贡、季路三弟子后，也请季路当家臣。

孔子回鲁后，对鲁国求知求学欲望高的后生，可说是一大喜讯，有意进入孔门成门下弟子者络绎不绝。原有的阙里旧居已不敷使用，可能在季康子襄助下，孔子在洙泗设立讲堂（**孔子卒殁，"洙泗书院"改名"先圣讲堂"**）。

洙泗，古水名，即洙水、泗水。南有洙河，北有泗河，"洙泗书院"在两河中间。据说，孔子曾过洙河，在槐树林里给弟子讲学。

孔子所收的第五期弟子中，比较出色的是有若和曾参。

有若小孔子四十三岁，孔子五十五岁去国，有若才十二岁。孔子回鲁六十八岁，有若已二十五岁。《史记·孔子世家》说"有若状似孔子"，"状似"两字传统注解是外貌形色，或许解读为讲学内容与举止可能较为贴切。

曾参小孔子四十六岁，孔子回鲁时，曾参二十二岁。古人认为父子责善则离，所以远子亲孙，不亲自教导自己儿子，易子而教，但对孙子则亲近言教。曾参和孔子孙子孔伋年岁相近，曾参之父曾点又是孔子第一期生，曾点、曾参父子俱为孔子门徒，和孔家必定走得十分亲近。《礼记·檀弓上》记载曾子和子思二人还讨论自己如何守父丧。曾子告诉孔伋说："伋！吾执亲之丧也，水浆不入于口者七日。"子思曰："先王之制礼也，过之者俯而就之，不至焉者，跂而及之。故君子之执亲之丧也，水浆不入于口者三日，杖而后能起。"（多数后世学人认为孔伋作《中庸》，孔伋为曾参弟子。《中庸》说："仲尼祖述尧舜，宪章文武，上律天时，下袭水土。"如果《中庸》是孔子孙子子思所作，怎会称自己的祖父的字呢？以孔子二十岁生孔鲤，孔鲤二十岁生孔伋计算，孔伋年龄还可能略大曾参。不过，这是个人浅见，个人认为《学》《庸》是孔子遗言，七十子记录，汉儒窜入改动过。）

孔子在书院中，很快地完成修正《诗》《书》《礼》《乐》四部书。

中国之学始于乐，孔子开始也以乐教弟子。孔子自得之乐，莫过于正乐。《论语·八佾篇》子语鲁大师乐曰："乐其可知也。始作，翕如也；从之，纯如也，皦如也，绎如也，以成。""泰伯篇"子曰："师挚之始，《关雎》之乱，洋洋乎盈耳哉！"

《礼记·王制篇》说："乐正崇四术，立四教，顺先王《诗》《书》《礼》《乐》以造士，春秋教以《礼》《乐》，冬夏教以《诗》《书》。"孔子时，官府掌管诗、书、礼、乐的是"乐正"（"乐正"是官方教学的最高官员），"乐正"尊崇诗、书、礼、乐"四术"，而相应地设了"四教"，依靠周公等先贤所撰述的《诗》《书》《礼》《乐》来造士教学，而以乐官掌教，可知古代的诗、书、礼、乐虽然并重，却特别重视乐。孔子说"兴于诗，立于礼，成于乐"，用"成"字来说乐，实有深意，此即孔子何以回鲁说："吾自卫反鲁,然后乐正,《雅》《颂》各得其所。"乐正"即"成于乐","乐正"不只乐得其正,而后诗、书、礼亦得其正。

《论语·微子篇》说:"大师挚适齐,亚饭干适楚,三饭缭适蔡,四饭缺适秦,鼓方叔入于河,播鼗武入于汉,少师阳、击磬襄入于海。"周平王因周公有开国之功,赐予天子之乐,鲁国之乐在周初诸侯国中最为齐全。孔子时,许多贤哲不远千里至鲁观乐。鲁乐文采丰盛细致,像天子(鲁君亦然)吃饭时,奏乐依序分四阶段,有初饭乐、亚饭乐、三饭乐、四饭乐,每一时段用饭奏不同音乐。孔子回鲁后,这些乐师因鲁君失政,礼崩乐坏,乐师们不为鲁用,只好往他国求生。

"大师"亦作"太师",孔子时候各国的乐官之长,鲁国的大师叫挚,他也不得不前往齐国。所以,《论语·八佾篇》和《泰伯篇》的孔子和大师谈乐,是在孔子周游列国之前,孔子告诉大师"乐其可知也",是向大师说出他研究乐的深造之得,而"师挚之始,《关雎》之乱,洋洋乎盈乎耳"是孔子颂扬大师挚的升歌之美。

"始"是乐之始,就是升歌,传统注解是祭礼、宴会登堂所奏的歌。《仪礼·燕礼》说:"升歌《鹿鸣》,下管《新宫》,笙入三成。"《鹿鸣》《新宫》都是《诗·小雅》篇名,《新宫》已佚失;"乱"是乐之终(朱注"乐之卒章也"),刘台拱《论语骈枝》说:"凡乐之大节,有歌,有笙,有间,有合,是为一成。始于升歌,终于合乐,是故升歌谓之始,合乐谓之乱。"《关雎》之乱"不独只是《诗经》首篇的《关雎》,还包括《葛覃》《卷耳》《鹊巢》《采蘩》《采苹》等六篇。

乐也有经文，即所谓的《乐经》。

《礼记·乐记》说："王者功成作乐，治定制礼"、"圣人作乐以应天，制礼以配地。礼乐明备，天地官矣"、"乐著大始，而礼居成物。著不息者天也，著不动者地也。一动一静者，天地之间也。故圣人曰礼乐云"、"乐者，天地之和也。礼者，天地之序也。和，故百物皆化；序故群物皆别。乐由天作，礼以地制，过制则乱，过作则暴。明于天地，然后能兴礼乐也。"乐与礼是王者、圣人应天、配地、和民声节民心的利民大本。

乐与礼之用不同，《乐记》说："乐者为同，礼者为异。同则相亲，异则相敬，乐胜则流，礼胜则离。合情饰貌者礼乐之事也"、"乐也者，情之不可变者也。礼也者，理之不可易者也。乐统同，礼辨异"、"礼者，殊事合敬者也。乐者，异文合爱者也"、"乐由中出，礼自外作。乐由中出，故静，礼自外作，故文。大乐必易，大礼必简，乐至则无怨，礼至则不争。"

礼、乐相辅相成、合内外之道，言礼必及于乐，言乐常论礼，是故，《乐经》乐、礼并言。戴圣编撰的《礼记》，可能将《乐经》写入《礼记》，而易名为《乐记》，司马迁撰著《史记》，也将《乐经》抄成《乐书》。《仪礼》和《大戴礼记》都未有《乐记》篇文，可推知《礼记》的《乐记》非礼书本有。但后世不认为《乐记》《乐书》抄写自《乐经》，以为《乐》亡。

秦、汉以武力统一天下，行专制集权、天下私人一家制度，大肆窜文改经，以符合帝王思想。《乐记》说"天尊地卑，君臣定矣。卑高已陈，贵贱位矣。动静有常，小大殊矣。方以类聚，物以群分，则性命不同矣"，转抄自孔子所作的《易·系辞上传》

起文，却将《易》的"乾坤定矣"，改成"君臣定矣"，有的还加了"父坐子伏"；又将"刚柔断矣"改成"小大殊矣"，"吉凶生矣"改成"性命不同矣"。后世学人又误以为《易·系辞上传》由起文至"日月运行，一寒一暑"抄自《乐记》。

个人以为，李斯进谏焚"诗书"，虽不能确定只焚毁《诗经》和《书经》，但六经中，最没理由焚禁的是《乐经》。《乐记》既然说"王者功成作乐，治定制礼"，作乐是王者功成的显示，秦王政和李斯岂会毁《乐经》？

司马迁所著《史记》，其中八书有《乐书》，即肯定乐的重要，但《乐书》除加一段前文外，全抄录戴圣所辑录的《礼记·乐记》。郑玄说刘向校《乐记》得二十三篇，著于别录。今《乐记》虽有十一篇，其余篇名犹存。而《乐记》将十一篇合为一篇。十一篇是《乐本》《乐论》《乐施》《乐言》《乐礼》《乐情》《乐化》《乐象》《宾牟贾》《师乙》《魏文侯》。刘向未取的十二篇，篇名犹在：《奏乐》《乐器》《乐作》《意始》《乐穆》《说律》《季札》《乐道》《乐义》《昭本》《昭颂》《窦公》。

刘向未说明何以断取十一篇合为一篇，其余十二篇舍弃。是为了尊崇司马迁《史记》只取十一篇成《乐书》，还是另有他因？设若遭舍弃的十二篇全校正整理，很可能即是《乐经》全貌。后代学人只见《乐记》、《乐书》只有一篇。且《乐记》有窜引《易传》之文，且后文有宾牟贾，有师乙，有魏文侯等后人篇文，故而未探究《乐书》是否取自《乐经》，而妄断《乐》亡。

汉兴，鲁高堂生传《士礼》十七篇，孝宣帝时，以后仓传《士礼》最著名。西汉戴德、戴圣兄弟都是后仓弟子，但《汉书》根本没有提到《大戴礼记》和《小戴礼记》。东汉时，郑玄给收录四十九篇文字的所谓《小戴礼记》（即《礼记》）作了出色的注释，使它摆脱了对《士礼》的附属地位而独立成经书，而北周学者卢辩也给八十五篇的所谓《大戴礼记》作了注解。大、小戴《礼记》编定于东汉时期，收录的文章都在公元前，其中有孔子之学，也有很多篇属于战国时期的作品，而《大戴礼记》的《夏小正》、《小戴礼记》的《月令》相传是夏代遗书，但也有些篇章是汉初之作，如《大戴礼记》的《保傅第四十八》，谈秦朝得天下，所尚者刑罚，"故赵高傅胡亥，而教之狱，所习者，非斩劓人则夷人三族也"，可确定此篇成于西汉初年。此篇后文说："天子不论先圣王之德，不知国君畜民之道，不见礼义之正，不察应事之礼，不博古之典传，不间于威仪之数，《诗》《书》《礼》《乐》无经（'无经'，不守先王之正经），学业不法，凡是其属，太师之任也。"文中明确记载"《诗》《书》《礼》《乐》无经"，《乐经》仍与《诗》《书》《礼》并言，何亡之有？

孔子正乐，乐与政通，《乐记》说："凡音者，生人心者也。情动于中，故形于声，声成文，谓之音。是故治世之音安以乐，其政和；乱世之音怨以怒，其政乖；亡国之音哀以思，其民困。声音之道与政通矣。"

《乐记》说："郑、卫之音，乱世之音也，比于慢矣。桑间、濮上之音，亡国之音也，其政散，其民流，诬上行私而不可止也。"《论语·卫灵公篇》颜渊问为邦，子曰："行夏之时，乘殷之辂，服周之冕，乐则韶舞。放郑声，远佞人。郑声淫，佞人殆。"郑、卫的地方之乐曲调不正，孔子故说要放郑声。"放"，禁绝，"郑声"，郑国的不正音乐，指的非采《诗》入乐的古乐，而是地方流行歌曲。

《诗》在孔子未删定之前，有三千多篇，孔子听师挚以《关雎》之诗合乐歌吟，觉得满耳是天籁美乐，大为折服，他可能只听《国风》部分，无法尽听师挚歌吟完整诗篇，而在周游列国时，自己不为仕用，删《诗》成三百篇后，花费许多精力，不只将十五《国风》全合乐，也将《雅》《颂》篇合乐，故而回鲁后，闻知师挚已入齐，感叹说："我从卫国返回鲁国，可堪告慰的是，我正了乐，让《诗》的《雅》《颂》篇也如师挚将《国风》入乐般，每一篇都能歌咏成乐。"

那么，孔子所谓的"《雅》《颂》各得其所"，究竟是何种境界呢？《乐记》说："诗，言其志也；歌，咏其声也；舞，动其容也。三者本于心，然后乐器从之"、"故听其《雅》《颂》之声，志意得广焉。执其干戚，习其俯，仰诎伸，容貌得庄焉。行其缀兆，要其节奏，行列得正焉，进退得齐焉。"（所以聆听雅颂的乐声，人的心胸意向得以宽阔起来；手持盾斧之类的舞具，演习俯仰屈伸的姿势，从而容貌得以端庄；行走在舞列中，掌握节奏，行走的步伐得以配合行列，进退能够齐整）《雅》《颂》是歌咏其声、言其志，就诗的弦歌而言。乐则包括舞，是动其容，有舞蹈动作的。

古乐一变为一成，九变而乐终；至九成结束，称为"大成"。引申称誉集聚综合前人的主张、学说，形成完整的体系为"集大成"（孟子真懂孔子，《孟子·万章篇》以乐形容孔子"之谓集大成也者，金声而玉振之也。金声也者，始条理也；玉振之也者，终条理也。始条理者，智之事也；终条理者，圣之事也"。孟子可能担心学人不解他何以用形容音乐的"金声而玉振"说孔子之圣，因而又把形容孔子的"集大成"，说成人们听得懂的"智"、"圣"者。历代帝制王朝累封孔子为至圣文宣王，元朝更加"大成"二字。后世相沿称孔子"大成至圣先师"）。

诗和乐有根本相异处。《礼记·王制篇》说："天子五年一巡守。岁二月，东巡守，至于岱宗，柴而望祀山川，觐诸侯，问百年者就见之。命大师陈诗以观民风。"大师采诗不只为观民风，也为了入乐。《诗经》采自民间，以文字载于简策。《诗》应是在周公时代才采诗成篇。中国之乐以五音为律，旋律抑扬顿挫变化成曲，以丝竹管弦等各种乐曲演奏。古人歌唱是词、曲相合。师挚的升歌始乐，不只是指挥演奏乐曲，而是以《诗》的《关雎》等六篇合乐而歌。

《诗》十五《国风》有《郑风》和《卫风》，皆合孔子的兴、观、群、怨标准，无一首不合"思无邪"的要求，卫一国而分《邶》《墉》《卫》三风，郑一国而分《郑》《桧》二风，可知卫诗、郑诗非淫诗，郑诗、卫诗不同于郑声、卫声或桑间、濮上的地方流行音乐。

不只诗和乐有根本相异处，音、声和乐虽相关，也有不同。《乐记》起文就说："凡音之起，由人心生也。人心之动，物使之然也。感于物而动，故形于声。声相应，故生变，变成方，谓之音。比音而乐之，及干戚羽旄，谓之乐。""音"起于人心感物而动，形于外才有"声"，所以"声"要歌咏出来，"乐"要有跳舞乐器。不过，音、声、乐有时难分，《乐记》说："夫乐者，与音相近而不同。"子夏甚至告诉魏文侯说："德音之谓乐。"

不过，孔子正乐的成绩不只在"乐云乐云，钟鼓云乎哉"，《乐记》说："乐者，非谓黄钟、大吕、弦歌、干扬也，乐之末节也，故童者舞之。"乐的深层意义，在善民心、移风易俗，乐可以观德。《乐记》又说："以道制欲，则乐而不乱；以欲忘道，则惑而不乐。是故君子反情以和其志，广乐以成其教。乐行而民乡方，可以观德矣。德者，性之端也；乐者，德之华也；金石丝竹，乐之器也。诗言其志也；歌，咏其声也；舞，动其容也。三者本于心，然后乐器从之。是故，情深而文明，气盛而化神，和顺积中而英华发外，唯乐不可以为伪。"

孔子正乐而乐正，将《雅》《颂》皆合乐，也完成了《诗》《书》《礼》《乐》四部古籍的集大成之作。

孔子正乐后，第二部功夫即"删《诗》"。中国之学先有乐，舜的《韶乐》和文、武之乐，在孔子时代都流传下来。孔子初期教学也受此影响，先授《乐》，再教周公命大师采集的《诗》，而有"文王之德"、"吾从周"的感叹。

孔子自言非生而知之者，而是"好古敏以求之者也"，孔子所谓的好古、求古，就是好求古代先哲留下的《诗》《书》《礼》《乐》(《论语》未见"经"字，《庄子·天运篇》孔子谓老聃曰："丘治《诗》《书》《礼》《乐》《易》《春秋》六经。"始明言"经")。

《诗》搜集了公元前十一世纪至公元前六世纪的诗歌，反映了西周初年到春秋中叶约五百年间的社会风貌，人民心声。《史记·孔子世家》说："古者《诗》三千余篇。"古书著于竹简，三千篇不便远行携带，也不便教学，实有删减必要。

《史记·孔子世家》论《诗》《书》《礼》《乐》，论《诗》十分详尽："古者《诗》三千余篇，及至孔子，去其重，取可施于礼义，上采契、后稷，中述殷周之盛，至幽、厉之缺，始于衽席，故曰'《关雎》之乱以为《风》始，《鹿鸣》为《小雅》始，《文王》为《大雅》始，《清庙》为《颂》始'。三百五篇孔子皆弦歌之，以求合《韶》《武》《雅》《颂》之音。礼乐自此可得而述，以备王道，成六艺。"

"古者《诗》三千篇，及至孔子，去其重，取可施于礼义"，"去其重"不是去掉重复的地方，大师负责采诗，各国风尚不同，不可能有重复之诗，而是诗义有类似之处，取较精粹之篇。

十五《国风》之诗，都是性之所发，反映了各国百姓无讳的心声，感情纯真无邪，有男女至情至性、热烈素朴的情爱，有弃妇对无行前夫的埋怨，有征夫对战争的厌恶和对和平的向往，有小民对上位者不仁的控诉。十五《国风》没有事父、事君之诗。孔子读《诗》，深深体悟"诗可以兴、可以观、可以群、可以怨"。《诗》采自民间，"兴"是兴民之志，"观"是观民之风，"群"是知众民之望，怨是表达人民的悲怨。《论语·阳货篇》孔子故而说："小子，何莫学夫《诗》，诗可以兴，可以观，可以群，可以怨。迩之事父，远之事君，多识于鸟兽草木之名。"〔这章的"迩之事父，远之事君"即是司马迁所说的"礼义"，非《诗经》本义，应该是汉人窜入，以合专制君权时代的教化意旨，将《诗经》说是"敦厚温柔之教"（《礼记·经解》），强把男女情爱《关雎》章的"窈窕淑女"说是文王的夫人太姒，"好逑君子"说是文王，《诗序》更说《关雎》是吟咏"后妃之德"，其实文王不只有妻，而且有妾，生了不少武王的同父异母弟。〕

孔子教读《诗》，给《诗》提出一个最深入见道的总纲、读诗的金钥匙："《诗》三百，一言以蔽之，曰'思无邪'。"（"思"，不是思想，是语首助词，无义）《诗》是性之欲，民之声，何邪之有？

"无邪"从性分立说，孔子说"率性之谓道"（《中庸》），《诗》即为无邪之歌。孔子诵《诗》、教《诗》，慢慢将《诗》精简为三百篇，《诗》无邪"不是孔子删订才有的，而是孔子删减成三百篇之后，彰显出来的。

诗不只表达作诗者的心声，也说出一般老百姓的心声，所以不学诗就无法为老百姓发言，孔子因而告诉儿子"不学诗，无以言"。《史林杂识》说："《风》《雅》《颂》之别实即乐器与声调之别，绝不关涉义理"、"自《诗经》学家专重义理而蔑弃声音，异于孔子之弦歌设教，此极简单之事实，遂化为极混茫之问题。"

《诗》《书》《礼》《乐》四部经籍中，以《诗》卷帙最大，有三千首之多，孔子将三千首删订成三百首，感觉工程浩大，需要大量人力，从雇工选竹、杀青、墨写、刀刻至编简等程序，其实并不尽然；以《论语》为例，初次编著弟子，的确要经过这些繁复程序，故而古时成书立说困难，但《诗》《书》《礼》《乐》四部先圣先哲经典已经流传，且成孔子教诲弟子的教材，每一个弟子入门求学，手上得有这四部书，才可以受教学习。孔子删订《诗》，不需重新雕写，只要松开已有的《诗》简策皮绳，择选出适宜的篇章。

孔子讲学，有时会援引《诗》中两三句话来印证说明，像三家祭祀完毕收祭桌，歌《雍诗》，孔子引《诗经·周颂·雍》的

"相维辟公，天子穆穆"批评三家祭礼以《雍》彻的不合礼。孔子也曾引《诗》和弟子答问，像子夏引《卫风·硕人》问孔子说"巧笑倩兮，美目盼兮，素以为绚兮"，而孔子也引《卫风·雄雉》称赞季路"不忮不求，何用不臧"；子贡则引《卫风·淇澳》的"如切如磋，如琢如磨"反问夫子之意。这些诗篇都收入三百篇。

有些诗篇并未收入三百篇，像"唐棣之华，偏其反而！岂不尔思？室是远而"，大概有弟子不解何以不收入，孔子解释："未之思也，何远之有？"这篇诗是写一个远人的怀念说："唐棣树所开的花翩翩然翻动着，我岂不想念你？只是你住得太远了！"这篇诗的文辞不错，但孔子解释作诗的人未有真正的思念，如果真思念，那又有什么远呢？

从孔子解释"唐棣之华"未收入三百首，可判定孔子删订十五《国风》十分严谨，每一首诗都要发自真情，表达人民发自内心的无邪心声。

音乐精湛的孔子，对乐的最大成就是，把三百五篇的诗歌皆弦歌之，也就是以弦乐来歌诵诗，每一章都合《韶》《武》《雅》《颂》之音（**孔子弦歌三百五篇，子夏说"弦歌《诗·颂》"**）。

孔子向儿子伯鱼说"不学诗，无以言"之后，又问伯鱼："学礼乎？对曰：'未也。''不学礼，无以立。'"何以不学礼就无以立？孔子所说的"立"，究竟何所指？

《史记·《孔子世家》说："孔子之时，周室微而礼乐废，《诗》《书》缺。追迹三代之礼，序《书传》，上纪唐虞之际，下至秦缪，编次其事。曰：'夏礼吾能言之，杞不足征也。殷礼吾能言之，宋不足征也。足，则吾能征之矣。'观殷夏所损益，曰：'后虽百世可知也，以一文一质。周监二代，郁郁乎文哉。吾从周.'故《书传》《礼记》自孔氏。""礼乐废"不是礼乐废止不用，"废"与"兴"相对，《论语·子路篇》说"名不正，则言不顺；言不顺，则事不成；事不成，则礼乐不兴"；"礼乐废"即礼乐不兴，"事不成"即不能立于礼乐（"《诗》《书》缺"也不是《诗》《书》缺少，而是有缺失，杂乱无序）。

传统说法，礼简分礼法和礼义。礼法是指仪式的过程与物质形式，包括人物、仪节、礼器、服饰、辞令、场所；礼义则是礼法的灵魂精神，没有礼义的礼法，是毫无意义的繁文缛节，近乎游戏。

礼法分为冠昏、朝聘、丧祭、乡射等四类，《仪礼》记载十分详尽，但孔子认为："礼云礼云，玉帛云乎哉？"礼和乐一样，不只是礼器的搬弄使用，而是有其深层意义，《礼记》就有深一层的阐发。孔子周游列国后，言礼的义理更上层楼。《礼记·仲尼燕居》说："礼者何也？即事之治。君子有其事，必有其治"、"礼也者，理也"、"言而履之，礼也。"许慎《说文解字》即引申孔子的礼之义说："言而履之，礼也。""履"指行事而言。因而，礼是以理治事、立事，"立于礼"亦即能理天下之事。

孔子言三代之礼，礼因时而有损益，《礼记·礼器篇》故而说："礼时为大，顺次之，体次之，宜次之，称次之。尧授舜，舜授禹，汤放桀，武王伐纣，时也。"每一时代有每一时代之礼，但礼的基本原则不能违时。

也因此，孔子不只能言三代之礼、各种礼法，且能给礼赋予新义，将礼提升为即事之治，各种事都要能条理、治理、合理、立于礼。

孔子将礼发挥至理天下之事，似乎是接着三《礼》的《周礼》（《周官》）往下讲。《周礼》之所以叫《周官》，因为《周礼》六篇，其官三百六十，所以一名《周官》。《周官》按天、地、春、夏、秋、冬分职为冢宰、司徒、宗伯、司马、司寇、司空（遗佚，以《考工记》代《冬官》）六官。《天官冢宰》要义是"惟王建国，辨方正位，体国经野，设官分职，以为民极。乃立天官冢宰，使帅其属而掌邦治，以佐王均邦国"；《地官司徒》是"使帅其属而掌邦教，以佐王安扰邦国"；《春官宗伯》是"使帅其属而掌邦礼，以佐王和邦国"；《夏官司马》是"使帅其属而掌邦政，以佐王平邦国"；《秋官司寇》是"使帅其属而掌邦禁，以佐王刑邦国"。

《周官》的六官，职掌了整个邦国的王事，亦即掌控天下事，孔子故而说"礼"是"理天下之事"，"礼"是"即事之治"、"君子有其事必有其治。"

《诗》《书》《礼》《乐》四部书，孔子较少费心的是《尚书》。《尚书》是中国第一部政书，记载先圣先王的言论和史实，一些篇章出自周公之手。《史记·孔子世家》说："（孔子）序《书传》，上纪唐虞之际，下至秦缪，编次其事。"孔子只就史事按时序编次，而《论语》所引《书经》，较重要的是《泰伯篇》称赞尧、舜、禹三王：

子曰："巍巍乎！舜禹之有天下也，而不与焉。"

子曰："大哉尧之为君也！巍巍乎！唯天为大，唯尧则之。荡荡乎！民无能名焉。巍巍乎其有成功也，焕乎其有文章。"

第十四章

285

舜有臣五人而天下治。武王曰："予有乱臣十人。"孔子曰："才难，不其然乎？唐虞之际，于斯为盛。有妇人焉，九人而已！三分天下有其二，以服事殷，周之德，其可谓至德也已矣！"

子曰："禹，吾无间然矣！菲饮食而致孝乎鬼神，恶衣服而致美乎黻冕，卑宫室而尽力乎沟洫。禹，吾无间然矣！"

《周礼》六篇其官三百六十，职掌了整个邦国的王事，也就是掌控了天下事，孔子才会说"礼"是理天下之事，"礼"是"即事之治"、"君子有其事，必有其治。"

《论语·为政篇》有人问孔子何以不为政呢？孔子引了《书经》说："《书》云：'孝乎惟孝，友于兄弟。'施于有政，是亦为政，奚其为为政？"

孔子也以《书经》教导弟子。《宪问篇》子张曰："《书》云'高宗谅阴，三年不言'，何谓也？"子曰："何必高宗？古之人皆然也。君薨，百官总己，以听于冢宰三年。"子张所引出自伏生《尚书大传·说命篇》。

《史记·孔子世家》论《书》语焉不详，草草带过。只说孔子"序《书传》，上纪唐虞之际，下至秦缪，编次其事"，似乎大有文章。

《孟子·万章篇》北宫锜问曰："周室班爵禄也，如之何？"孟子曰："其详，不可得闻也。诸侯恶其害己也，而皆去其籍。然而轲也，尝闻其略也：天子一位，公一位，侯一位，伯一位，子男同一位，凡五等也。"爵禄订定颁布应该没有什么秘密，但诸侯强大僭越，皆违背周初制度，故而认为有害自己利益的相关典籍都毁灭。以孟子所举的五等爵，就削弱了天子之位，把富有四海、天下一家的无限权位，纳入有限制的爵禄中，天子只是五等爵的第一等爵，土地限制为方千里。有欲统一天下，私天下为己有的诸侯，不是窜改《尚书》，就是毁灭典籍，像《礼记·王制篇》就将五等爵，窜改成"公、侯、伯、子、男五等"，把"子男同一位"改成"子"、"男"各一位，而天子不在五等爵的规范内。

再者，后世贤者或出于主观认知或不熟悉《尚书》较深奥的文字，致使《尚书》流传不易。

《孟子·尽心篇》说："尽信《书》，则不如无《书》。吾于《武成》取二三策而已矣。仁人无敌于天下；以至仁伐至不仁，而何其血之流杵也。"《史记·周本纪》记载牧野之战："帝纣闻武王来，亦发兵七十万人距武王。"《周本纪》未载明武王发兵多少人，估据也有数十万人，纣王和武王两军超过百万人厮杀，死亡人数必然盈满野地，《尚书·武成》以"血流漂杵"（今人言"血流成河"）形容并不为过，孟子却忽视战争的残酷，搬出他的"仁人无敌于天下；以至仁伐至不仁"说辞，不可能有"血流漂杵"情况，故而只取《武成》二三片竹简参考。《周本纪》说武王克殷封王之后，"命宗祝享祠于军。乃罢兵西归。行狩，记政事，作《武成》，《武成》之作，何其慎重，孟子却不信《武成》，《武成》终而不传。

相传古者《尚书》凡三千篇，至孔子删订为百篇（先秦有百篇本《尚书》，孔壁所出《古文尚书》，有百篇《书序》，三千篇可能非实），史传记载，秦始皇焚书时，伏生藏百篇《尚书》于壁中，其后经秦末之乱、刘项之争，至汉初乱定，伏生发其书，仅存二十九篇。伏生是秦博士，先秦博士皓首穷通一经，能诵出

《帝典》《洪范》《禹贡》等深奥篇章的伏生，岂会在齐传授生徒只传二十九篇？

"文起八代之衰"的韩愈，在他的《进学解》一文中说："周《诰》、殷《盘》，佶屈聱牙。"韩愈是唐代大文豪、唐宋八大家之首，他说《尚书》艰涩，读来不易，想必传至司马迁时，许多篇章已是断简残篇。

《礼记》一书引自《尚书》篇章的有《君陈》《大誓》《高宗之训》《兑命》《大甲》《甫刑》《尹诰》《康诰》《君雅》《君奭》等篇。可惜的是，今日仅存《康诰》《君奭》两篇，其他篇章皆佚失。《尚书》佚失比例甚大，孔子订百篇，应该可信。

余嘉锡《古书通例》说："盖古人著书，不自署姓名，惟师师相传，知其学出于某氏，遂书以题之，或其时代过久，或学未名家，则传者失其姓名矣。其称为某氏者，或出自其人手著，或门弟子始著竹帛，或后师有所附益，但不能失其法，即为某氏之学。古人以学术为公，初非以此争名；故于撰著之人，不加别白也。"又说："古人著书，多单篇别行，及其编次成书，类出于门弟子或后学之手，因推其学之所白出，以人名其书。"

《史记·周本纪》说："初，管、蔡畔周，周公讨之，三年而毕定，故初作《大诰》，次作《微子之命》，次《归禾》，次《嘉禾》，次《康诰》《酒诰》《梓材》，其事在周公之篇。"

《尚书》之作，非一时一人所作，而周公所作之篇，都是因时因事而作。《尚书》有上自尧、舜、禹、汤诸篇，不能说《尚书》的作者确定何人，但因文字使用在周代才成熟，周代时代之作较多，而较早的《帝典》《皋陶谟》《禹贡》《洪范》等篇，用字较深奥。

即使周公所作的《归禾》《嘉禾》，如今也都不传。

余嘉锡说："秦政焚书坑儒，定挟书之律，偶语《诗》《书》者弃。然天下学士，如伏生之徒，皆壁藏其《书》，汉兴复出。夫严刑峻罚所不能禁，则必有高位厚禄所不能动者。"汉初，传《诗》有四家，传《春秋》有五家，何以后世《尚书》只存二十九篇？韩愈说《尚书》"佶屈聱牙"，不利流传，导致佚失，应该比孟子说"诸侯恶其害己也，而皆去其籍"严重。

孔子删订《诗》《书》《礼》《乐》之前，或许就像司马谈《论六家之要指》说："夫儒者以六艺为法。六艺经传以千万数，累世不能通其学，当年不能究其礼，故曰'博而寡要，劳而少功'。"孔子删订诸经后，解决了这个经书庞杂无序的问题，孔子因而说："吾道一以贯之。"

帮助孔子删定《诗》《书》《礼》《乐》的弟子，个人认为除了颜渊外，还有以文学见称的子游和子夏。

《诗》《书》《礼》《乐》四部书是中国古代先哲的智慧遗产，孔子以"述而不作，信而好古，窃比于我老彭"的原则、态度，完成删订工作。孔子年轻时，曾到洛邑，向周室守藏史老彭请益，老彭只述而不作，信古且好古，未曾以己意改文。

但是，删定《诗》《书》《礼》《乐》后，孔子因与先哲所处的时代不同，而有新的看法，必然会思考新作，或者以述为作，只是新作或述作不能不知而妄作，孔子故而又说："盖有不知而作之者，我无是也。"（《论语·述而篇》）

孔子游历列国，困穷颠沛，读《易经》，观察易变，为政思想有多次转变：孔子的智慧与时俱进，时异事异，像对周帝王、周公的态度，早年从周，晚年则倡革命、去除世袭小康制，思维转变甚大，这如同先前说述而不作，后来进而既述且作一样。孔子日新其德，立说"富有之谓大业，日新之谓盛德"（《易·系辞上传》），发大愿，以德义为《周易》作新传。

孔子学的《易》，只有六十四卦的卦画、卦名和六十四卦下的每一卦卦辞，三百八十四爻下的每爻爻辞（系辞包括卦辞和爻辞），传统说法是伏羲画卦，文王或中古时代的圣人系辞，至于卦名应该是伏羲画卦就有，但当时卦名可能仅只作分别用的符号，经过后人润饰添新，系辞时才确定。

六十四卦的第一卦是乾卦，卦画是☰，卦辞是："乾，元亨利贞。"爻辞是："初九，潜龙勿用；九二，见龙在田，利见大人；九三，君子终日乾乾，夕惕若，厉，无咎；九四，或跃在渊，无咎；九五：飞龙在天，利见大人；上九，亢龙有悔；用九，见群龙无首，吉。"

乾卦卦辞"元亨利贞"四字，就字面解读，指做事而言。乾卦六爻有"勿用"、"无咎"、"有悔"、"吉"，《易经》本始确有决嫌疑、趋吉避凶用意。

中国先哲面对未可知的未来，如何判定进退之道，早期问巫术鬼神，即所谓的"鬼谋"，但民智大开后，就把人的智慧加进去，即"人谋"，采用了卜筮。

"卜"，主要是用龟卜，乌龟长寿，有灵气，古人在龟甲的龟腹凿洞，然后以火灼龟甲取兆，看是玉兆、瓦兆或原兆。卜兆形状断定吉凶，十分专业，《周官·春官宗伯》记载说，太卜掌三兆之法，而经兆的基本形状（体）有一百二十种，断定吉凶的参考辞句达三千六百条。古书有卜人、卜尹、卜正等官名，古代的龟卜因而局限在天子、诸侯之手。大夫、士、老百姓不能卜，《礼记·礼器篇》说："诸侯以龟为宝，以圭为瑞，家不宝龟，不藏圭，不台门，言有称也。"诸侯以龟为国宝，以圭玉为国家的信物，大夫则不能以龟为宝，不能藏有瑞圭，不能修筑大门楼，这是说用物要和爵位身份相称。《论语·公冶长篇》子曰："臧文仲居蔡，山节藻棁，何如其知也？"大夫、士、庶民不能卜，只能占筮。"占"即视，占卜是看龟甲裂痕。"筮"，是以蓍草（**多年生草本植物，一本多茎**）来进行占筮。

人能有所不足，统治者不能帮老百姓解决问题，利用占筮让老百姓相信时日的选择、尊敬鬼神、敬畏法令，不失统治之术。但卜筮结果是否应该遵行，不无疑问，而以卜筮当作进退吉凶的指标，轻忽人智之能，是否得宜，也有异说。

《史记·齐太公世家》说："武王伐纣，卜龟兆，不吉，风雨暴至。群公尽惧，唯太公强之勤武王，武王于是遂行。"周朝得以立朝，和龟卜有关，但不是接受龟卜和天意。武王伐纣前卜龟兆，兆现不吉，同时又见暴风雨来袭，天意也示凶，几乎所有的王公大人，可能包括周公都忧惧，建议武王顺龟兆和天意，暂停东伐，结果却是"逆天者昌"，周朝开创了八百多年的帝业，以人谋制胜鬼谋，孔子研究《易经》，也体悟了"人能弘道，非道弘人"的人谋智慧，认为画八卦的伏羲不是鬼使神差的凭空臆想，而是人居天地之中，仰观天象，俯察地理，以及生息天地间的万物，所创作出来的哲学理论思维。孔子因而说："古者包牺氏（伏羲）之王天下也，仰则观象于天，俯则观法于地，观鸟兽之文，与地之宜，近取诸身，远取诸物，于是始作八卦，以通神明之德，以类万物之情。"

"神"是什么呢？孔子不语怪、力、乱、神，所以神不是神怪、神力，神只是用感官经验或理智推论，也不容易测度的事实，就像大自然万物何能化生一样，所以说"神而明之存乎其人"（《易·系辞上传》），"知几其神乎"（《易·系辞下传》）。伏羲是神而明之始作八卦的圣人。

伏羲神而明之，最令后世人叹为观止的是立象。

天地是自然的象，所以说"在天成象，在地成形"（《易·系辞上传》），而在地上生生不息的万物皆是有形的具象、殊相。伏羲见天下万物纷繁，欲见汇通一致处，就得"拟诸其形容，象其物宜"，用可以形容的抽象符号来象征、比喻具体实有现象的万物，也就是从不同的殊相，归纳成抽象的共相。

"书不尽言，言不尽意"（《易·系辞上传》），人的语言和创造的文字无法尽言尽意，伏羲于是"立象以尽意"。伏羲仰观俯察万物化成，端赖阴阳合德，于是立象画刚爻（▬）和柔爻（▬▬）以象阴阳，刚柔相推而生变化，此即《易经》所谓的失得之象，此外，《易经》所谓的悔吝是忧虞之象、变化是进退之象，而立本的刚柔不仅是阴阳之象，也是昼夜之象。孔子因而说："是故易者，象也；象也者，像也。"《易》的立说由万物具象、实象归纳为天、地、水、火、雷、风、山、泽的八种自然之象，终成抽象的刚柔两个共相符号。六十四卦中，不只卦名是象，由刚柔所衍伸的乾、龙、健、牝马、顺，无一不是象，这些象都是抽象的文字。

《易经》画卦由三而六，即由始而终，又由终而始，生生不已，所以阳爻第一爻不称"九一"、阴爻第一爻不称"六一"，而称"初九"、"初六"，第六爻称"上九"、"上六"，即终始生生之意。孔子故而说《易》之为言也，原始要终，以为质也"，又说"生生之谓《易》"、"天地之大德曰生"。

道不远人，《易经》不能离开人道。孔子因而说：《易》之为书也，广大悉备，有天道焉，有人道焉，有地道焉，兼三材而两之，故六。六者非它也，三材之道也。"

孔子于是以象、终始、生生、三才之道来为《易经》作传。

人道居《易经》三才之道之一，人道非空言，必须落实于日常云为的德行中，孔子引恒卦九三"不恒其德，或承之羞"，作为《易传》骨干，将一般人学《易》为占筮求福避祸之术，转为行德补过之书，乾卦《文言》因而将《易经》原本的占筮之辞"元亨利贞"配合仁、礼、义、智（贞是干事之道，为智者之行）四德，申明说："元者，善之长也；亨者，嘉之会也；利者，义之和也；贞者，事之干也。君子体仁足以长人，嘉会足以合礼，利物足以和义，贞固足以干事。君子行此四德者，故曰乾元亨利贞。"

古《易》六十四卦，分为上下二篇，孔子作《易传》十篇以翼成之，故而亦称"十翼"。"十翼"是上《彖》一，下《彖》二，上《象》三，下《象》四，上《系》五（《系辞上》），下《系》六，《文言》七，《说卦》八，《序卦》九，《杂卦》十。

乾卦《文言》将本来的占辞"元亨利贞"变化为四德，而此四德为君子所必行。由于六十四卦都有"元亨利贞"之德，只是有隐有显，外显之卦才著明写出，孔子因而只在乾、坤两卦加以阐述。《文言》是发挥《易》德之言，乾卦《文言》说初九"君子以成德为行，日可见之行也"、九二"君子学以聚之，问以辩之，宽以居之，仁以行之"、九三"乾乾因其时而惕，虽危无咎矣"、九四"或之者，疑之也，故无咎"、九五"夫大人者，与天地合其德"、上九"知进退存亡，而不失其正者，其唯圣人乎"，即谈人的经天纬地、成德成行之文。坤卦《文言》说"坤至柔而动也刚，至静而德方。后得主而有常，含万物而化光，坤道其顺乎，承天而时行"，坤至柔至静，顺乾承天，因而得以成永贞大终之德。

易道取象天地万物，不只乾卦取象天，坤卦取象地，其余六十二卦也各有取象，如屯卦取象云雷。孔子重君子之道，特别标示六十四卦如何取象，君子（《易》六十四卦《象》曰"的"君子以"有五十三处）又如何观察该卦的取象而落实于行为，像乾卦取象"天行健"，君子宜法象天而"自强不息"。《易经》每一卦系辞下都有"《象》曰"的《象传》，此即《大象》，而每一爻下也有爻象，此即《小象》。

《易经》每一卦的卦画下之辞，叫"卦辞"、"系辞"或"彖"，三百八十四爻下都有系辞。孔子学《易》，认为系辞有忧患意识，尤其是履卦、谦卦、复卦、恒卦、损卦、益卦、困卦、井卦、巽卦等九卦，可说是忧患之卦，孔子因而认为作系辞的哲人有忧患意识，可能即是中古时代拘于羑里的文王所系之辞。

孔子学《易》探赜索隐，钩深研几，故而在每一卦的卦辞（彖）下作传，慧解每一卦通天下之志、成天下之务的大体要义。孔子在六十四卦的《彖传》中特别重视乾、坤两卦，乾、坤蕴生生，没有乾、坤，就无法生生，乾、坤毁就无法见《易》。乾、坤两卦又是生生大门，六十二卦是子卦，从父母卦乾、坤而出。乾、坤是《易》之蕴，又是《易》之门，孔子因而将乾卦系辞的"元、亨、利、贞"四德，和坤卦的"元、亨、利、牝马之贞"四德的"元"之德，变化成"乾元"与"坤元"，而"乾元"、"坤元"为统天、统地、统御万物的生生实体大原。

乾卦《彖传》说（《彖》曰）："大哉乾元，万物资始，乃统天。云行雨施，品物流形。大明始终，六位时成，时乘六龙以御天。乾道变化，各正性命。保合太和，乃利贞。首出庶物，万国咸宁。"

坤卦《彖传》说："至哉坤元，万物资生，乃顺承天。坤厚载物，德合无疆。含弘光大，品物咸亨。牝马地类，行地无疆。柔顺利贞，君子攸行。先迷失道，后顺得常。西南得朋，乃与类行。东北丧朋，乃终有庆。安贞之吉，应地无疆。"

《论语》谈形下的修身之道，《易经》的六爻卦画，不仅有人之道，也有天地之道，系辞的圣哲特重人道忧患，孔子彰往察来而微显阐幽，穷理尽性以至于命，创立形而上之道乾元与坤元。而乾元、坤元合德，万物得以资始、资生，不只统御天下万物，甚而统天，统无尽的天体星球，天得元以清、地得元以宁，万物亦得元而各正性命，浩瀚宇宙才得以终始，生生不息。

乾元、坤元不是二元，也非一物，元是一物的两面，有乾元就有坤元。所以形容乾元"大哉"，形容坤元"至哉"。坤元何以不说"大哉"？因为坤元与乾元同是"大哉"，即有对，"至哉"则至其大，乾元有多大，坤元即至乾元之大。

毓老师说，孔子点上"元"这一点，开创了中国之学，中国哲人将岁月也点了这一点，说年岁计数叫"纪元"。

孔子所作的《系辞传》给学《易》、读《易》、研《易》的后学者做了导引，教导后学者不要耽于文字考证训诂，应该"引而伸之，触类而长之"，亦即发挥引申义。孔子在《系辞上传》八章引了七个爻的爻辞而加以作传。

中孚卦九二爻辞是："鸣鹤在阴，其子和之，我有好爵，吾与尔靡之。"今人译注说："九二以阳居中实之位，在中孚之时，故有鹤鸣于阴蔽之处，虽不显见，但它的孩子也能循声应合，互相孚信的象征。施之于人事，则君臣互相孚信，故而我有好的爵位，我与你共治之的现象。"读后不容易了解此爻之意，孔子却引申说："夫君子居其室，出其言善，则千里之外应之，况其迩者乎？居其室，出其言不善，则千里之外违之，况其迩者乎？言出乎身，加于民；行发乎迩，见乎远。言行，君子之枢机。枢机之发，荣辱之主也。言行，君子之所以动天地也，可不慎乎？"孔子作传解读说，这一爻是谈言行的重要，尤其是一个有地位的人，每一句话出自嘴巴，却加在老百姓的身上，每一个行动虽是自己的小小个人行为，也可以影响到远地小民。所以人的言行像是机关枢纽，一经发动，就决定个人的荣辱。君子人的言行，能够撼动天地感动万民，可以不谨慎吗？

同人卦九五爻辞是："同人，先号咷而后笑。"今人译解说"同人第五爻，先有叫唤哭泣而后有欢笑"，可说不知所云。孔子在《系辞传》说："君子之道，或出或处，或默或语；二人同心，其利断金；同心之言，其臭如兰。"孔子把"同人"解读成"同心之人"并且说，君子之道，或者出而行道天下，或者居而修其身，无论沉默无言，或言语服人，只要二人心同无分别，就如同断决金属般无往不利，二人心同的精诚之言，气味亦如兰蕙的芬芳。

大过卦初六，爻辞是："藉用白茅，无咎。"今人译解是"借用白茅承垫祭祀品，这是无咎的"，后学照字面，无法了悟何以祭祀要用白茅承垫呢？孔子解读说："苟错诸地而可矣，藉之用茅，何咎之有？慎之至也。夫茅之为物薄，而用可重也，慎斯术也以往，其无所失矣。"孔子解释说，"白茅"象征轻薄之物，如果一个东西要放置在地上，而先用柔软轻薄的白茅垫着，这是慎重谨慎。再从白茅这个薄物来说，用途可不能小觑，一个人若能如此谨慎行事，他就不会失德了。毓老师解读"白茅，民也"可说是最佳的引申义。

《系辞上传》第八章除释中孚卦九二爻义、同人卦九五爻义、大过卦初六爻义，还有谦卦九三爻义、乾卦上九爻义、节卦初九爻义、解卦六三爻义。《系辞下传》第五章释咸卦九四爻义、困卦六三爻义、解卦上六爻义、噬嗑初九爻义、噬嗑上九爻义、否卦九五爻义、鼎卦九四爻义、豫卦六二爻义、复卦初九爻义、损卦六三爻义、益卦上九爻义等十卦十一爻义。

孔子所释十八爻正如《系辞下传》第六章所说的："其称名也小，其取类也大，其旨远，其辞文。"十八爻所举事物，都是小事小物，但比喻很大，所呈现的要旨深远，用词文雅。后学研究"十翼"，当如颜渊喟叹："虽欲从之，末由也已！"

孔子作《易传》，大概开始在回鲁裁正狂狷弟子时。孔子不悦害德的乡愿，宁得狂狷之士，《论语·子路篇》说："不得中行而与之，必也狂狷乎！狂者进取，狷者有所不为也。"孔门弟子中，"师也过，商也不及"，子张近狂，子夏近狷，都未得中行。只有颜渊才达到孔子的中行、中庸要求，中庸说："回之为人也，择乎中庸，得一善，则拳拳服膺而弗失之矣。"

颜渊不仅德行独步诸弟子，才学也非师兄弟所及。孔子作《易传》《春秋》，不可能自己笔书，应是自己口述，而由颜渊笔录。《论语·述而篇》子谓颜渊曰："用之则行，舍之则藏，唯我与尔有是乎！"整部《论语》中，孔子与弟子并言，独有此章。"用之则行"即用我则能行道于朝；"舍之则藏"，"藏"不是藏隐，而是藏道于民，舍我、不用我，则可以藏道于民。孔子所谓的"藏道于民"即是作《易传》《春秋》。

孔子称许颜渊能与他藏道于民。《易经》广大悉备，易道穷理尽性以至于命。孔子讲学无有私藏，有些弟子像陈亢，就怀疑孔子讲学、传学有私偏，孔子于是明说："二三子以我为隐乎？吾无隐乎尔，吾无行而不与二三子者，是丘也。"

子贡聪慧，知道夫子讲学无有私隐，只是有的识其大，有的识其小，他对夫子谈《易经》的天道与性命，自知无法心领神会。

子贡才高气盛，常常批评人，孔子曾问他："女与回也孰愈？"对曰："赐也何敢望回？回也闻一以知十，赐也闻一以知二。"子曰："弗如也！吾与女弗如也。"子贡称扬颜渊，个会仅就德行而行，而是颜渊已做出了成绩，让他有自知之明，承认颜渊比他高明。颜渊笔录孔子的《易传》《春秋》，孔子才称许颜渊与他可以藏道于民。

《易》为五经之源，孔子的形而上本体哲学在《易传》，孔子之学是"时"。《易传》中，孔子屡称"时大矣哉"、"时义大矣哉"，孔子被尊称为"时圣"，孔学与时偕行，故能在两千五百年后的今天，仍被尊为"至圣先师"。

"时"在今日，只是平时、时常、时序、时候等的常用语，却是《易传》哲学千古不易的智慧、精髓。

谈"时"必须从"三才之道"说起。

"三才之道"是"天道"、"地道"、"人道"。试问，"天道"、"地道"是否能透露天机消息、地理秘义启示生民呢？

天地之道其实不是不可测的天机奥秘，而是昭昭展示于世人的日用云为之中，只是百姓日用而不知。因为，"四时之变者，天地之道也"，春、夏、秋、冬四时变化不爽，万物枯荣有时，"四时变化"就是"天地之道"。

"四时"有时简称"时"，今人称"时间"。"时"非静止不动，而是密移不止，刹刹不息。时间就如同流水，昼夜不舍，不能切割，无有间隙。孔子在乾卦《象传》以"行健"来阐述天道时义。行健之"时"不停歇，刹刹那那不守其故，"时"即"新"，"时"是"新新"不守其故。

"时"何能去旧生新呢？因为"时"的大能是"变化"。孔子以其天纵之智直探"时"的真髓，在"变化"。

"时"、"变"相因并起，有事必然动，动而不止，此即《系辞下传·第八章》所说的"变动不居，周游六虚，上下无常，刚柔相易，不可为典要，唯变所适"；变动有迹可循，《系辞下传》第二章说《易》穷则变，变则通，通则久"。"事"包括"物"，事物何以有穷？因时不至、时不及，亦即时穷，时穷的救穷之道，就是时变。因此，《系辞上传》第五章说"通变之谓事"，能因时通变才能成事。

"时"、"变"是易的两大关键枢纽（后人亦称《易经》为"时经"或"变经"），而"时"、"变"可说是孔子研《易》、治《易》、作《易》的两大发明。

人为三才之一，居天地之中，但天外有天，浩瀚星空的众星如恒河少数，地球只居其一，日升月沉，众星争辉，这些星球非固定不动，而是时时变动、刹刹密移。

"四时之变者，天地之道也"，春、夏、秋、冬的四时变化就是天地之道，孔子观察天地之道就是一个"时"字，孔子有一天跟弟子子贡说，他想不再说话了，子贡有些紧张说："夫子不想再说话，那我们这些弟子将如何传述夫子之学呢！"孔子说："天何言哉？四时行焉，百物生焉。天何言哉？"（《论语·阳货篇》）

上天覆载万物，无声无臭，无言无语，但吾人观察四时错行，地上百物生枯有时，人只要法天学天，即可成就天德，孔子因而称赞尧说："大哉尧之为君也！巍巍乎！唯天为大，唯尧则之。荡荡乎！民无能名焉。巍巍乎其有成功也，焕乎其有文章。"古帝尧的伟大，即因尧能则天、法天、学天。天有什么可效法呢？天之德也公，天之行也健，天之运也时。

天以四时示人，人就应该学时、知时、治时、用时，时义太重要了，人逢时穷要变，进退存亡以时。可叹的是，时是天地之道，人不能生时，只能时至而不失之。孔子在诸侯国之间游走，他自信如果有君王用他治国，他一年就可看到小成效，但终是未能得明君用时。

孔子学《易经》，《易经》六十四卦墨刻在竹简上，《易》的书简用牛皮绳绑住，孔子常翻阅，把牛皮绳弄断了三次。《易经》基本卦是三画八卦，重卦为六爻六十四卦，才能变。

六十四卦穷则变，变则通，通则久，而变以时；六爻即六时，吾人当乘六时以御天下事；可是，古人却以《易》当占筮之书，遇有祭祀、战争、生产、商旅、婚姻、水旱、天变等，都以占筮决疑。孔子说："《易》有圣人之道四焉：以言者尚其辞，以动者尚其变，以制器者尚其象，以卜筮者尚其占。"易道有占筮，但占筮为卜德补过，而非求福避祸。

孔子老而好《易》，平时，将《易》的简策放在席上，出外就装在袋子内。孔子认为古《易》有古人的智慧之言，他非为了占筮之用，而是喜欢乐玩《易》的文辞，有人怀疑他孔丘对《易》的学习态度。子贡就问夫子说："夫子也信占筮这种玩意儿吗？"孔子回答："我是观阅记在竹简上的古《易》所谈的德行。"（1973年湖南长沙马王堆汉墓出土帛书，其中有《周易》，在此书卷后佚书《要》等两篇，记录孔子与弟子子贡对《易》的问答，证明孔子不是五十岁才学《易》、过五十岁才传授《易》。《要》全文是："夫子老而好《易》，居则在席，行则在橐。有古之遗言焉，予非安其用，而乐其辞。后世之士，疑丘者或以《易》乎！子贡问曰：'夫子亦信其筮乎？'子曰：'我观其德义耳。'"）

《说苑·杂言篇》十六章说："孔子遭难陈、蔡之境，绝粮，弟子皆有饥色，孔子歌两柱之间。"孔子还回答子贡之问，说："夫陈、蔡之间，丘之幸也；二、三子从丘者，皆幸人也。吾闻人君不困不成王，列士不困不成行。昔者汤困于吕，文王困于羑里，秦穆公困于殽，齐桓困于长勺，句践困于会稽，晋文困于骊氏。夫困之为道，从寒之及暖，暖之及寒也。唯贤者独知而难言之也。《易》曰：'困，亨贞。大人吉，无咎。有言不信。'圣人所与人难言信也。"孔子厄于陈、蔡间，引《易经》困卦卦辞解释圣人处于困穷之时，即使有意，恐未必见信于人。

《论语》引恒卦，《说苑》引困卦，《论语·述而篇》孔子说："加我数年，五十以学《易》，可以无大过矣！"不是说孔子五十岁才学《易》，而是训诲弟子要学《易》，即使五十才学《易》，亦可以免于大过。"加我数年"是孔子回鲁后作《易传》，希望上天能给他多一点时间完成。因此，孔子教学不只教读《诗》《书》《礼》《乐》，也教《易》。

《易》与天地准，故能弥纶天地之道。孔子说《易》言天道与性说："一阴一阳之谓道，继之者善也，成之者性也。仁者见谓之仁，知者见之谓之知。百姓日用而不知，故君子之道鲜矣！"（《系辞上传》）颜渊一听，喟然叹曰："仰之弥高，钻之弥坚；瞻之在前，忽焉在后。夫子循循然善诱人，博我以文，约我以礼，欲罢不能。既竭吾才，如有所立，卓尔。虽欲从之，末由也已。"（《论语·子罕篇》）子贡却听不懂，说："夫子之文章，可得而闻也。夫子之言性与天道，不可得而闻也。"（《论语·公冶长篇》）孔子讲《易》，论形上天道与性，知来藏往，洗心退藏，决象天地，四时变通，连聪慧的子贡都不可得而闻，但孔子言形下的《诗》《书》《礼》《乐》，则能化育孔门弟子及后世群生，子贡深造而有得。

伏羲画八卦，八卦不是基本的三画卦（三画卦不能变），而是六画卦，孔子却发明这六画卦不是定数，而是变数。天地万物乃至星球变化无穷。《易》六画卦也因生生不已，可以再重六，乃至重六无限，故能涵括天地万物、统天生地，《系辞上传》第四章故而说："范围天地之化而不过，曲成万物而不遗，通乎昼夜之道而知，故神无方而《易》无体。"

《易》以刚柔二画象阴阳，六画称"六爻"，按初、二、三、四、五、上，每一爻都有位，如乾卦初九、九二、九三、九四、九五、上九，但孔子认为这六位也不是定数，而是代表所有的位。"位"有中位、正位、当位、不当位等，每一位都有时，像乾卦初九"潜龙勿用"，是"时之潜"；九二"见龙在田"是"时之见"；九三"终日乾乾，夕惕若，厉，无咎"是"时之惕"；九四"或跃在渊"是"时之跃"；九五"飞龙在天"是"时之飞"；上九"亢龙有悔"是"时之亢"。

"六位"代表无穷的位，位的中与不中，正与不正，当与不当，端视"时"而定，孔子故而在乾卦《象传》说："六位时成，时乘六龙以御天。""六位"代表无穷的"位"，所以"六时"也代表无尽的"时"。

乾卦六爻各有系辞外，继"上九"之后有"用九"，系辞是"见群龙无首，吉"。"群龙无首"即说人人都是龙，与《春秋》"人人皆有士君子之行"义同，而《象传》"用九，天德不可为首也"、《文言》"乾元用九，天下治也"，即是孔子与易天下、大一统的大道思维。

《易传》每字都可以玩味再三，许多大儒大哲晚来仍在读《易》，连孔子也说"五十以学《易》，则无大过矣"，若要以一句话涵括孔学，就像《论语·卫灵公篇》子贡问夫子"有一言可以终身行之者乎？"《子路篇》鲁定公问孔子"有一言而可以兴邦，有诸""一言而丧邦，有诸"，同样，孔子哲学的奥质可以用"时乘六龙以御天"来勉强形容。

孔子说:"是故易者,象也。"《易》取象不是固定一种,"龙"是乾的取象之一,乾卦六位皆有龙,但非六条龙,而是一条龙,只因时位不同,龙象也就不同。"六龙"代表六位、一切位。"乘"不好再翻译,"乘"有乘载之意,"时乘"有与时偕行之义。"御天"参酌前文有"大哉乾元,万物资始乃统天","统天"是形而上的统天统地;下文的"时乘六龙以御天"的"御天"就形下治时而言,"御天"是"御天下之事",一个人要能知进退存亡,乘六时变化,来统御天下事。

孔学重行,"知周乎万物而道济天下",天工开物,人能成务。

《易经》乾卦《象传》说:"天行健,君子以自强不息。"天何以能行健,因天行以时,四时不息,往而复始,去而复返,孔子以"行健"形容。君子儒学天德,即要学时,自强不息。

《论语》第一章说"学而时习之",直说学要能"时习",与《易经》乾卦《大象》的"自强不息"义同。可说《大易》与《论语》相表里。

孔子启示后学"时乘六龙以御天",但是直到五百年后,孟子才说:"孔子,圣之时者也。"(毓老师说"时"的重要,举孔子六十八岁回鲁说,孔子如果晚三年回来,未作《易传》《春秋》,中国文化史、哲学史可能要改写。)

第十五章

孔子善诱知人，赐也达

子游闻大道之行，子夏问三无私

圣人公而忘私，圣人重义轻利，圣人不只常困穷，也常缺人伦之乐，当圣人的儿孙不一定快乐。

孔子回鲁不久，一日燕居在家，隐隐听到哭声，便问道："谁在哭哇？"随侍弟子回说："孔鲤。"当时丧服规定，父亲已不在世，母亲死了，儿子要为母亲服丧三年；父亲尚在，母亲死了，儿子只为母亲服丧周年。孔鲤母亲已过世满周年，他还在哭，是不合丧服礼法的，孔子因而说："丧期时间不是已过了吗？"伯鱼听说后，就换掉丧服不哭了。

没想到回鲁第二年，孔子年六十九岁，孔鲤年方五十岁就死了。古时儿子先父亲而死叫"短命"。

有关孔子儿子孔鲤的记载，除了《论语》庭训，教训儿子要读诗学礼外，未见任何亲情记录。孔鲤短命而死，孔子的情形悲痛无从了解，但似乎不如另一个短命的弟子颜渊。我们似乎可以说，当圣人孔子的徒弟比当家人幸福。

孟子说："以德服人者，中心悦而诚服也，如七十子之服孔子也。"(《孟子·公孙丑篇》) 孟子认为像孔门七十子信服孔子，才叫作心悦诚服。

圣人廓然大公，人伦之爱属私情，圣人常有不及；学子求学，圣人传道、授业、解惑，如春风化雨，学子喜不自胜，自然心悦诚服。那么，孔子何以能让七十子心悦诚服呢？主要原因有二，一是颜渊说的"夫子循循然善诱人"，二是孔子知人。

孔子教诲弟子的方式是："不愤，不启；不悱，不发。举一隅，不以三隅反，则不复也。"孔子采行启发式教育，启发弟子的愤悱，说出心中想求通却有所未能的事情，再善诱引导。

《论语》书中，得孔子善诱之利最大者，首推子贡。子贡富有，他认为自己能够富有而不骄傲，于是问夫子说："贫而无谄，富而无骄，何如？"孔子并未立即称赞这个境界，而是引导子贡更上一层境界："可也，未若贫而乐，富而好礼者也。"

子贡还提问，一乡的人都喜欢他，这个人怎么样？夫子回答说"不怎么样"。子贡反问一乡的人都不喜欢他，这个人怎么样？夫子又回答说："也不怎么样，不如一乡有善行的人都喜好这个人，无善行之人都厌恶这个人。"孔子将子贡之问，提升至高一层的境界。

子贡又问夫子："如有博施于民而能济众，何如？可谓仁乎？"夫子说："何事于仁，必也圣乎！尧舜其犹病诸！夫仁者，己欲立而立人，己欲达而达人。能近取譬，可谓仁之方也已。"（《论语·雍也篇》）因为仁之基在尊让，孔子不轻易以仁许人。子贡提问能够博施济众的人，可说是仁人吧。子贡高悬仁人目标，孔子却要子贡从近处着手，脚踏实地行仁。

也就因为孔子一步步善诱子贡，子贡才会"审问"，自我提升。

子贡曾问孔子说："赐也何如？"孔子回说："女器也。"一般弟子可能就此打住，对夫子说自己只是个成材可用的器，不免有些丧气，子贡却接着问："何器也？"得到夫子的鼓励："瑚琏也。""瑚琏"是庙堂之器，意指夫子看重他子贡是国家栋梁之材。

孔子自谓"四十而不惑"，又说"智者不惑"、"智者知人"，孔子深知自己的弟子，而且明言教诲。子贡喜好批评人，孔子直说："赐也贤乎哉？夫我则不暇。"（《论语·宪问篇》）子贡曾说："我不欲人之加诸我也，吾亦欲无加诸人。"孔子一听，也说："赐也！非尔所及也。"

孔子知人，对子贡的评价只用一个字。季康子问："赐也可使从政也与？"孔子回说："赐也达，于从政乎何有？"

"达"的境界很高。孔子曾向子贡说："夫仁者，己欲立而立人，己欲达而达人。能近取譬，可谓仁之方也已。"己达而达人可说是行仁的要领。孔子有教无类，对弟子一视同仁，当然不会只跟子贡谈"达"。子张就问夫子："士，何如斯可谓之达矣？"孔子知道子张所问的"达"，境界不会太高，反问子张："何哉，尔所谓达者。"子张果然说："在邦必闻，在家必闻"，分不清"闻"与"达"的差异（《礼记·礼器篇》邃伯玉曰："君子之人达。"）。

孔子所谓的"达"，是要能够诵《诗》三百，而后用在政治上，可以奉派出使四方，和诸侯君臣言诗专对。孔子故而说："诵《诗》三百，授之以政，不达；使于四方，不能专对。虽多，亦奚以为？"孔子知人，知道子贡能达，而子张未达。

鲁哀公十二年（前483年），孔子年六十九。齐国大夫陈成子（田常）欲作乱夺权，只是忧虑高氏、国氏、鲍氏几个大夫阻挠，想了一个计策，发动齐军攻击鲁国。孔子看出齐军强盛，鲁国危急，向门弟子说："鲁国，是我们先祖坟茔所在的地方，我们的父母之国，现今母国面临危亡之秋，你们这些孩子何以不出来为国家尽力尽心呢？"

孔子说这话时，面对诸多弟子。凡事不落人后的季路当然抢着出头立功。孔子评定季路"由也勇"、"好勇过我，无所取材"，认为不妥当。子张、子石接着请出行，孔子也认为不宜。"师也过"，子张行事常超出分寸，使于四方，最忌失分寸超过。子石是孔子早期弟子，《论语》未见记载，孔子也不表赞同。孔子认为"赐也达"，只有熟读《诗经》、长于专对的子贡才能行事通达无碍，更重要的是子贡受孔子启发教诲，能够立其大，从大处着眼。

孔子入其国，友大夫之贤者。孔子跟卫国大夫公孙朝交往，公孙朝惊讶孔子博学，就问子贡说："仲尼夫子向谁学的？"子贡回说："周朝开国之君文王武王所留下的礼乐文章之道，并未流失，只是贤能人记得大体大要，不贤能的人只记得小枝小节。无论大小，都存有文武之道。夫子识其大，无所不学，哪有限定的老师呢？"（《论语·子张篇》："文武之道，未坠于地，在人；贤者识其大者，不贤者识其小者，莫不有文武之道焉。夫子焉不学？而亦何常师之有？"）

孔子也识子贡之大，肯定子贡是祭祀庙堂的大器瑚琏，因而重用子贡的大器，应允子贡出使。子贡果然不负孔子厚望，改变了当时五个国家的政治生态，甚至可以说操控了春秋晚期诸侯国的政治形势，齐、鲁、吴、越、晋五国成了子贡纵横捭阖的舞台。

子贡打着夫子的旗号，很快就见到齐国陈成子，向陈成子说："你要攻伐鲁国，就大错特错了。那鲁国很难攻伐，因为鲁国的城墙既薄且低，土地既小又浅，君主愚昧而不仁慈，大臣只会作假又不中用，士兵百姓又怕作战，因此不可以跟鲁国打仗。我认为你不如攻打吴国。那吴国城墙又高又厚，土地又广又深，兵甲既坚锐又新造，士卒都是一时精选，且吃得好，城内尽是宝物和精兵，又派英明的大夫守城，这就是容易攻打的了。"

子贡这种反说，陈成子乍听，当然变脸，生气说："你说难的，一般认为容易的；你说容易的，一般认为难的。你的话有违常理，到底有何居心呢？"

子贡见陈成子生气变脸，解释说："我听说，一个忧患朝廷内争的人，必去攻打强国，忧患百姓的人，才去攻伐弱国（忧在内者攻强，忧在外者攻弱）。现在你的忧患在朝廷之中。我听说你三次受封不成（齐国有姜太公的后人国氏、高氏，帮助齐桓公得政，管仲尊为'二守'。陈成子有实力，三次求封，都遭受阻挠），那一定是招致朝中大臣的反对。而今你想攻破鲁国来扩充齐国领地，如果你打赢了，你的君上便更加骄傲，国中大臣更加尊贵，你却没有什么功劳可言，你和君上交情就一天一天疏远了。如此一来，你让君上更加骄纵，使得臣僚更加骄傲，你若想因此来成功大事，可就难了。你造成和君王的嫌隙，和臣僚争利，到这个地步，你在齐国就难以立足了。所以我说你不如去打吴国，打不赢，人民在外效死，群臣率兵出战，朝廷也空虚了。这样，你在上没有强臣对抗，下面没有百姓怪罪，孤立主上，专制齐国的就只有你了。"

"伐吴不胜，民人外死，大臣内空，是君上无强臣之敌，下无民人之过，孤主制齐者唯君也"，子贡不仅道破陈成子的私心，也点出了陈成子的大利。陈成子自然俯首听子贡摆布说："说得好！但是，我的军队已开拔到鲁国了，现在转移攻打吴国，群僚一定怀疑我，怎么做呢？"子贡说："你只要按兵不动，让我替你出使去见吴王，教他出兵救鲁，并来讨伐齐国，你趁机迎击就是了。"陈成子所说的难题，子贡愿意跑腿帮忙解决，陈成子岂有不应允之理，于是派子贡当使臣，南见吴王。

孔子在三十五岁那年，领了几名弟子前往齐国求仕，结果不仅没有出仕机会，齐大夫甚至欲加害孔子，狼狈离开齐国。孔子六十九岁，也就是离开齐国三十四年后，他的弟子子贡智巧善言，则是风光前往齐国，一席话就让齐国大夫陈成子言听计从，子贡接着又以齐国使臣身份，面见刚大败越国勾践的吴王夫差，同样一席话，就让不可一世的夫差言听计从。

子贡告诉夫差说："夫勇者不避难，仁者不穷约，智者不失时，王者不绝世，以立其义。"（真正的勇者，不避开危难；真正仁者，不甘困坐愁城；真正智者是不会丧失时机；一个王者不会让一个国家绝灭的，他们借着勇、仁、智来建立王者的道义形象。）子贡又接着告诉吴王如何成为勇者、仁者、智者的成霸下一步行动："今存越示诸侯以仁，救鲁伐齐，威加晋国。诸侯必相率而朝吴，霸业成矣。且王必恶越，臣请东见越王，令出兵以从，此实空越，名从诸侯以伐也。"（现今借着保存越国来显示你的仁德；解救鲁国，攻伐齐国，向晋国显示你的威势。到时候，各国诸侯必然相约而来朝见吴国，吴国霸业可以完成。再说，你若厌恶越国，我可到东面去见越王，叫他出兵追随你，实际上是使越国国内空虚，名义上跟随诸侯去讨伐就是了。）子贡当了齐国使臣，却说动吴王攻齐，实在不容易，因为吴王认为子贡所说的是吴国的大利，何乐而不为，于是同样派子贡当吴使，前往越国。

《论语·学而篇》孔子说："道千乘之国，敬事而信。"所谓"敬事而信"，是敬慎其事、慎始成终，要能成终才叫信，而成终不二法门就是慎始。子贡存鲁就是听从夫子教诲，敬事而信。当然，子贡存鲁之行，也有他私人的喜好算计。他不喜爱吴国，又因为勾践为欢迎他的到来，清理好道路在城外迎接，并亲自引导子贡到住的地方，谦逊问子贡说："我们越国是个落后不开化的地方，你这贵人怎会自降尊贵的身份光临呢？"

子贡为越王勾践勾勒出最美丽的未来，对勾践说出让越国成霸的具体做法："吴王夫差为人猛暴，群臣不堪；国家屡屡征战，士卒疲敝；老百姓埋怨上头，朝中大臣有内变；伍子胥因进谏被杀，太宰嚭主政弄权，只会顺着君王错误的好恶行事，以图保全自己的私利，残害国家。现在你得派兵协助吴王，来骄矜他的意志，送贵重宝物来获取他的欢心，以谦恭言辞推尊他，那他一定会攻打齐国的。他打输了，是你的福气。打赢了，他必定乘胜逐霸中原，带着军队进逼晋国。到时候，让我北上见晋君，一同攻打吴国，吴国国力势必被削弱。等到吴国精锐部队在齐消耗得差不多，重兵又被晋国牵制住，你越王趁机攻打，可以灭掉吴国。"

越王勾践不仅除道郊迎子贡，子贡离开时，越王还欲送子贡金子百镒二千两，剑一把，良矛两把。子贡不接受，就走了。

子贡又赶到晋国，向晋君说："我听说，计虑不先行确定，无法应付紧急危难，兵士不先辨明准备，不可能战胜敌人。现在吴国与齐国将开战，吴国要是打不赢，越国必定趁机作乱；如果吴国战胜，吴王必定乘胜趁势来攻打晋国。"晋君一听，紧张地问：

"那该如何是好？"子贡说："你先修好兵器，养好士卒，等他来就是了。"晋君许诺照办。

子贡从齐国至吴国、越国、晋国后，往鲁国走。果然，齐、吴、越、晋四国就按照子贡编写的剧本开打。就在子贡离开吴国后，吴王夫差和齐军战于艾陵这个地方，大败齐军，掳获齐国七个将军的军队，却没有班师回朝，果如子贡预测，带兵向晋国进逼。鲁哀公十三年（前482年），吴军和晋军在黄池争战，晋军大败吴国军队。鲁哀公十七年（前478年），越王勾践渡过钱塘江进袭吴国，在吴国都城外七里的地方扎营。吴王得知，马上从晋国赶回，和勾践在五湖（太湖）打了三战，吴军都失利，城门也遭越军攻破，越军包围了吴国王宫，杀夫差和太宰伯嚭（**孔子死于鲁哀公十六年，公元前479年，越灭吴没能亲耳听闻**）。

综观子贡一出手，完成了孔子嘱咐的存鲁任务，扰乱了齐国，破灭了吴国，强大了晋国，而越国也称霸了。子贡做使者，打破了五国的政治形态。在十年之中，齐、鲁、吴、晋、越的政治形势，都因子贡而改变。

子贡不仅得到鲁国三卿的尊崇，吴国太宰嚭也喜欢他，公元前484年，太宰嚭听了子贡的话，把被拘禁在吴国的卫孝公给放了；子贡又在公元前480年，说服了陈成子，把公孙宿献给齐国的郕还了鲁国。

子贡又是个营商有成的儒者，他且在游说诸国君臣时，打出老师的名号，使孔子之名远播春秋诸侯间。

孔子指派子贡救鲁国，让子贡有机会扬名于诸侯间，成就不朽之名。子贡固然有其实际长才，但更重要的是孔子不仅知人，而且知时识机。孔子本人有圣德仁行，但真正得时用时，只在鲁定公九年至十二年（前501年－前498年）的短短三四年间。孔子周游列国，可说是不逢时不为时用。"圣人不能生时，时至而不失之"（《文子·上礼篇》），孔子没有机会用时，却给弟子子贡造时。

子贡救鲁，鲁哀公、季康子必然重用。古代国君派大夫聘问于诸侯间，子贡出使吴国应该有下大夫爵位，也因子贡才华横溢，子贡后来在鲁国必然也有官职，个人推论，可能当了季康子的副手"小司徒"。

《论语·八佾篇》子贡欲去告朔之饩羊。子曰："赐也！尔爱其羊，我爱其礼。""告"音gù，通告之意。"饩"音xì，生牲，杀而未烹之羊。"告朔"是在每年岁末，天子颁授明年十二个月的初一给诸侯，告知那一天是朔日，诸侯受天子告朔后，藏诸祖庙，每月初一，杀牲告庙请朔，让百姓遵行，以利农作。这种告朔之礼严肃重大，即使周天子从幽王后不再告朔，鲁文公也不再视朔，但用生羊行告朔之礼有其意义，孔子认为不能因王政不行而夫除饩羊之礼。子贡何以欲去告朔饩羊，应是子贡当官，有权决定告朔之礼是否要活宰生羊来祭祀。《礼记·王制篇》说："司徒修六礼以节民性，明七教以兴民德，齐八政以防淫，一道德以同俗，养耆老以致孝，恤孤独以逮不足，上贤以崇德，简不肖以绌恶。"古代管理祭礼的是司徒，鲁国司徒一向由季氏世袭，子贡的官职因而可能是司徒的副手小司徒。

子贡长于《诗》，使于诸侯专对，是子贡的长才，但对礼不甚了了，不晓告朔之礼的深意。孔子待人不为已甚，留人情面，除了特殊情况，对弟子也极为宽容，勉弟子知过能改，对子贡欲去告朔之饩羊，委婉说："赐啊！你爱惜一只羊的生命，我却爱惜告朔之礼的意义。"

子贡不独不知道告朔之礼的意义，对腊祭成为民间热闹盛事也不解。子贡前往观览腊祭，孔子就问子贡："赐啊！你快乐吧！"子贡却说："一国人皆若似发狂，赐未知其乐也。"

"腊祭"是年终合祭万物之祭。腊祭祭八神，需要事前记录四方各处的丰歉情形。四方之中有一方年成不好，就不通行腊祭，借以慎用民财。年成好的地方，才举行腊祭，使人民身体宽弛，精神放松。腊祭之后，就收藏好田中作物，农民可以休息，当政者也不大兴土木之功，以免征用农民从事劳役。

每逢腊祭，举国若狂，子贡为官治民，竟然不能与民同乐，孔子不免遗憾地说："百日之蜡（音zhà），一日之泽，非尔所知也。张而不弛，文武弗能也。弛而不张，文武弗为也。一张一弛，文武之道也。"（老百姓劳苦终年，才有松一口气的一天，其中道理不是你所能了解的。光让老百姓神经紧绷，如一把弓久张而不松弛，力气必用绝，而长久松弛不张弓，弓形也会变。为政之道有文事也要有武备，以文事松弛老百姓的情绪，以武备紧张老百姓的心志，这就是文武之道。）

相较子贡精研《诗》和形而下的言语之能，子游就较能参悟孔子的天道、性命之学，也较能贴近孔子晚年的大道思想。同样是腊祭，孔子对子贡和子游所说的大是不同。

《礼记·礼运篇》说孔子以贵宾身份参加鲁国年终酬答八神的蜡祭。祭毕，孔子出来在鲁宫大门楼上游览，长声叹了一口气，说出了一段震古烁今的"天下为公"思想。

昔者仲尼与于蜡宾，事毕，出游于观之上，喟然而叹。仲尼之叹，盖叹鲁也。言偃在侧，曰："君子何叹？"孔子曰："大道之行也，与三代之英，丘未之逮也（'三代之英'和'天下为公'两种制度不能并容，'三代之英'显然是汉儒窜入的），而有志焉。大道之行也，天下为公，选贤与能，讲信修睦。故人不独亲其亲，不独子其子，使老有所终，壮有所用，幼有所长，矜寡孤独废疾者皆有所养。男有分，女有归。货恶其弃于地也，不必藏于己；力恶其不出于身也，不必为己。是故谋闭而不兴，盗窃乱贼而不作，故外户而不闭。是谓大同。今大道既隐，天下为家，各亲其亲，各子其子，货力为己，大人世及以为礼，城郭沟池以为固，礼义以为纪；以正君臣，以笃父子，以睦兄弟，以和夫妇，以设制度，以立田里，以贤勇知，以功为己。故谋用是作，而兵由此起。禹、汤、文、武、成王、周公，由此其选也。此六君子者，未有不谨于礼者也。以着其义，以考其信，着有过，刑仁讲让，示民有常。如有不由此者，在势者去，众以为殃，是谓小康。"

孔子曾肯定周文和周公才美，说："周监于二代，郁郁乎文哉，吾从周。"又说："如有周公之才之美，使骄且吝，其余不足观也矣。"可《礼运篇》却把尧、舜列为大道之行的大同世，而把周公和禹、汤、文、武、成王说成大道既隐的小康世"六君子"。而大同世和小康世的分际，大同世是选贤与能的公天下，小康世是世及的私天下。

孔子早年的从周思想，到晚年转成岂为东周的思想，孔子何以做了翻天覆地的大转变？《礼运篇》在叙述大道之行和大道既隐之前，有一句话："仲尼之叹，盖叹鲁也。"

孔子叹鲁的原因何在？又何以将禹至周公等六个道统传人，说成"六君子"呢？《礼运篇》另有说明："孔子曰：'於呼哀哉！我观周道，幽、厉伤之。吾舍鲁何适矣！鲁之郊禘，非礼也。周公其衰矣。杞之郊也，禹也；宋之郊也，契也，是天子之事守也。故天子祭天地，诸侯祭社稷。'"（唉，可悲呀！我考察周代的制度，已经遭受了周幽王、周厉王的破坏，现下除了周公后裔的鲁国，我还能到哪儿观察周代的礼制呢？可叹的是，作为诸侯的鲁国，竟然僭行天子之礼，在南郊祭天，在太庙追祭始祖，这是违礼的。看来周公之德已经衰微了啊！杞国郊天禘禹，宋国郊天禘契，禹、契皆是天子，而郊禘是天子的职守。天子才能祭天地，诸侯只能祭祀该国的社神和谷神。）

《论语·述而篇》孔子说："甚矣吾衰也，久矣吾不复梦见周公！""甚矣吾衰也"不是孔子自叹体衰，而是道衰。孔子本来遵从周公之道，但眼见三桓以来，周公的子孙后代败坏周公之道，孔子感叹"周公其衰矣"，所以不再梦想行周公之道。公山弗扰以费畔，召孔子，孔子欲往，遭季路阻止，孔子坦然说："夫召我者，而岂徒哉？如有用我者，吾其为东周乎？""其"，岂也；"为"，助也；"东周"，鲁国在周朝东方。孔子不助东周，即不助周公的那些僭礼非礼的鲁国子孙。

孔子慨叹鲁国，因鲁国是他的母国，也曾是他寄予理想厚望之国。《雍也篇》子曰："齐一变，至于鲁；鲁一变，至于道。"孔子认为鲁国可以提升至王道境界，可叹的是，周公子孙三桓竟然以大夫身份僭行天子的郊禘之礼。

三桓何以行郊禘之礼，当然有其历史背景。

《礼记·明堂位》说："成王以周公为有勋劳于天下，是以封周公于曲阜，地方七百里，革车千乘，命鲁公世世祀周公以天子之礼乐。"《礼记·祭统》亦有类似记载："昔者周公旦有勋劳于天下，周公既没，成王、康王追念周公之所以勋劳者，而欲尊鲁，故赐之以重祭，外祭则郊、社是也，内祭则大尝、禘是也。夫大尝、禘，升歌《清庙》，下而管《象》，朱干、玉戚以舞《大武》，八佾以舞《大夏》，此天子之乐也。康（褒扬）周公，故以赐鲁也。子孙纂之，至于今不废，所以明周公之德而又以重其国也。"

虽然，"明堂位"和"祭统"都明载成王、康王追念周公的勋劳，赐鲁国予重祭。但孔子不以为然，天子和三公诸侯各有身份，各司其职，孔子特别强调郊禘是"天子之事守也"，天子之事，天子之守。鲁国君行天子事守的郊禘之礼，即是周公德衰，何况孔子时，公室无德，三个大夫，尤其是季孙氏，竟然行郊禘之礼。

郊祭祭天，为天子外祭。《春秋公羊传·僖公三十一年》说："鲁郊何以非礼？天子祭天，诸侯祭土。"《礼记·王制篇》说："天子祭天，诸侯祭社稷，大夫祭五祀。"《论语·八佾篇》说："季氏旅于泰山。子谓冉有曰：'女弗能救与？'对曰：'不能。'子曰：'呜呼，曾谓泰山不如林放乎？'"冉有当季氏家宰，遵照季康子之令，准备在泰山举行大旅祭（旅于泰山）。孔子认为季氏只是大夫，竟行天子祷祀上帝的大旅祭，旅祭虽然还不是郊天的正礼，但已违礼不像话，便要弟子冉有设法阻止救正，冉有回答"不能"，孔子故而感叹说："难道泰山之神还不如问礼的林放吗？"（《礼记·礼器篇》孔子说："诵《诗》三百不足以一献；一献之礼，不足以大飨，大飨之礼，不足以大旅；大旅具矣，不足以飨帝。毋轻议礼。""旅于泰山"即在泰山行祷祀上帝的大旅祭。）

《礼记·王制篇》说："天子诸侯宗庙之祭，春曰礿，夏曰禘，秋曰尝，冬曰烝。"《王制篇》清楚记载，只有天子、诸侯宗庙才能行禘祭之礼。禘祭和大尝是内祭祖庙。

行禘祭的祖庙有规定，《礼记·郊特牲》说："诸侯不敢祖天子，大夫不敢祖诸侯，而公庙之设于私家，非礼也，由三桓始也。"禘祭规定，诸侯即使和天子同宗，因支子不祭，不敢在自己国家里设天子的祖庙；大夫即使与国君同宗；也不敢在自己的家堂设国君的祖庙。公庙设于私家，严重违礼，这是由鲁桓公的三个子孙孟孙氏、叔孙氏、季孙氏开始的。

天子禘祭之乐，升歌清庙，收俎彻咏《雍》诗，并以八八六十四人的八佾来舞"大夏"。季氏不只大旅祭，还禘祭，让孔子忍受不住的是一个大夫竟然收俎彻咏《雍》诗，行天子禘祭之礼。《论语·八佾篇》有数章就记录了孔子的"忍无可忍"。

孔子谓季氏八佾舞于庭，"是可忍也，孰不可忍也？"

三家者以《雍》彻。子曰："'相维辟公，天子穆穆'，奚取于三家之堂？"

子曰："禘自既灌而往者，吾不欲观之矣！"

或问禘之说。子曰："不知也。知其说者之于天下也，其如示诸斯乎？"指其掌。

孔子在子游陪侍下，观察腊祭，并感叹季氏僭越违礼，行天子旅禘之祭，而欲矫正季氏失礼，他要当家宰的弟子冉求教正，也得不到正面回应，他深思熟虑，唯有根本改革，将禹、汤下传至文武、成王、周公的私传世袭小康世，改变成尧舜选贤与能的公天下大同世，并分判尧舜的王者之道是大道派，而从禹汤至周公则是大道既隐的小康派，才能正本清源救礼复礼，因而向子游讲说大道之行的公天下大同思想。

　　尧舜何以是大道派呢？《论语·泰伯篇》孔子说："大哉尧之为君也！巍巍乎！唯天为大，唯尧则之。"天之德也公，尧法天，学天之无私大公，将帝位传给舜，舜也学尧学天，将帝位传给禹，但禹私天下，传位给自己的儿子启，变成了家天下的世袭制。

　　《礼记·礼运篇》的大同思想，并非孔子偶然起意之说，或是后人窜入。《礼记·孔子闲居》子夏问孔子何谓"三无私"，孔子答说："天无私覆，地无私载，日月无私照。奉斯三者，以劳天下，此之谓三无私。"

　　无私即公。"天无私覆，地无私载，日月无私照"的三无私思想即是天下为公的大道之行思想。孔子思想，能传其学的弟子，首推颜渊，次则子游和子夏。孔子回鲁后作《易传》和作《春秋》，颜渊主笔，子游、子夏帮忙，孔子向子游、子夏谈大同、三无私，勾勒出孔子晚年，身逢无道天下时，欲革故鼎新，贞下起元的大一统、天下平志业。

第十六章

孔门四科，德行为先

言语、政事、文学次之

孔子之前没有私人讲学，学在王官，由司徒选士、召士、造士，"士"培养成"吏"，为最基层公务员；有志为学入仕，唯有通过司徒造士一途，但地方官推荐或司徒自己选择的俊士，未见得是能力学子，像孔子就未受召。

孔子讲学，训勉学子，这些可为人民效力的孔门弟子，不少人学养俱优，可成国家栋梁，就像孔子鼓励弟子仲弓说："犁牛之子骍且角，虽欲勿用，山川其舍诸？"只要是好人才，哪怕出身低，就像耕地的杂色牛，若能生出红黄毛色且牛角周正的小牛，正是祭祀山川之神最好的牛，山川之神怎么会舍弃呢？

季康子时，鲁政败坏，民生凋敝，苛征重税，盗贼四起，身为司徒的季康子不可能做好造士的工作，孔子教诲的三千多名弟子，其中七十二人是能才之士，孔子似乎代季康子造士，提供了国家举才的智库、人才库。

《史记·仲尼弟子列传》孔子说："天下无行，多为家臣，仕于都；唯季次（公皙哀）未尝仕。"孔子的七十二贤弟子，大多入仕当家臣。

冉求受召回鲁，当季康子的家宰后，季康子通过冉求，取用了一些孔门弟子。樊迟帮冉求打败齐军，成为季氏的家臣。《论语》记录鲁哀公问礼于宰我，问税于有若，宰我、有若也都是鲁哀公或季康子的家臣。

冉求当家宰，最早进用的同门，除了樊迟外，就是师兄季路，而后是"山川其舍诸"的仲弓和子游、子夏等人。

孔子曾称赞仲弓"可使南面"，称赞仲弓有人君之度，季康子因冉求推荐，将季氏最重要的费邑交给仲弓治理。仲弓在出任费邑宰前，先请教夫子为政之道。《论语·子路篇》仲弓为季氏宰，问政。子曰："先有司，赦小过，举贤才。"曰："焉知贤才而举之？"曰："举尔所知。尔所不知，人其舍诸？"

子夏也受季康子重用，当莒父邑宰。子夏和仲弓一样，向夫子请教为政之道，夫子回答说："无欲速，无见小利。欲速，则不达；见小利，则大事不成。"（《论语·子路篇》）

才学不差子夏的子游，也当了武城邑宰。孔子曾自信说："苟有用我者，期月而已可也，三年有成。"子游念兹在兹，以礼乐治武城，在短时间有了小成就，恭请夫子前往武城看看他的政绩。孔子一进武城，就听到音乐声和人民的歌吟，心神为之一乐，忍不住开起子游的玩笑："割鸡焉用牛刀？"

孔子跟弟子开过玩笑的，除了季路外，就只有戏说子游的"割鸡焉用牛刀"。

孔子曾叹说"才难"，为政之道要举贤才，孔子叮咛仲弓举才，对子游治武城宰，也关心问："女得人焉耳乎？"子游说："有澹台灭明者，行不由径，非公事，未尝至于偃之室也。"（子游出任武城宰，在孔子卒殁前不久，子游向夫子介绍澹台灭明这个人算是人才，可知澹台灭明不是孔子弟子，《史记·仲尼弟子列传》记载：澹台灭明，武城人，字子羽。少孔子三十九岁。状貌甚恶，欲事孔子，孔子以为材薄。既已受业；退而修行，行不由径，非公事不见卿大夫。南游至江，从弟子三百人，说取予去就，名施乎诸侯。孔子闻之，曰："吾以言取人，失之宰予；以貌取人，失之子羽。"似乎是参考《孔子家语》的想象创作文字。）

冉求多才多艺，不仅擅于应对，还能够带兵打仗，也长于人和，获得季氏的尊重。孔子对冉求十分器重，他当中都宰，就令冉求当家臣，周游列国时，由冉求驾车。冉求当季氏家宰，也不忘提拔师门兄弟，请师兄季路当季氏家臣。孔子对几个能才弟子能够出仕行道，自然是高兴的，但对冉求越来越有意见。

冉求受召回鲁，孔子说："鲁人召求，非小用之，将大用之也。"孔子说这话的神色，应该是喜色溢于言表，他对冉求回鲁必受重用确有先见之明，而冉求也的确不负夫子期望，让季康子以币迎夫子回鲁，并提拔多名同门师兄弟入朝为官。但孔子对冉求的期望显然不仅如此，他似乎将自己未竟之志，寄托在冉求身上，要冉求匡救时弊，向季康子力陈正身惠民之道。

季康子在泰山行天子大旅之祭，孔子就要冉求救正，冉求自知无力阻止，回答夫了"不能"，大子有些不高兴。冉求为平息夫子之怒，解释说："我这个做学生的不是不喜欢夫子的看法，实在是使不上力。"（《论语·雍也篇》冉求曰："非不说子之道，力不足也。"）孔子仍是一肚子气未消，说："力不足，是做到中途被迫停止，现在你未尽力，先给自己画圈圈。"（力不足者，中道而废，今女画。）

没多久，季氏有个计划，要攻打附庸国颛臾。冉求觉得这事非同小可，应该跟夫子报告。冉求知道夫子对他未能制止季氏大旅之祭十分不满，于是要师兄季路陪同前往。

颛臾是鲁国境内的小国，为鲁国的附庸国。附庸的颛臾不属于三家，尚属鲁君的公臣。颛臾距离季氏的封邑费邑不远，季康子有意侵并颛臾。身为季氏家宰的冉有和当家臣的季路，就先向夫子禀报季氏将对颛臾发动战事。

冉求是家宰，职位比当家臣的季路高，又善言辞，于是由他开口。孔子一听，就数落冉求说：这是你冉求的过错，颛臾受封在东蒙山的地方，乃鲁国先君所封的东蒙主，颛臾国的土地就在鲁国邦邑中，所以颛臾国是鲁国社稷臣，怎能讨伐呢？

冉求先解释："这是季氏的主意，我和季路师兄都不认同啊！"随后又说，这是基于鲁国国防安全的考量，现在不攻取颛臾，后世必为子孙忧。孔子不客气斥责说："今由与求也，相夫子（辅佐季康子），远人不服而不能来也，邦分崩离析而不能守也，而谋动干戈于邦内。吾恐季孙之忧，不在颛臾，而在萧墙之内也。"（《论语·季氏篇》）

冉求是季康子的家宰，像今日的秘书长、幕僚长，不能自专，事事要听季康子的指令。季康子的政令和孔子有明显落差，冉求向夫子据实禀报，夫子没好脸色。

季康子的族人季子然见冉求、季路二人受季康子重用，便问孔子说："仲由、冉求，可说是大臣吧！"没想到孔子不客气地说："所谓大臣者，以道事君，不可则止。今由与求也，可谓具臣矣！"（《论语·先进篇》）"具臣"是备数之臣、滥竽充数之臣。孔子对冉求、季路爱之深责之切，不客气地说出重话。

先前，季路姐姐在季路回鲁不久即死亡，季路悲恸逾恒。姐姐已嫁而死，作为兄弟应为姐姐服丧大功九月。但九月丧期已过，季路还未除服。孔子问："为什么不除服？"季路说："我同胞手足少，不忍心到期除服。"孔子说："这是先王制定的礼法。要说不忍，能行仁义之道的人都不忍哩！"（先王制礼，行道之人皆弗忍也）季路听了，才把丧服除去。（事见《礼记·檀弓上》）

就在这当儿，卫国大夫孔悝派人来鲁，请季路担任蒲邑大夫。孔悝的父亲是孔文子，即仲叔圉，他为了向太叔用兵，请教孔子，孔子不高兴而决定离开卫国，孔文子赶来慰留。大概孔子回鲁不久，孔文子就死了，由儿子孔悝袭位。

孔悝的母亲孔姬，是被卫灵公驱逐的太子蒯聩的姐姐，孔文子的夫人，孔悝是蒯聩的外甥。卫国自卫灵公死后，儿子蒯聩跟孙子卫出公辄争位内斗不已。孔文子死后，他的太太孔姬支持弟弟蒯聩回国夺王位，他的儿子孔悝则保驾维护卫出公。

冉求已为季氏家宰，季路在鲁国发展有限。孔子周游列国经蒲邑，曾遭公叔戌所率领的蒲邑居民包围，孔子向前来辞别孔子的季路说："蒲多壮士，又难治。然吾语汝：恭以敬，可以执勇；宽以正，可以比众；恭正以静，可以报上。"（语出《史记·仲尼弟子列传》，意为：蒲邑这个地方，勇武的壮士不少，又很难治理。不过，我告诉你：只要能够恭谨谦敬，就可以统御武勇的人；能宽和公正，众人就会归附听命；恭谨宽正待人，又能冷静稳健谋事，就可以不辜负长上托付。）

季路离开鲁国，告诉颜渊说："你用什么话给我赠别呢？"颜渊说："我听说：离去祖国，须到先人墓地哭别，然后出发；返回本国时，就可以不哭了，省视墓地后再进城。"（《礼记·檀弓下》：

"吾闻之也：去国，则哭于墓而后行；反其国，不哭，展墓而入。"）

颜渊也回问季路说："你有什么话留赠我呢？"季路说："我听说：乘车经过墓地就应凭轼致敬，经过有神位的屋宇就该下车致敬。"（《礼记·檀弓下》子路曰："吾闻之也：过墓则式，过祀则下。"）

古人去国最重要的事情，就是告祖，向祖宗坟茔禀报。季路和颜渊去国道别互赠之言，谈的就是去国哭墓、辞墓的应有礼节。（叶公逼迫被他攻下的蔡国城池人民迁移至负函，是何等的残酷。）

孔子回鲁后，已高年六十八。古人七十致仕，鲁政虽不用孔子，犹以大夫、国老对待，但孔子不必上朝，冉求和季路每退朝后，仍以弟子之礼探视夫子。季路去鲁适卫后，冉求只能单独到夫子家。鲁哀公十二年（前483年）春天，冉求可能为了季氏欲实行田赋加税，知道夫子一定反对，探望夫子行动有点迟缓，去晚了些，夫子问："为何来晚呢？"冉求不敢明说为了增税讨论，含糊地说："有政。""有政"是朝廷有国政，夫子知道季氏想加税，口气不太好，说："其事也？如有政，虽不吾以，吾其与闻之。"（《论语·子路篇》）"其事也"，孔子故作疑问说，什么国政，只不过是季氏的家事吧？如果确有国政，我虽然不上朝见用，犹得与闻国政。

季氏加税终告确定，孔子怒气勃发，认为季康子比周公后代子孙鲁哀公有钱（季氏富于周公，而求也为之聚敛而附益之），可冉求还为季氏搜刮民财，不能辅助季氏泽惠百姓，反而助纣为虐，厉责冉求说："非吾徒也。小子鸣鼓而攻之可也。"（《论语·先进篇》）"非吾徒也"不是将冉求赶出门墙，而是斥责冉求为季氏聚敛行为，非我孔门弟子所当为，要孔门弟子鸣鼓攻过，让冉求知过改过。

《论语》一书的可贵，在孔子与弟子对话自然，真情流露，非假道学应对。孔子发起脾气，竟然骂冉求"非吾徒也"，后世读之，不会感觉孔子口语尖酸刻薄，而是感受到爱深责切。

孔子训诲弟子，骂弟子最畅快淋漓的不是冉求，而是责备宰予昼寝，说："朽木不可雕也，粪土之墙不可圬也。于予与何诛？"

孔子称赞尧法天，而天之行也健，所以《易经》第一卦乾卦的《大象传》就是："天行健，君子以自强不息。"孔子不只学天行自强不息，也学不舍昼夜的逝水。他肯定颜回的"语之而不惰"、"见其进，而未见其止也"，因而对冉求画地自限和宰予的白天睡懒觉深为不满，而作了较严厉的批评。

《论语》书中，有关宰予的篇章有四，除了"哀公问社于宰我章"和"宰予昼寝章"，另有"井有仁焉章"和"宰我问三年之丧章。"

《雍也篇》宰我问曰："仁者，虽告之曰'井有仁焉'，其从之也？"子曰："何为其然也。君子可逝也，不可陷也；可欺也，不可罔也。"《论语》弟子问夫子，都是毕恭毕敬请教，宰我在这章却是设题反问夫子：假使有人告诉仁者说"井里有人掉下去"，这仁者要紧跟着下井吗？知徒莫若师，孔子对宰我这种假设性发问有警觉，仁者见有人跌下井里，理应下井救人，但为了救人而丧失生命，是否合宜呢？这是两难设题，孔子不是直接回答，而是先不以为然说"何为其然也"（怎么可以如此说呢），接着又说："君子可逝也，不可陷也；可欺也，不可罔也。"

《阳货篇》宰我问三年之丧："期已久矣，君子三年不为礼，礼必坏，三年不为乐，乐必崩。旧谷既没，新谷既升，钻燧改火，期可已矣！"子曰："食夫稻，衣夫锦，于女安乎？"曰："安。""女安则为之。夫君子之居丧，食旨不甘，闻乐不乐，居处不安，故不为也。今女安，则为之。"宰我出。子曰："予之不仁也！子生三年，然后免于父母之怀。夫三年之丧，天下之通丧也。予也，有三年之爱于其父母乎！"

孔子三岁丧父，十七岁亡母，对父母有无法尽孝之痛，秉性温良的孔子定然为自己无法多些时间事亲尽孝，引为憾事，所以向弟子教诲孝行，且主张父母丧期要守三年孝，三年丧宜为上从天子、下至百姓的"通丧"。

三年丧影响社会和个人生活甚大，一个人守孝三年，做官要辞官，做事也不能平顺进行，人生规划骤然遇到父母亡故，全要改变，当然有反对意见，宰我就反对丧期三年太久，主张一年期就够了。

孔子面对宰我的质疑，以父母之恩的角度问宰我："父母死了，不过三年，你吃稻米饭，穿锦缎衣，对你来说，心安吗？"孔子大概心想，宰我应该会惭愧不安的，没想到宰我却答说"安"。孔子对这个言辞不让的弟子不高兴又没办法，只能在宰我离开，向其他弟子发劳骚："宰我真不仁啊！"

礼以时为大，孔子欲推广父母亡故三年丧，第一个质疑的就是自己的弟子宰我。孔子说修学之方博学、审问、慎思、明辨、笃行，宰我向夫子争辩，虽是个人秉性好辩，但非全然无理。他说"旧谷既没，新谷既升，钻燧攻火，期可已矣"，即以四时更替，一年为丧期论说。孔子则是欲以恩情来折服宰我，要宰我反思父母之恩："子生三年，然后免于父母之怀……予也，有三年之爱于其父母乎！"

《史记·五帝本纪》为"本纪"之始，《五帝本纪》末太史公曰："学者多称五帝，尚矣。然《尚书》独载尧以来；而百家言黄帝，其文不雅驯，荐绅先生难言之。孔子所传宰予问五帝德及帝系姓，儒者或不传。余尝西至空桐，北过涿鹿，东渐于海，南浮江淮矣，至长老皆各往往称黄帝、尧、舜之处，风教固殊焉，总之不离古文者近是。予观《春秋》《国语》，其发明《五帝德》《帝系姓》章矣。顾弟弗深考，其所表见皆不虚。书缺有间矣，其轶乃时时见于他说。非好学深思，心知其意，固难为浅见寡闻道也。余并论次，择其言尤雅者，故著为本纪书首。"

《尚书》首篇是《帝典》（《尧典》《舜典》），从尧、舜开始谈中国上古的政治，尧、舜之前则未有论述。《易·系辞传》的王者，孔子首推伏羲氏，而后是神农氏，接续者是黄帝、尧、舜，但只是一句话带过。

孔子"信而好古"，曾至洛邑问学于周室守藏史老聃。孔子二十七岁时，请教了郯国的国君郯子，郯子说他的高祖少昊氏即位时，因"凤鸟适至，故纪于鸟"，百官师长皆以鸟命名，郯子还讲述古代官名由来，如黄帝氏以云纪官，炎帝氏以火纪官，共工氏以水纪官，大昊氏以龙纪官。

孔子多闻好学，未出仕前，以"博学"闻名。孔子四十二岁，季桓子穿井得到瓦器，器中有个像羊的东西，就求问孔子，并且说挖得的瓦器里有只狗，孔子回说那是雌雄未成的"坟羊"。

吴国攻打越国，拆毁了越都会稽，发现一节骨头，占满了一车，吴国派了专使来请教孔子，孔子说："禹召集各地君长到会稽山，有个君长叫防风氏，很迟才到，禹就杀了他，陈尸在那儿，他的骨头一节就占满一车。"

从这些记载，可知孔子对古史很有研究。司马迁的《史记》，第一卷是《五帝本纪》，就是根据宰予所传孔子的《五帝德》和《帝系姓》来撰著《五帝本纪》《三代世表》，可惜的是，孔子所传宰予的《五帝德》和《帝系姓》并未流传下来（《大戴礼记》有《五帝德》《帝系》；《孔子家语》有《五帝德》《五帝》，可参考）。

宰予在《论语》中，被孔子批评"朽木不可雕也，粪土之墙不可圬也"、"予之不仁也"、"君子可逝也，不可陷也；可欺也，不可罔也"，后世儒者难免怀疑宰予之德，而不传宰予之言。

宰予随孔子周游列国，楚昭王在孔子绝粮于陈、蔡间，兴师迎孔子，有意将以书社地七百里封孔子。楚令尹子西说："王之使使诸侯有如子贡者乎？"曰："无有。""王之辅相有如颜回者乎？"曰："无有。""王之将率有如子路者乎？"曰："无有。""王之官尹有如宰予者乎？"曰："无有。"宰予和子贡、颜回、子路同为楚国令尹（宰相）子西所器重，宰予的言行、事迹必定称闻于彼时。

孔子重德行，督励弟子重智、重仁、重义、重礼、重孝等德行，并教诲弟子为政、好学之道，《论语·述而篇》概括孔子讲学四教：文、行、忠、信。弟子大多向夫子问仁、问智、问政、问友、问士，宰予却是学而思，思而有得，才向孔子请教。宰予的井有人焉、三年问、问五帝德、问帝系姓，显示宰予有超人才智，才能作此疑问。

孔子回鲁在鲁哀公十一年，孔子年六十八。鲁哀公问社于宰予，因宰予言多有失，曲解周人用栗树为社树是为了"使民战栗"，让人民战栗恐惧，遭孔子斥责。《史记·仲尼弟子列传》说："宰我为临菑大夫，与田常作乱，以夷其族，孔子耻之。"司马迁大概转述《孔子家语·七十二弟子解》而作此无稽之言。齐国大夫陈成子在鲁哀公十四年（前481年），弑君齐简公，再二年孔子卒，宰予怎么可能出任齐国临菑（齐都）大夫，参与陈成子作乱？后来且因罪遭夷族，身为老师的孔子还"耻之"？

相较宰予的利口，孔子晚年所收的弟子曾参就鲁钝不灵敏。《史记·孔子世家》说曾参小孔子四十六岁。孔子五十五岁开始周游列国，曾参才九岁，不可能随从孔子去国，曾参当在孔子六十八岁回鲁后，才进入孔门。

孔鲤过庭，父亲问他"学《诗》乎"、"学《礼》乎"，推知孔子未亲授儿子读《诗》《礼》。古人虽易子而教，但这未成定数。孔子时，没有私学，能教学的不多，不容易易子而教。曾参父曾点是孔子早期弟子，曾参有可能受教于曾点的师门兄弟如琴牢、牧皮，也可能由曾点自己启蒙读书，直至孔子回鲁再入孔门。孔子回鲁，曾参已二十二岁，孔子孙子孔伋与曾参相若，当是曾参小时候的玩伴。孔子对这晚期弟子，不只喜爱也有期待。但鲁直的曾参对孔子之道并未有深刻的体悟认知。

曾参在《论语》出现的章节不少，但分析归纳，曾参与孔子答问，只有一章，其余都是曾参向弟子讲学的文章。曾参与夫子的答问，在《论语·里仁篇》：子曰："参乎！吾道一以贯之。"曾

子曰:"唯。"子出。门人问曰:"何谓也?"曾子曰:"夫子之道,忠恕而已矣!"《论语》另有十二章,记载曾参之言:

其他篇章之文如下:

一、《学而篇》曾子曰:"吾日三省吾身:为人谋而不忠乎?与朋友交而不信乎?传不习乎?"

二、《学而篇》曾子曰:"慎终追远,民德归厚矣。"

三、《泰伯篇》曾子有疾,召门弟子曰:"启予足!启予手!《诗》云:'战战兢兢,如临深渊,如履薄冰。'而今而后,吾知免夫!小子!"

四、《泰伯篇》曾子有疾,孟敬子问之。曾子曰:"鸟之将死,其鸣也哀;人之将死,其言也善。君子所贵乎道者三:动容貌,斯远暴慢矣;正颜色,斯近信矣;出辞气,斯远鄙倍矣。笾豆之事,则有司存。"

五、《泰伯篇》曾子曰:"以能问于不能,以多问于寡;有若无,实若虚,犯而不校;昔者吾友尝从事于斯矣!"

六、《泰伯篇》曾子曰:"可以托六尺之孤,可以寄百里之命,临大节而不可夺也。君子人与?君子人也!"

七、《泰伯篇》曾子曰:"士不可以不弘毅,任重而道远。仁以为己任,不亦重乎?死而后已,不亦远乎?"

八、《宪问篇》子曰:"不在其位,不谋其政。"曾子曰:"君子思不出其位。"

九、《子张篇》曾子曰:"堂堂乎张也,难与并为仁矣。"

十、《子张篇》曾子曰:"吾闻诸夫子:'人未有自致者也,必也亲丧乎？'"

十一、《子张篇》曾子曰："吾闻诸夫子：'孟庄子之孝也，其他可能也；其不改父之臣，与父之政，是难能也。'"

十二、《子张篇》孟氏使阳肤为士师，问于曾子。曾子曰："上失其道，民散久矣！如得其情，则哀矜而勿喜。"

这十二章中，《子张篇》有两章"吾闻诸夫子"，是转述孔子的话，《宪问篇》曾子曰"君子思不出其位"，是引《易经》讲解孔子所说的"不在其位，不谋其政"；《泰伯篇》的"以能问于不能章"称赞颜渊，《子张篇》的"堂堂张也"是批评子张，其余五章是曾子向弟子讲学，不能确定所讲的内容是引述孔子，还是自己之学，但审阅其中文字，没有特殊立说。

《论语》书中，孔子乐见弟子成材，《先进篇》："闵子侍侧，訚訚如也；子路，行行如也；冉有、子贡，侃侃如也。子乐。"没有提到曾参。《先进篇》另一章说："柴也愚，参也鲁，师也辟，由也喭。""参也鲁"未称扬曾参，而孔子对曾参感叹说："参乎，吾道一以贯之！"应该可以解读，孔子和曾参一谈，发觉曾参之智，未见他的一贯之道。

孔子晚年希望他所教诲的弟子能传其道，他特别关注子贡和曾子两人，遗憾地发现，长于外交语言的子贡能宣传他这个老师之人，却无能传其道。《论语·卫灵公篇》子曰："赐也，女以予为多学而识之者与？"对曰："然！非与？"曰："非也，予一以贯之。"孔子认为子贡只当他这个老师是博学的学者、学问家，无法了解他这个老师是有一贯之道的哲学家。曾参亦和子贡一样，无法得知夫子的一贯之学、一贯之道。

《子张篇》孟氏使阳肤为士师，问于曾子。孟肤是曾子弟子，且《泰伯篇》有"曾子有疾召门弟子曰"之言，可知《论语》一书经孔子、曾子及曾子弟子三代始定稿。《论语》记载了十二章曾子之言，且称曾参为"曾子"（《论语》记载，孔门有二弟子称"子"，一是曾子，另一是有子，传统因而说《论语》书由曾子、有子的弟子编定），《论语》若非由曾子门人编定，即现今《论语》版本，为曾子及其弟子所用版本，才会加入这么多章曾子及其与弟子之言。

《论语》未见曾参问孔子的记载，大概孔子归鲁后，忙于作《易传》和《春秋》，和晚期所收弟子较少单独接触答问，曾子因而未有直接问夫子记录，曾子在孔子有生之年，确有未见夫子之道的遗憾。

孔子有教无类，对所收弟子皆等同对待，无私无隐，廓然公正，孔子论人论事不受情欲所困，言而无私，他视季路如家人，季路对他犯颜直批，他不以为忤，他还担心季路不得好死。季路曾自道他的志向是"千乘之国，摄乎大国之间，加之以师旅，因之以饥馑，由也为之，比及三年，可使有勇，且知方也"，而冉求自道"方六七十，如五六十，求也为之，比及三年，可使足民"，季路的能才似乎胜冉求一筹。且孔子曾经斥责冉求"非吾徒也。小子鸣鼓而攻之可也"，但孔子论评弟子无私见，德行、言语、政事、文学四科十哲中，政事第一是冉求，第二是季路。

七十二贤弟子中的言语科，被孔子斥责"朽木不可雕也，粪土之墙不可圬也"的宰予，其利口辩辞也胜过结驷连骑，改变齐、鲁、晋、吴、越五国政治生态的子贡。

《论语·颜渊篇》樊迟问仁。子曰："爱人。"问知。子曰："知人。"樊迟未达。子曰："举直错诸枉，能使枉者直。"樊迟退，见子夏曰："乡也吾见于夫子而问知，子曰：'举直错诸枉，能使枉者直。'何谓也？"子夏曰："富哉言乎！舜有天下，选于众，举皋陶，不仁者远矣！汤有天下，选于众，举伊尹，不仁者远矣！"

樊迟早期为孔子驾车，樊迟勇健，为冉求副将，打败来犯齐军，樊迟贤智非上等，却勇于好问，孔子喜爱樊迟，有问必答，樊迟听不懂，转问子夏。可知子夏长于六经之文，是孔门弟子"文学科"的代表。不过，从《礼记》看出，以礼乐治武城的子游，言礼似乎比同门兄弟子夏高明。《荀子·非十二子篇》说："子思唱之，孟轲和之，世俗之沟犹瞀儒嚾嚾然不知其所非也。遂受而传之，以为仲尼、子游为兹厚于后世。是则子思、孟轲之罪也。"子游与孔子并称，文学科子游排序第一，子夏第二有其原因。

君子儒重德行，德行不是只有道德修养。孔子的修学之方"博学之，审问之，慎思之，明辨之，笃行之"，笃行是博学、思辨后的实行，颜渊有德行，也具文学长才，孔子以为弟子中的德行科次序是颜渊、闵子骞、冉伯牛、仲弓等四人，值得注意的是《荀子·非十二子篇》说："无置锥之地，而王公不能与之争名，则一君不能独畜，一国不能独容；成名况乎诸侯，莫不愿以为臣，是圣人之不得埶者也，仲尼、子弓（**仲弓在《汉书·艺文志》已无传**）是也。""可使南面"的仲弓能才，不限个人修为操守，政事、文学也有可道之处。

《史记·孔子世家》说："孔子以《诗》《书》《礼》《乐》教，

弟子盖三千焉，身通六艺者七十有二人。"在七十二个贤能弟子中，孔子无私隐地作出四科十哲的评价：德行：颜渊、闵子骞、冉伯牛、仲弓。言语：宰我、子贡。政事：冉有、季路。文学：子游、子夏。(《论语·先进篇》)

《先进篇》说："柴也愚，参也鲁，师也辟，由也喭"，子羔（高柴）、曾参、子张皆未列入十哲，只有强武粗率的季路列于政事科，而在冉有之后。

《论语》的编纂，传统学人认为出自有子和曾子弟子之手，但有子、曾子皆未列入十哲中，可知这是孔子的公开论断，孔门的徒子徒孙不敢妄加更动，曾、孟学派却为曾子未入十哲抱不平，将孔子论列弟子之才，说是"世俗论"。

第十七章

颜渊死天丧予，季路死天祝予

孔子死泰山坏乎，哲人萎乎

鲁哀公十四年（前481年），孔子七十一岁，发生了三件影响孔子甚深的事情，一是孔子自认为传道弟子颜渊短命而死；二是西狩获麟，《春秋》绝笔；三是齐大夫陈成子弑杀齐简公，孔子上朝请讨伐未成。

　　颜渊是孔子早期弟子颜路的儿子，他亦步亦趋学孔子。

　　孔子五十而知天命，孔子作《易·系辞上传》第四章说："乐天知命故不忧，安土敦乎仁故能爱。"《论语·雍也篇》孔子称赞颜渊说："贤哉，回也。一箪食，一瓢饮，在陋巷，人不堪其忧，回也不改其乐。"颜渊很早就达到不忧的境界。

　　《雍也篇》孔子又说："不得中行而与之，必也狂狷乎！狂者进取，狷者有所不为也。"即孔子自言所授弟子，虽没有乡愿者，也只有一个中行者颜渊，其余非狂即狷。

　　颜渊帮孔子修订《诗》《书》《礼》《乐》四经，并主笔《易传》《春秋》。《论语·述而篇》故而称赞颜渊说："用之则行，舍之则藏，唯我与尔有是夫！"所谓"舍之则藏"，是时舍则藏道于民，颜渊助孔子完成《易传》《春秋》，孔子深深喜爱这个能传其学的弟子。《论语》书中，唯独此章，孔子将颜渊与自己并称，必有深意。

　　《论语·先进篇》孔子说："回也，其庶乎！""庶乎"即"庶

"几乎"，庶几闻道矣。

孔子以颜渊为传学、传道之人，十分明确。《论语·公冶长篇》子曰："十室之邑，必有忠信如丘者焉，不如丘之好学也。"《雍也篇》哀公问弟子孰为"好学"，孔子对曰："有颜回者好学，不迁怒，不贰过。不幸短命死矣！今也则亡，未闻好学者也。"孔子以"好学"自许，也以"好学"称赞颜渊。"好学"不是喜好读书，而是学能自得。《易经》补过、免于大过，颜渊已达"不迁怒，不贰过"的境界，亦即颜渊有德、有行、有道、有学，庶几闻道矣。颜渊的境界只差孔子的"从心所欲不逾矩。"

子贡为存鲁，奉夫子之命出使五国，国君礼敬有加，越王勾践除道郊迎，孔子担心子贡难免功高气盛，因而问子贡说："女与回也孰愈？"子贡恭谨地说："赐也何敢望回？回也闻一以知十，赐也闻一以知二。"子贡如此称赞颜渊，不全然是颜渊德行出众，而是颜渊做出了成绩。子贡不能闻知性与天道，而颜渊却帮夫子作《易传》《春秋》。

孔子教诲了成名弟子七十二人，他自认"四十而不惑"。不惑唯智者，而智者知人，孔子有知人之明，他深幸得人，得到有传学传道之能的弟子颜渊，他将颜渊视从己出，不意颜渊却短命而死。

《论语》虽只有两章记载孔子痛失颜渊，但这两章痛彻心扉、恸传千百世。

颜渊死，子曰："噫！天丧予！天丧予！"（《先进篇》）

颜渊死，子哭之恸。从者曰："子恸矣！"曰："有恸乎？非夫人

第十七章

之为恸而谁为？"（《先进篇》）

古人短折叫"不禄"（《礼记·曲礼下》），也叫"夭折"，儿子比父亲早死，叫"短命"，孔子视颜渊如子，所以称年四十一而死的颜渊"短命而死"。颜渊先孔子而死，孔子哀之恸而连呼"天丧予"，非天老爷将丧失我孔丘这个人，而是天老爷将丧失我孔丘之道、我孔丘之学，让我孔丘的传道、传学弟子那么早丧命。

天丧吾道的心恸难以言喻，而颜渊的父亲颜路来看他，所谈的话也让他心酸。颜路这个孔子早期的弟子之一，对夫子十分亲近。颜路一家贫穷，孔子特别欣赏颜回能固守贫穷之道，箪食瓢饮，不改其乐，但颜路提出了一个让他做老师的为难想法。颜路希望儿子颜渊能较体面入棺。

孔子任中都宰，订定"四寸之棺，五寸之椁"的丧葬制度（《礼记·檀弓上》有子曰："夫子制于中都，四寸之棺，五寸之椁"），为人父亲的颜路希望儿子能有五寸之椁，也就是在四寸厚内棺之外，又加五寸厚的外棺。这个为儿子而非为自己的想法并不过分。颜路或许不想失颜面，向师门兄弟求助，因而动到爱颜渊如子的夫子身上：夫子有一辆马车，颜路希望夫子卖马车，为颜渊置椁（颜路请孔子卖车子为颜渊买外椁，在古代并非罕见。《礼记·檀弓下》说，鲁国人子柳的母亲死了，他的弟弟子硕请求备办殓葬的各种用具。子柳说："拿什么办呢？"子硕说："请卖掉庶弟的母亲吧！"儒家重丧葬，有些人为办丧事破财毁家，后世学人常以此批儒，但这并非孔子之意，甚至反孔子之学）。

外棺的椁，不是套在内棺外面，而是在墓坑内。下葬前，不但先要挖好墓坑，并且坑里还要垒好棺外之椁。棺椁之间有一定距离，留一定空间。《仪礼·士丧礼》说："既井椁，主人西面拜工，左还椁，反位，哭不踊。"椁木呈井字形，先做好椁架，放在殡门外，经检视后，丧主在殡门东面朝西拜谢工匠，然后向左转身，周绕椁架一圈，回到原位，号哭而不顿足，葬埋前，送到墓坑完成。

孔子收了三千多名弟子，自己仍十分困穷，但他能固守困穷之道。《礼记·檀弓下》孔子畜养的狗死了，让子贡去埋，说："我听说过，破旧的帷幕不要扔掉，可以留下用来包裹埋葬死马；破旧的车盖也不要扔掉，为了可以用来埋狗。我孔丘贫困，没有车盖，把死狗放进坑里的时候，也得给它找一张席子，别让它的脑袋直接埋在土里。"（仲尼之畜狗死，使子贡埋之，曰："吾闻之也，敝帷不弃，为埋马也；敝盖不弃，为埋狗也；丘也贫，无盖，于其封也，亦予之席，毋使其首陷焉。"）

孔子对死葬的态度，只求尽己合礼，曾经向弟子樊迟说："生，事之以礼。死，葬之以礼，祭之以礼。"（《论语·为政篇》）又向问礼之本的林放说："礼，与其奢也，宁俭；丧，与其易也，宁戚。"（《论语·八佾篇》）但弟子颜路为让儿子入土体面些，有个外棺，乃是人之常情，不宜遭误解推脱，孔子坦率直言："才不才，亦各言其子也。鲤也死，有棺而无椁。吾不徒行以为之椁，以吾从大夫之后，不可徒行也。"（《论语·先进篇》）孔子向颜路说，儿子不管才高才低，都是自己的儿子。孔鲤是我的儿子，他死的时候，我因为贫困，只为他备内棺，没有钱备外棺。颜回如同我的儿子，我只能像处理孔鲤的后事一样。

孔子并且向颜路说明，儿子孔鲤死，他当时没有卖车子给儿子买外椁，是因为他是大夫，大夫依礼要坐车入朝，不能徒行走路。孔子内心深处还有悬念，他虽然身为无官位的下大夫，总冀望自己一息尚存，还能为鲁国和鲁人多奉献一些心力。颜渊死，孔子已是七十一岁的老人了，岂能没有坐车代步？孔子若要上朝，难不成要徒步上朝？

《晏子春秋》晏婴病，将死，遗留言："布帛不穷，穷不可饰；牛马不穷，穷不可服；士不可穷，穷不可任；国不可穷，穷不可窃也。"牛马不能没有，没有牛马就不能驾车，意思相同。

《礼记·檀弓下》子路说："贫穷真可悲！父母在，没有钱财奉养；父母去世，没有钱财办丧礼。"孔子回说："吃粥喝清水，而能让老人家开心，这样就可以称作孝了；去世时，衣被能遮盖头首四肢形体，入殓后就埋葬，没有外椁，只要办丧事的花费和自己的财力相称，这样就可以称作礼了。"子路和夫子的对答，可能是对颜路要求夫子卖车子，为颜渊购置外椁的感慨。

颜路要孔子卖车不成，大概转向同门求助。颜渊与师门兄弟有亲有情，且学养德行为师门兄弟所尊崇，一些师门兄弟决定不仅帮颜渊备置外棺，还要厚葬颜渊，帮颜渊举办体面的葬礼。

颜渊虽是贤才，但终身未仕，只是一个平民。同门师兄弟因为仰慕颜渊贤德，欲加以厚葬，孔子以为厚葬违礼，且颜渊的德行就是能困守贫困之道，表示不可，但同门师兄弟为了完成颜路的心愿，终而厚葬颜渊，孔子还感叹道："颜回对待我如父亲一样，他若真的是我儿子，我可出主意，不让违礼厚葬。现在颜回的父亲出主意，我不便干涉，这个违礼厚葬的主意，可不是我的想法，而是弟子们的主意啊！"（《论语·先进篇》：颜渊死，门人欲厚葬之。子曰："不可。"门人厚葬之。子曰："回也，视予犹父也，予不得视犹子也。非我也，夫二三子也。"）

颜渊死后不久，同是鲁哀公十四年春天，鲁国叔孙氏的车夫鉏商在鲁国西境大野（今山东巨野县北）地方狩猎，猎获了一只少见野兽，原以为不祥，赐给管山林川泽的虞官。虞官送请孔子过目，孔子惊讶说："这是麒麟！"

《春秋》经文对获麟一事，用字甚俭，《哀公十四年》的经文只有九字："十有四年，春，西狩获麟。"《公羊传》的传文则有两百三十余字，《公羊传》这段总结文字有孔子作《春秋》之义：

何以书？记异也。何异尔？非中国之兽也。然则孰狩之？薪采者也。薪采者则微者也，曷为以狩言之？大之也。曷为大之？为获麟大之也。曷为获麟大之？麟者仁兽也，有王者则至，无王者则不至。有以告者曰："有麕而角者。"孔子曰："孰为来哉？孰为来哉？"反袂拭面，涕沾袍。颜渊死，子曰："噫！天丧予！天丧予！"子路死，子曰："噫！天祝予！"（孔子获麟绝笔于鲁哀公十四年，季路则死于鲁哀公十五年，《公羊传》作者重孔子哀季路之死，与颜渊之死并言）西狩获麟，孔子曰："吾道穷矣！"《春秋》何以始乎隐？祖之所逮闻也。所见异辞，所闻异辞，所传闻异辞。何以终乎哀十四年？曰：备矣。君子曷为为《春秋》？拨乱世，反诸正，莫近乎《春秋》。则未知其为是与？其诸君子乐道尧舜之道与？末不亦乐乎尧舜之知君子也？制《春秋》之义以俟后圣，以君子之为，亦有乐乎此也。

"《春秋》何以始乎隐？祖之所逮闻也"，《公羊传》解释《春秋》为何从鲁隐公开始记述，因为为史不能臆想创作。《论语·卫灵公篇》孔子说："吾犹及史之阙文也，有马者，借人乘之。今亡矣夫？"孔子治史态度，有阙疑而不明白的文字，他不以自己意思加补上去。作《春秋》态度即采此严谨态度，他是鲁人，为鲁国作史，得言之有据，孔子作《春秋》，因而对于亲见时代之事的书法用语、亲耳闻听之事的书法用语、传闻时代之事的书法用语各有不同。时代渐远，恩义渐薄，记之较略；时代渐近，恩义愈厚，记之愈详，隐讳也多。孔子对鲁国十二公历史记事的不同书法：所见者，是昭、定、哀三公，自己与父亲时事；所闻者，是文、宣、成、襄四公，祖父时事；所传闻者是隐、桓、庄、闵、僖，高祖曾祖时事。

不过，孔子作《春秋》不仅有远近、隐讳之别，还将拨乱反正之义、尧舜之道寄寓《春秋》中。中国之学为"仁"字，孔子喻麒麟为仁兽，麒麟被车夫樵民所获，如自己困穷无法弘仁。上天丧予之道，孔子发出"吾道穷矣"的浩叹，也将《春秋》绝笔于鲁哀公十四年的"西狩获麟"，这种以"所见异辞，所闻异辞，所传闻异辞"的远近亲疏有差，而为文详略有别的治史原则，可谓"史无前例"。可孔子更令后世人惊讶的是，他并非纯为记叙史实史事，而是借事明义，将义理揉入史事。

孔子何以作《春秋》？《史记·太史公自序》上大夫壶遂说："昔孔子何为而作《春秋》哉？"太史公曰："余闻董生曰：'周道衰废，孔子为鲁司寇，诸侯害之，大夫壅之。孔子知言之不用，道之不行也，是非二百四十二年之中，以为天下仪表，贬天子，退诸侯，讨大夫，以达王事而已矣。'子曰：'我欲载之空言，不如见之于行事之深切著明也。'……《春秋》以道义。拨乱世反之正，莫近于《春秋》。《春秋》文成数万，其指数千。万物之散聚皆在《春秋》，《春秋》之中，弑君三十六，亡国五十二，诸侯奔走不得保其社稷者不可胜数。察其所以，皆失其本已……"

孔子自述作《春秋》目的是"我欲载之空言，不如见之于行事之深切著明也"。孔子环视彼时诸侯，鲁国三家凌侵公室，僭越天子之礼，齐国大夫陈成子弑君，卫国出公和其父蒯聩争位。《春秋》之中，弑君三十六，亡国五十二，乱世乱君乱臣比比皆是，欲拨乱返于正道，让君臣父子各位其位，岂是空陈古圣明王之道就能返正的，必须将这些乱君贼臣所行之事，以义理彰显其是非得失，刨根究底，不容隐晦。孔子于是从鲁隐公元年笔削到鲁哀公十四年，把鲁国十二公、二百四十二年间的是是非非加以厘清，以"贬天子，退诸侯，讨大夫"的原则，作为王天下的标准，亦即孔子借事明义作《春秋》。

孔子所谓的"贬天子，退诸侯，讨大夫"，所贬的天子是以天下为私人一家所有的世袭天子，所退诸侯和所讨大夫也都是世袭者。孔子的贬、退、讨方式即所谓的"制度"。《礼记·礼运篇》说："故天子有田以处其子孙，诸侯有国以处其子孙，大夫有采以处其子孙，是谓制度。"

孔子所说的"制度"，《礼记·王制篇》说："天子之田方千里，公侯田方百里，伯七十里，子男五十里。不能五十里者，不合于天子，附于诸侯，曰附庸。"孔子认为大道不行，是没有天下为公的制度，而以天下为天子一家所有。孔子所谓的"制度"，则将天子贬为五等爵的第一等爵：天子一位、公一位、侯一位、伯一位，子男同一位。天子的食田范围限制方千里，而非普天之下皆为王土。

天子既非世袭，所以天子是选贤与能的贤能王者，"王"不是君王，"王"有"往"意，"王者"是天下民所归往的王者，故而《春秋经·隐公元年》的经文是"元年，春，王正月"。

历史纪实，《春秋》的"元年，春，王正月"，经文本应是"一年，春，王一月"，孔子何以变文"元年，春，王正月"？》孟子·滕文公篇？孔子说："知我者，其惟《春秋》乎！罪我者，其惟《春秋》乎！"《孟子·离娄篇》说："王者之迹熄而《诗》亡，然后《春秋》作。晋之《乘》，楚之《梼杌》，鲁之《春秋》，一也；其事则齐桓、晋文，其文则史。孔子曰：'其义则丘窃取之矣。'"《易经》第一个字即"元"，《春秋》变"一"为"元"。《春秋》奉元行事，与《易经》相表里。

孔子作《春秋》不是作"史"，而是以"义"作《春秋》，所以应以哲理、义理来读《春秋》。

《春秋》之事，取自古史，从鲁隐公元年到鲁哀公十四年的二百四十二年间，史料极多，《史记·太史公自序》说"《春秋》文成数万，其指数千"，要完成只有数万字的《春秋》，却涵数千条大义，可不是容易的事，孔子根据鲁史所作的《春秋》，大刀阔斧，该笔录的就勇于振笔直录，该删削的就断然删削，就连子夏、子游（《史记·孔子世家》只提子夏）这些长于文学的弟子，连一句话都说不上。

孔子作成《春秋》，教授弟子，说："后世的人想知道我行圣王之道的，只有看这本《春秋》，要怪罪我孔丘的，也因为这部《春秋》了。"（孔门弟子传《春秋》最出名的是子夏。隐元年疏，闵因序说："使子夏等十四人求周史记，得百二十国宝书。"《春秋繁露·俞序》说："故卫子夏言，有国家者不可不学《春秋》，不学《春秋》则无以见前后旁侧之危，则不知国之大柄，君之重任也。"《韩非子·外储说右上》："君所以治臣者有三：一、势不足以化则除之。师旷之对，晏子之说，皆合势之易也而道行之难，是与兽逐走也，未知除患。患之可除，在子夏之说《春秋》也……"《春秋经》影响中国政治深远，尤其是《公羊传》。汉儒说孔子"志在《春秋》，行在《孝经》"，董仲舒传《公羊春秋》，甚至以《春秋》断狱，汉人治经不重视《论》《孟》，而是重《春秋》；民国初年，康有为等学人试行《春秋》之义治中国，公羊学风行一时。）

《史记·孔子世家》说："（《春秋》）据鲁，亲周，故殷，运之三代。约其文辞而指博。故吴楚之君自称'王'，而《春秋》贬之曰'子'；践土之会实召周天子，而《春秋》讳之曰'天王狩于河阳'；推此类以绳当世。贬损之义，后有王者举而开之。《春秋》之义行，则天下乱臣贼子惧焉。"（《春秋》根据鲁国为记述中心，尊奉周王为正统，参酌了殷朝的旧制，推而三代的法统。文辞精简而旨意深远。所以吴国、楚国的国君自称为"王"，《春秋》依据当初周王册封的等级，降称为"子爵"；晋文公召集的践王会盟，实际上是周襄王应召前去与会，《春秋》以为这事不合法统而避开它，改称为周天子巡狩到了河阳。推展这类的事例，作为衡断当时人行事违背礼法与否的标准。这种贬抑责备的大义，后代如有英明的君王加以倡导推广，使《春秋》义法得以通行天下，那窃位盗名为非作歹的人，就知所警惕惧怕了。）

孔子对彼时政治可说绝望，就在齐大夫弑其君，诸国皆无动于衷的感慨下。鲁哀公十四年夏，齐国大夫陈成子弑齐君简公。七十一岁的孔子已经致仕，仍在前一天齐一心志地进行斋戒，独自自处在正寝，沐浴更衣，隔天坐车入朝，上告鲁哀公，请鲁哀公出兵讨伐，鲁哀公说："你去告诉那三个桓氏子孙大夫吧！"孔子依君命告诉孟孙氏、叔孙氏、季孙氏三个大夫，三个大夫回说"不可"。孔子因而说："以吾从大夫之后，不敢不告也。"（《论语·宪问篇》）

孔子请鲁哀公讨伐弑齐君的陈成子，《论语》记录在《宪问篇》，《左传·哀公十有四年》也有记载。鲁哀公质疑孔子说："鲁为齐弱久矣，子之伐之，将若之何？"（鲁国比齐国长久衰弱，你要讨伐，有何良策呢？）孔子回答说："陈恒弑其君，民之不与者半，以鲁之众，加齐之半，可兑也。"（陈恒弑杀国君，齐国人民不赞成的居半，用鲁国和集众人军力，加上一半齐国军力，可以打胜。）

孔子说："人能弘道，非道弘人。"春秋无义战，鲁国若出兵，所讨伐者不是齐国人民，而是弑君的大夫。三桓若伐陈成子成功，可效法齐桓公九合诸侯义行，或许能稍扼抑彼时大夫弑君的恶风。

身为鲁国大夫，当陈成子杀齐公时，识时知几的孔子提出兴鲁的良策。可惜的是，谋事在人，成事在天，鲁国终未举义旗，讨伐弑君的齐国。

"万世师表"的孔子法天行健不息，忘食忘忧，不知已年老，只担心年轻一辈不能接棒，他对四五十岁的后辈年轻人，充满期待之情，鼓励青年人后来居上，不要四五十岁时，一点小成绩都没有，他说："后生可畏（敬畏），焉知来者之不如今也。四十、五十而无闻焉，斯亦不足畏也已！"（《论语·子罕篇》）

读书求学为得智，得智除了有赖自我的修行外，还需交友得人不失言。孔子说："可与言而不与之言，失人。不可与言而与之言，失言。知者不失人，亦不失言。"（《论语·卫灵公篇》）

孔子鼓励后学，给人机会。《论语·述而篇》说，有个人，名叫"互乡"（传统解读为地名，可能不确。孔子认为人之生也直，岂有一乡人皆难与言，而且后言"人洁己以进"，是指互乡这个人，而非一乡人）. 互乡这人很难沟通而得恶名，他派了一个童子（未加冠、未成年）去见孔子，孔子却接见了，弟子们有些疑惑，孔子说："与其进也，不与其退也，唯何甚？人洁己以进，与其洁也，不保其往也。"（我们嘉许一个人知进，不称扬一个人畏退。做人何必太绝了，他派童子来求见，我们要嘉许他的洁身，而不追究他的过往。）

《礼记·杂记下》说："恤由之丧，哀公使孺悲之孔子学士丧礼，士丧礼于是乎书。"恤由是鲁国的士人，鲁国懂士丧礼的人不多，鲁哀公于是派遣孺悲向孔子学士丧礼。《论语·阳货篇》说："孺悲欲见孔子，孔子辞以疾。将命者出户，取瑟而歌，使之闻之。""孺悲欲见孔子"有个"欲"字，不是孺悲见孔子，意指孺悲请人先向孔子表达求见之意。孔子大概认为孺悲欲向孔子学士丧礼，礼应自己前来致意，可孺悲并未遵礼，派人传辞。孔子故而以有疾理由推辞，且有意让孺悲知道，他其实并无疾病，只是不想见他，所以待传辞者踏出门就取瑟而弹，而且歌咏起来，让孺悲自省失礼（后代学人认为孺悲传孔子的《士丧礼》）。

孔子教诲弟子，对学子虽一视同仁，但对年纪仅小他九岁的季路最放心不下。有一天，季路和闵子骞，冉有、子贡侍奉夫子身旁。他看到季路大刺刺模样，像似未来不得好死的模样，感叹说："若由也，不得其死然。"

季路果勇，好强出头，为人不让。孔子问高傲的子贡，与颜渊孰愈？子贡承认不敢望回。有一天，孔子称赞颜渊说："用之则行，舍之则藏，唯我与尔有是夫？"旁侍的季路就巴不得夫子也夸说他几句，于是问："子行三军则谁与？"季路自信没有人比他更足以统帅一个大国的三军了。孔子好似看到季路无法幸免的未来，说："暴虎冯河，死而无悔者，吾不与也；必也临事而惧，好谋而成者也。"（《论语·述而篇》）

徒手打虎，逢河涉河，死路一条，自己还不觉悟，这种人用他做啥；不过，孔子虽然斥责季路，仍指引他一条活路："必也临事而惧，好谋而成者也。"孔子警示季路，面对事情，自己必要警惕敬慎，事先做好谋划，才能成事。可惜的是，季路从小到老就是横着走改不了。表面上，季路跟孔子学了很多，但就是学不会临事敬谨、慎始成终。

颜渊死亡隔年，也就是鲁哀公十五年、卫出公十二年（前480年），闰十二月，卫国发生政变，孔子一听，叹道："柴也其来，由也死矣！"（语出《孔子家语》，意为：子羔就要回来了，仲由恐怕会死。）

卫国大夫孔悝（孔悝也为他的先祖铸了一个带铭文的礼鼎）是蒯聩的外甥，但孔悝支持卫出公辄，并不支持舅舅蒯聩回国夺君位。孔悝的父亲孔文子死后，母亲孔姬爱上孔家仆人浑良夫，蒯聩就与姐姐孔姬，以及浑良夫密谋回到卫国国都，绑架劫持了孔悝，逼迫孔悝参加推翻卫出公的政变，胁迫孔悝登上签订盟约的土台子。

孔悝的家宰栾宁守门不力，让蒯聩和浑良夫潜入。正在吃酒烧肉的栾宁见孔悝被挟持，就跑去向季路报信，然后又叫孔悝的另一家臣召护紧急备车。于是他把已烧熟的炙肉带上车，边走边嚼，然后赶回宫中，自己护送卫出公逃往鲁国。

季路从栾宁那里得知孔悝遇险，马上跑去营救孔悝，碰上了子羔从城里逃了出来，慌乱说："城门关了，情况危急，快逃！"季路说："我姑且进去看看！"子羔说："不关我们的事，不要卷入这场灾难。"（弗及，不践其难）季路重然诺，对子羔说法不以为然，说："我吃孔悝的俸禄，不能躲开他的祸难。"（食焉不辟其难）子羔于是独自逃难，季路一个人进城。

子羔本名高柴，小孔子三十岁。鲁定公十三年夏，孔子拟堕三都，派季路为季氏家宰，季路因而任命子羔为费邑宰。孔子知道，就骂季路："贼夫子之子也！"季路抗辩说："有民人焉，有社稷焉，何必读书，然后为学？"孔子听了，骂季路说："是故恶夫佞者！"（《论语·先进篇》）

"佞"是靠口才强辩，孔子批季路比骂宰予"朽木不可雕也，粪土之墙不可圬也"及骂冉求"非吾徒也。小子鸣鼓而攻之可也"还严重。季路到底犯了什么错？"何必读书，然后为学"，孔子的口吻似乎只是告诉季路，子羔应该好好再多读书，现在还不足以出来为学做官。

第十七章

《论语·公冶长篇》："子使漆雕开仕。对曰：'吾斯之未能信。'子说。"漆雕开在孔门读书，孔子认为够格为政了，但漆雕开认为他读书仍未读好，对自己出来做事，没有信心把握，孔子十分高兴。那么，孔子何以说二十四岁的子羔还须读书呢？

《论语·先进篇》孔子评子羔说"柴也愚"，"愚"可不是大智若愚的愚，而是不聪慧。子羔也是孔子弟子，孔子知人，看子羔这个学生的才慧不足以承担大事，不够格当费邑宰，于是委婉说子羔还要再读书，岂料季路不明夫子的识人之明，还为子羔辩说，孔子心火上升，以"佞者"骂季路，孔子最厌恶佞者，孔子当大司寇杀少正卯，即少正卯是个佞者。

可季路仍然深信子羔，他前往卫国蒲邑当邑宰，还是带了子羔前往。蒯聩逼使孔悝作乱，季路和子羔在城门外相见，子羔无法帮助培植他不遗余力的师兄出高明主意，只是劝季路快逃。季路明白告诉子羔，食人俸禄，不能只会躲避祸难，应该在恩人危难时，助一臂之力。遗憾的是，子羔一味怕死想逃，未想到师兄既然出面，有意相助给予俸禄的孔悝，自己也应该与师兄同患难，共生死。说不定子羔若与季路同行，情势可以改观，但子羔竟然置季路生死于不顾，自己逃回鲁国。

孔子四十而不惑，他看出子羔的"愚"，当他听到卫国内乱，就脱口而出："柴也其来，由也死矣！"

季路独自进入宫内，看见蒯聩正在土台上，逼迫孔悝签订盟约，他立即出面干涉，要蒯聩放了孔悝，蒯聩却不放人。季路脑筋并不灵光，他认为蒯聩没有胆量，竟然在土台下放火，以为蒯聩见火后，会放了孔悝。蒯聩带了两名年轻力壮武士，一名石乞，另一名盂黶，二人拿起戈来，联手与六十三岁的季路格斗，季路不敌，受了重伤，连头上的冠缨也被击断，连缨带冠掉在地上。季路倒在血泊中说道："君子死，冠不免。"（君子死前，不使冠脱落地上，要将自己的帽子戴正）于是勉强坐地，结好冠与缨后，端正地戴在头上，并且将断了的缨带接续回去，要将它系好。正当他结系缨带之际，遭杀害。

齐鲁夹谷之会，孔子向鲁定公说："有文事者必有武备，有武事者必有文备。"于是请左右司马同行，斩杀了有意挟持鲁定公的莱人武士。孔子堕三都时，公山弗扰、叔孙辄率费人袭鲁，鲁定公与孟孙氏、叔孙氏、季孙氏都躲进季氏的宫内躲避，孔子则命申句须、乐顾攻击，打败来犯费人，追到姑蔑。孔子周游列国，也不是只带手无寸铁的书生弟子，他的弟子公良孺，十分武勇，以四车二十人跟随孔子，在匡、蒲两地逼退来犯者。

孔子遇犯难之事，"必也临事而惧，好谋而成者也"，反观季路带了子羔前往卫国做官。危难时，子羔跑了，他单独闯入宫内，结果一个自称可以率领指挥千辆兵车的六十三岁老人，竟然丧生于两个年轻人的刀兵下，正如孔子所谓的"暴虎冯河，死而无悔者"。

季路果勇、率直、豪放、忠诚、性鄙而不知变通，与博学、笃行、不迁怒、不贰过的颜渊判然有别，两人一文一武，丰富了孔子的教学一生。有了季路的刚直无讳，敢于向孔子提出一些不同意见，使孔子多了一些思考，避免了可能出现的是非，孔子故而说："自吾得由，恶言不闻于耳。"（自从我有了仲由的保护，再也没有听见恶言恶语了）颜渊死，孔子悲叹："天丧予！"季路死，孔子伤心说："天祝予。"（祝，断，穷绝之意。后人用祝予为后辈死亡之辞。）

《礼记·檀弓上》说："孔子哭子路于中庭，有人吊者，而夫子拜之。既哭，进使者而问故。使者曰：『醢之矣。』遂命覆醢。"使者向孔子报信说，季路死于卫国内乱，孔子在庭中哭季路。有人前来吊问，夫子就以主人身份拜谢。季路只小孔子九岁，是弟子，也如小弟。孔子将颜渊视为自己的儿子，而视季路为自己的家人。(《仲尼弟子列传》和"春秋左氏传"都没有记载季路被砍成肉泥、孔子覆醢，这个记载应该不确，大概是为文者，为了形容孔子的悲痛，而说季路遭砍成肉泥，孔子因而覆醢)

颜渊、季路相继而死，子贡不在孔子身边，冉求、子游、子夏、仲弓等人都在朝廷为官，而未入仕的弟子如子张、曾子、漆雕开、商瞿等人，皆已开始讲学授徒，连周游列国时保护自己的公良孺都不在身边，孔子不由叹道："从我于陈蔡者，皆不及门也。"(《论语·先进篇》)

孔子回鲁后，渐感体力不济，他为《易经》作传，就期盼上苍"加我数年"，而今《春秋》《易传》皆已成篇，堪可自慰，但颜渊、季路一死，他不免思念随他在陈、蔡间的绝粮弟子，于是要贴近弟子召回在外的门人，他有欲综述自己的一贯之道，评述前贤往圣和道统。

孔子向诸弟子说："周有八士：伯达、伯适、仲突、仲忽、叔夜、叔夏、季随、季騧。"(《论语·微子篇》)子贡曾问夫子："何如斯可谓之士矣？"孔子一辈子收徒讲学，代国家造士，他按伯、仲、叔、季的排序，提出了周朝八个士人，给弟子做榜样。

孔子周游列国时，遇到了一些有德无位的隐逸之士，但他不认同弃伦常于不顾，与鸟兽同群者为隐逸之士，他重新诠释隐逸之士，并列举伯夷、叔齐、虞仲、夷逸、朱张、柳下惠、少连等七个够资格当"逸民"的榜样，并略述这些逸民的风骨："不降其志，不辱其身，伯夷、叔齐与？""柳下惠、少连，降志辱身矣，言中伦，行中虑，其斯而已矣。""虞仲、夷逸，隐居放言，身中清，废中权。"

孔子从《诗》《书》《易》《礼》《乐》等先哲古籍中，深悟中国的道统相传之脉是"中"，《论语·尧曰篇》孔子说："尧曰：'咨！尔舜！天之历数在尔躬，允执其中，四海困穷，天禄永终。'舜亦以命禹。'汤执中，立贤无方。'（《尧曰篇》本文无此句，个人以《孟子·离娄篇》补）曰：'予小子履，敢用玄牡，敢昭告于皇皇后帝，有罪不敢赦；帝臣不蔽，简在帝心。朕躬有罪，无以万方；万方有罪，罪在朕躬。'周有大赉，善人是富。'虽有周亲，不如仁人。百姓有过，在予一人。'"

孔子向弟子诠释"中"的真义："喜怒哀乐之未发，谓之中；发而皆中节，谓之和。中也者，天下之大本也；和也者，天下之达道也。致中和，天地位焉，万物育焉。"

喜、怒、哀、乐、爱、恶、欲是人之七情，情之本为性，"中"含于性未发之前，已发而能中节，则是"和"。"中也者，天下之大本也"，万物有情，情发若能中节，天地就位于吾心，万物就能育于吾行，所以说天下之大本在"中"。

孔子说自己"七十而从心所欲不逾矩"，即发而皆中节。颜渊在年轻学习过程中，难免迁怒、贰过，但他知过能改，孔子称赞颜渊说："回之为人也，择乎中庸，得一善，则拳拳服膺而弗失之矣。"（《中庸》），颜渊即能不迁怒、不贰过，成为好学的"中行"君子。"中行"、"中庸"皆是"中"之用。

中国的道统心脉在"中"，而中国之学则在"仁"。

"仁"和"元"都是生之本。"元"是生天生地生物的形上生之原，"仁"则是形下的生之本，万物如桃子、李子，有桃仁、李仁才能生，一个人要能生养万物，心是仁心，行是仁行。周代重仁，《尧曰篇》说"虽有周亲，不如仁人"，"周亲"至亲，周代以仁人为亲，孔子故而说"泛爱众而亲仁"（《论语·学而篇》）。

中国道统的"中"，是天下之大本，不能变，但时代不同，所执守的"中"就得依时而改变。《礼记·礼器篇》说："礼时为大，顺次之，体次之，宜次之，称次之。尧授舜，舜授禹，汤放桀，武王伐纣，时也。"故而，"时"异"中"也就不同。尧的"允执其中"是"天之历数在尔躬"的天人合一境界，舜是"遏恶扬善，执其两端而用之"的扬善用中境界；禹是"人心惟危，道心惟微，惟精惟一，允执厥中"，以精一守道心的境界，汤的执中之道是"立贤无方"，而周王的执中之道是"中行亲仁"。

"亲仁"以尊让为基本，涵括人的所有举止言行。孔子回鲁，鲁哀公问"儒行"，孔子答说："温良者，仁之本也；敬慎者，仁之地也；宽裕者，仁之作也；孙接者，仁之能也；礼节者，仁之貌也；言谈者，仁之文也；歌乐者，仁之和也；分散者，仁之施也。儒皆兼此而有之，犹且不敢言仁也。其尊让有如此者。"孔子向弟子解释，有人向他问，这些弟子是不是"仁人"、"仁者"，他回答"不知也"，不是这些弟子不够格当仁人、仁者，而是一个仁人、仁者要亲仁，要兼各种德行，尤其是尊让，不能尊让，即不能亲仁。同样，治国不礼让，即不能治国，所以说："能以礼让为国乎，何有？不能以礼让为国，如礼何？"他称赞伯夷、叔齐、微子为仁人，即因三人尊让。

孔子跟弟子语重心长说："吾十有五而志于学，三十而立，四十而不惑，五十而知天命，六十而耳顺，七十而从心所欲不逾矩。"人生智慧跟年岁经历有关，每一个年轮，就有该年轮的生命景观，像"少之时，血气未定，戒之在色；及其壮也，血气方刚，戒之在斗；及其老也，血气既衰，戒之在得"（《论语·季氏篇》）。因而，每个人在少、壮、老都必须有戒，而孔子蓦然回首，自己在四十岁以前，还是有私欲、杂欲的非智思维，五十岁以前还是达不到知天命的境界，他学《易经》自觉过了五十岁，可以免于大过了。孔子的大过是什么呢？就是五十岁前，未悟出天下为公的大道。

孔子从十五岁至七十岁有六个年轮阶段，每一年轮阶段迥然不同："时义大矣哉！"四时变化是天地之道，人唯有知时、识时、治时，与时偕行，才能得终始、生生之道，《易经》的六爻有如人生的六个时阶，乾卦的六爻即六时，君子人就应时乘六时之变来御天下事。

人生有时，乐于时用、用时，悒于时舍、失时。对于一个君子儒来说，始于学时，于时习中见喜悦，乐于与同道之朋用时，若不得有位者取用，亦不怨怒于心。孔子在人生尾声中，向弟子们多次说出了他最深刻的时乘体悟：

学而时习之，不亦说乎？有朋自远方来，不亦乐乎？人不知而不愠，不亦君子乎？

鲁哀公十六年（前479年），七十三岁的孔子在五年内，先后失去自己的夫人、儿子，又失去最心爱的弟子颜渊，最可靠的弟子季路。季路死后，孔子也在病痛中如山倒梁摧，如花树缓缓枯萎了。

孔子曾说不知死不知鬼，但夕阳落照的凄艳景色总要褪色，黑幕终将升起。孔子命人快速召回弟子子贡。洙泗讲堂一片寂静，弟子吟哦声已歇。孔子拄着手杖，在庭院中缓缓踱步，一见子贡快步而来，孔子压抑激荡的感情，说："赐啊！你怎么回来得那么迟呢！"孔子一声叹息后，唱起歌来：

太山坏乎！（泰山其颓乎）

梁柱摧乎！（梁木其坏乎）

哲人萎乎！（哲人其萎乎）

孔子歌吟只有短短三句十二字：难道泰山就这么倒了吗？难道支撑屋宇的梁柱就要摧折了吗？难道一个哲人就要像花儿凋萎了吗？

"夫子！"孔子的歌吟如泰山压顶、屋梁摧折而下，子贡悲恸呼唤，扶着夫子坐下。师徒感情稍为平复后，夫子向爱徒子贡说了最后的话："天下无道已经很久了，世上没有明君可以采行我的平治天下之道，十分遗憾。夏人死了停棺在东阶，周人停棺在西阶，殷人则停在两柱之间。昨日夜晚，我梦见自己坐在两柱之间，我原本就是殷人啊！"（《史记·孔子世家》："天下无道久矣，莫能宗予。夏人殡于东阶，周人于西阶，殷人两柱间。昨暮予梦坐奠两柱之间，予始殷人也。"）

孔子生在鲁国死在鲁国，但孔子最后想到的是他的殷人祖先，他的脑海最后的声音和形象，可能是娘亲教导他背诵先祖正考父的鼎铭："一命而偻，再命而伛，三命而俯，循墙而走，亦莫余敢侮。饘于是，鬻于是，以餬余口。"

哲人萎矣，孔子去矣！孔子见子贡七天后卒殁。

孔子家境虽贫，可孔子生前为大夫，必须葬以大夫之礼（《中庸》）。孔子生前，诸侯君相问政者多，周游列国时，除拜访七十余君，且结交各国贤大夫。孔子卒殁，事闻诸国，加以弟子冉求为季氏宰，子贡扬名诸侯间，且颇多门徒入朝为官，动静观瞻，岂能轻忽！

陈子禽这个人看见子贡对孔子十分恭谨，就怀疑说："是你这个人对孔子恭敬罢了，孔子岂能比你贤能呢？"子贡回答说："君子一言以为知，一言以为不知，言不可不慎也！夫子之不可及也，犹天之不可阶而升也。夫子之得邦家者，所谓立之斯立，道之斯行，绥之斯来，动之斯和。其生也荣，其死也哀，如之何其可及也？"子贡斥责陈子禽的无知，并称赞孔子"其生也荣，其死也哀"，即给孔子的丧葬定了调：备极哀荣。

孔鲤死后，夫人改嫁卫人。子思之母死于卫，柳若谓子思曰："子，圣人之后也。四方于子乎观礼，子盖慎诸。"子思曰："吾何慎哉！吾闻之，有其礼，无其财，君子弗行也；有其礼，有其财，无其时，君子弗行也。吾何慎哉！"（《礼记·檀弓上》）子思葬母即有无财之说，自然也无力将祖父的丧葬，办得体面风光，不会强做主张。孔子晚年十分器重子贡，子贡是孔子最后所见弟子，加以子贡个人货殖多财，识见卓越，就听由子贡安排。

孔子待弟子如子，弟子应如何致哀呢？孔子重三年孝，弟子是否要行三年孝呢？弟子门人应该为夫子穿什么丧服？犹疑不定时，子贡说："从前夫子对待颜渊的丧事，就好像死了儿子一样，但没穿什么丧服，对待子路的丧事也是这样的。所以，请大家为如父的夫子服三年丧，但不穿丧服。"子贡的意见即服心丧三年（《礼记·檀弓下》说："事师无犯无隐，左右就养无方，服勤至死，心丧三年"）。

孔子之丧，由擅于宗庙会同的赞礼行家弟子公西赤操持。公西赤综合了夏、商、周三代的丧礼：装饰遮挡灵柩的布帷，柩车四周有口形花纹的翣扇两把，云气花纹的翣扇两把，翣扇两角都插上彩色羽毛，用来遮蔽柩车；安装分披灵车两侧、行进中有人牵持以防倾斜的长带（此即今人执绋），这是用周人的规矩；旗上设有齿形边饰，此即殷人礼仪；以素练缠束旗杆，上挂高挑八尺长的魂幡，这是用夏人丧葬仪式。

办理孔子丧事时，有人从燕国来参观，住在子夏家。子夏说："这是圣人主持别人的葬礼吗？不是的！不过是亲朋弟子埋葬圣人罢了，有什么值得参观的（季札葬长子，孔子去参观，是圣人季札葬儿子）？从前夫子这么说：'我见过把坟头筑成四方很高像堂基的，见过下宽上窄、平顶长身像堤防的，见过两边有漫坡如夏代屋顶的，也见过斧头式的，我赞成斧头式的。'像斧头式的刃朝上的坟，俗称马鬣封。现在给夫子筑的就是这种坟头。一天之内三次换板夯土，就筑成了，这还算遵行夫子的心愿吧。"

鲁哀公对于孔子的丧事，将出葬那天，先到殡宫吊唁，及至柩车要出离殡宫，鲁哀公命人执引车绳拉柩车，拉三步停止，鲁哀公再命拉引，这样三次，鲁哀公才离去。

鲁哀公送来孔子的诔（悼辞），悼词是："昊天不吊，不憗遗一老，俾屏余一人以在位，茕茕余在疚。呜呼哀哉！尼父（周文王称吕尚曰'尚父'，齐桓公称管仲曰'仲父'，孔子曾为鲁司寇，鲁哀公故称'尼父'），毋自律！"（《史记·孔子世家》）鲁哀公的悼词说，天老爷不仁慈，不肯留下这个老人，使他离开了我，害我孤零零在位，我既是忧思又伤痛。唉，真悲痛啊！尼父啊，今后自己已无律己的人了！

子贡对鲁哀公的悼词不以为然。孔子回鲁后，一直期待见用，鲁君却未取用，故而不客气说："君其不没于鲁乎！夫子之言曰：'礼失则昏，名失则愆。失志为昏，失所为愆。'生不能用，死而诔之，非礼也。称'余一人'，非名也。"（语出《史记·孔子世家》，意为："鲁君难不成不能终老于鲁国？夫子说：'礼法丧失就会昏乱，名分丧失就有过愆。一个人丧失志气便是昏乱，失去所宜就是过愆。'人活着时不能用他，死了才来悼念他，这是不合礼的。诸侯自称'余一人'，是不合名分的。"）古时君天下，曰"天子"，分职授政任公，曰"予一人"，而"余一人"是天子之子居丧期间的自称。

孔子葬在鲁城北面泗水边的阙里，弟子们一人一捧土，为夫子筑起了一个椭圆形的墓，并且各以四方异木植于孔子墓前。泗水呢喃呜咽,孔门弟子都服三年心丧。出门有事,仍然头缠麻缕,腰系麻带。

弟子宰我说:"以予观于夫子,贤于尧舜远矣!"

弟子有若说:"岂惟民哉!麒麟之于走兽,凤凰之于飞鸟,泰山之于丘垤,河海之于行潦,类也。圣人之于民,亦类也。出于其类,拔乎其萃,自生民以来,未有盛于孔子也。"(孔子疑为"夫子"之误)

子贡说:"见其礼而知其政,闻其乐而知其德,由百世之后,等百世之王,莫之能违也。自生民以来,未有夫子也。"(按:以上三弟子评价,均出于《孟子·公孙丑篇》)

服膺孔子的七十二弟子中,子贡排序第一,生前死后称颂孔子不遗余力。孔子名闻诸侯间,子贡居功厥伟。

三桓中的鲁国大夫叔孙武叔向同朝大夫说:"孔子没什么,他的弟子子贡贤于孔子。"大夫子服景伯以此言告诉子贡,子贡说:"譬之宫墙,赐之墙也及肩,窥见室家之好。夫子之墙数仞,不得其门而入,不见宗庙之美,百官之富。得其门者或寡矣!夫子之云,不亦宜乎?"(《论语·子张篇》)

叔孙武叔不只低视孔子,甚至诋毁孔子,子贡回说:"无以为也!仲尼不可毁也。他人之贤者,丘陵也,犹可逾也;仲尼,日月也,无得而逾焉。人虽欲自绝,其何伤于日月乎?多见其不知量也!"(《论语·子张篇》)

叔孙武叔是三桓的叔孙氏,大夫兼世卿,官职司马,堕三都先堕叔孙武叔的郈邑,由叔孙武叔亲自领军。孔子堕三都,因堕郕失利,功败垂成,叔孙武叔可能由此看不起孔子,而子贡以言语、外交折服诸侯，因而认为子贡贤于孔子。子贡以宫墙的高低为比喻，类似回答夫子，他和颜渊的比较："赐也何敢望回，回也闻一以知十，赐也闻一以知二。"但是，针对叔孙武叔的诋毁孔子，子贡护卫夫子，回答就有些不客气，说一般人的贤能像可逾越的丘陵，夫子的贤德如日月至高至明，无人能逾越，批评叔孙武叔自绝日月，却无伤日月。"多见其不知量也"，日月无私照，容光必照焉，孔子称赞子贡之量是国家栋梁的琏瑚。子贡以量的大小斥责叔孙武叔，既不知孔子日月之量，也不明白自己的小器小量。

公元前 478 年，孔子去世的隔年，鲁哀公下令将孔子原来住的三间房屋改成祠庙，庙内收藏孔子生前用过的衣、冠、琴、车、书等遗物，让孔子的子孙能按时令祭祀。孔子故宅的这三间房屋就是现在孔庙的雏形。

子贡不能闻知孔子的天道与性，不能一贯孔子之学，故而不能传孔子之道、孔子之学，但传孔子之人。弟子服了夫子三年心丧完毕后，互相道别离去时，都相对而哭，每人仍然哀痛，有的还留了下来，子贡甚至在墓旁搭了房子住下，结庐六年才离开。弟子以及鲁国一些人，相率到孔墓旁定居的有一百多家，因而称那个地方叫"孔里"。

子贡不仅驰名诸侯间，还是成功商贾，《史记·货殖列传》将子贡列名于第一的范蠡之后，但子贡在孔子墓旁一住六年，抛开唾手可得的功名富贵。也因子贡为孔子心丧六年，这个行动不唯将师道之尊推高至极点，也感动了成千上万的世人。鲁国世代相传，每年都要定时到孔子墓前祭拜，而儒者讲习礼仪，乡学结业考校的饮酒礼，以及鲁君祭祀时的比射仪式，也都在孔子墓场

第十七章

365

举行。孔墓占地一顷，孔子故居的堂屋以及弟子所住的房舍，后来改成庙，改藏了孔子生前的衣服、冠帽、琴、车子、书籍，孟子、荀子尊称孔子为"圣人"。

孔子庙直到汉朝三百多年来都未废弃，战国时代的道家、墨家和法家，也无不尊孔子为"圣人"，汉朝开国皇帝刘邦称帝十二年，路过鲁地，用了太牢礼拜孔子，还封孔子第九代孙孔腾为"奉祠君"，主持祭祀孔子事。唐太宗李世民仿效儒家经典《周官》，在官职上完善了三省六部制，不仅把儒家经典作为科举考试教材，还下令各州、县学都要修孔子庙。唐玄宗到泰山封禅时，派礼部尚书苏颋以太宰祀孔子墓，称赞孔子"垂范百年，作王者之师"，后来又改封孔子为"文宣王"，这是孔子首次封王爵。自此之后，诸侯卿相一到任，常常先到孔庙里谒拜孔子后，才正式就职视事。

隋文帝开皇元年（581年），杨坚尊称孔子为"先师尼父"。

唐玄宗开元二十七年（739年），追封孔子为"文宣王"。

宋真宗赵恒大中祥符五年（1012年），改称"至圣文宣王"。

金熙宗皇统四年（1144年），盖大成殿，在孔庙前设"下马碑"。

元武宗大德十一年（1307年），加封孔子为"大成至圣文宣王"。

明洪武十四年（1381年）命，毁孔子像，代之以木制牌位，王位改称师位，称孔子为"大成至圣先师"。

清康熙二十三年（1684年），康熙帝入大成殿，行九叩礼，亲题"万世师表"匾额，悬挂殿中，此为大成殿中悬匾额之始。

从此，"万世师表"四字悬之于各地文庙。"大成至圣先师"、"万世师表"即为孔子的不朽尊称。

"天下文章莫大乎是，一时贤者皆从之游。"（清人冯恕对联）天不生哲人仲尼，万古如长夜；天生哲人仲尼，中国文化天亮了。

终　章
孔子年表

————

　　鲁襄公二十二年（公元前 551 年），孔子年一岁。于夏历八月二十七日（公历 9 月 28 日）生在昌平乡（今鲁源村）陬邑（今山东省曲阜市东南）。

　　鲁襄公二十四年（公元前 549 年），孔子年三岁。父叔梁纥卒，葬于防山。迁至曲阜阙里。

　　鲁昭公五年（公元前 537 年），孔子年十五岁。自言"吾十有五而志于学"。

　　鲁昭公七年（公元前 535 年），孔子年十七岁。母征在卒，葬于五父之衢。鲁司空孟釐子临终前嘱嫡子孟懿子和鲁人南宫敬叔师事孔子学礼。

　　鲁昭公八年（公元前 534 年），孔子年十八岁。季氏招士，飨宴受召之士，孔子前往，阳货说受召之士的名单没有他，孔子因而退离。

　　鲁昭公十年（公元前 532 年），孔子年二十岁。加冠成年。成年礼告成后，娶妻宋人亓官氏。

　　鲁昭公十一年（公元前 531 年），孔子年二十一岁。长子生，鲁昭公送鲤鱼，取名孔鲤。

鲁昭公十一年至十七年（公元前531年－前525年），孔子年二十一岁至二十七岁。孔子开始收徒，早期弟子有颜路、曾点、宗鲁、琴张、子石、季路、孟懿子、南宫敬叔等人。曾短暂担任委吏、乘田。入太庙，每事问。鲁昭公资助孔子一辆车、两匹马、一童子，往周朝王城洛邑，问礼于老彭，问乐于苌弘。合葬父母于防山。

鲁昭公十七年（公元前525年），孔子年二十七岁。郯子来朝，孔子见之，学古官名。

鲁昭公二十年（公元前522年），孔子年三十岁。自言"三十而立"。齐景公与晏婴入鲁问礼，孔子相鲁昭公。

鲁昭公二十五年（公元前517年），孔子年三十五岁。三桓合攻昭公，昭公奔齐。孔子亦于是年适齐，在齐闻《韶乐》，三月不知肉味。齐景公问政于孔子。

鲁昭公二十六年（公元前516年），孔子年三十六岁。齐大夫欲害孔子，孔子接淅而行。

鲁昭公二十七年（公元前515年），孔子年三十七岁。吴季札适齐返，长子卒，葬嬴博间。孔子自鲁往观其葬礼。

鲁昭公三十年（公元前512年），孔子年四十岁。自言"四十而不惑"。

鲁昭公三十二年（公元前510年），孔子年四十二岁。昭公死于晋国乾侯，季平子葬鲁昭公于伯禽的墓道南道。孙子孔伋于此年前后出生。

鲁定公五年（公元前505年），孔子年四十七岁。鲁阳货执季桓子。阳货欲见孔子，当在此之前。

鲁定公八年（公元前502年），孔子年五十岁。自言"五十而知天命"。三桓合攻阳货，阳货奔阳关。公山弗扰召孔子，季路劝阻，未成行，叹说："吾其为东周乎？"

鲁定公十年（公元前500年），孔子年五十二岁。由中都宰为司空，弟子冉耕接中都宰。孔子沿先王陵墓挖长沟，将昭公墓和先王墓园围在一起，又为鲁司寇。相定公与齐会盟夹谷，是年，晏婴卒。齐归鲁郓邑、汶阳、龟阴等地。

鲁定公十二年（公元前498年），孔子年五十四岁。鲁认同孔子堕三都，季氏以季路为家宰执行。堕郈，堕费，堕郕未成。孔子由大司寇行摄相事，杀鲁大夫少正卯。齐人恐，选齐女八十人，文衣而舞康乐，文马三十驷，遗鲁君，季桓子受之。

鲁定公十三年（公元前497年），孔子年五十五岁。去鲁适卫，弟子颜渊、季路、子贡、宰予、公良孺等人随行。达巷党人称赞"大哉孔子"，落脚季路姐夫颜雠由处。仪封人请见孔子。卫灵公待孔子为际可之仕。

鲁定公十四年（公元前496年），孔子年五十六岁。卫灵公驱逐公孙戌。孔子见疑，去卫过匡，匡人围困孔子。孔子说："文王既没，文不在兹乎！"二度入卫，见南子，季路不悦。晋佛肸来召，孔子欲往，季路劝止。孔子经曹、宋、郑，入陈，住司城贞子处。陈愍公问肃慎之矢。

鲁哀公元年（公元前494年），孔子年五十八岁。过蒲遭公孙戌围困。孔子三度入卫，卫灵公郊迎。孔子见卫灵公年老气衰，已无力重用，欲入晋见赵简子，临黄河时闻知赵简子杀二贤士，折回卫国。（孔子仍未出卫国境）

终　章

鲁哀公二年（**公元前 493 年**），孔子年五十九岁。春天离卫。四月，卫灵公薨。六月，赵简子安排灵公长子蒯聩入戚城，公子辄攻击父蒯聩，蒯聩入宿邑自保。七月，鲁正卿季桓子死亡，遗命嗣子季康子在他死后召孔子相鲁。

鲁哀公三年（**公元前 492 年**），孔子年六十岁。自言"六十而耳顺"。孔子由卫适曹又适宋，宋司马桓魋欲杀之，孔子说："天生德于予，桓魋其如予何。"微服离开后，遂仕于蔡。

鲁哀公五年（**公元前 490 年**），孔子年六十二岁。齐景公薨。孔子叹说："齐景公有马千驷，死之日，民无德而称焉。"楚重臣叶公伐蔡，将被攻下的蔡国百姓迁至负函，并由叶公兼治这个本为蔡国的城邑。

鲁哀公六年（**公元前 489 年**），孔子年六十二岁。见楚叶公。楚叶公问政，孔子说："近者说，远者来。"孔子返蔡，遇长沮、桀溺和荷蓧丈人三隐者。适陈，困厄于陈、蔡之间，绝粮，季路愠见孔子。楚昭王派军队迎接孔子，拟封孔子七百里书社，令尹子西阻止，楚昭王用孔子未果。秋，吴国伐陈国，楚昭王前往救援，病死于城父，孔子称赞楚昭王通于大道。孔子自陈返卫途中生病，季路看似严重，准备给孔子办丧事，派师弟办家臣。孔子身体稍好，痛斥季路说："无臣而为有臣，吾谁欺？欺天乎？"

鲁哀公七年（**公元前 488 年**），孔子年六十三岁。吴国向鲁国征百牢，并要季康子护送，季康子听家宰冉求建议，派子贡前往吴国处理。吴大宰伯嚭问子贡，圣人孔子何以如此多能。孔子四度入卫，因贤德，为卫出公的公养之仕。时为卫出公四年。

鲁哀公十年（**公元前 485 年**），孔子年六十四岁。妻亓官氏去世。

鲁哀公十一年（**公元前 484 年**），孔子年六十八岁。齐国攻伐鲁国。冉求率领左军打败齐军。季康子问冉求军旅之能学自何人，冉求回答学自孔子，鲁币迎孔子。孔子去鲁适卫又返鲁，先后凡十四年。子孔鲤，孙孔伋，曾孙孔白迎接孔子。孔子回鲁删修《诗》《书》《礼》《乐》，并得弟子颜渊、言偃、子夏等人之助，作《易传》《春秋》。

鲁哀公十二年（**公元前 483 年**），孔子年六十九岁。齐伐鲁，孔子向门弟子说："夫鲁，坟墓所处，父母之国，国危如此，二三子何为莫出？"季路、子张、子石请出，孔子弗许。子贡请行，孔子许之。子孔鲤卒。

鲁哀公十三年（**公元前 482 年**），孔子年七十岁。自言"七十而从心所欲，不逾矩"。

鲁哀公十四年（**公元前 481 年**），孔子年七十一岁。颜渊卒，享寿四十一。颜渊父颜路请孔子卖车置外椁，孔门弟子厚葬颜渊。齐陈成子弑其君，孔子请讨之，鲁君和三桓不从。鲁人西狩获麟，孔子《春秋》绝笔。

鲁哀公十五年（**公元前 480 年**），孔子年七十二岁。季路因蒯聩与子卫出公争位，死于卫。季路生年六十三。

鲁哀公十六年（**公元前 479 年**），孔子年七十三岁。卒。死前见子贡，歌吟："泰山其颓乎！梁木其坏乎！哲人其萎乎！"鲁哀公悼辞是："昊天不吊，不憖遗一老，俾屏余一人在位，茕茕余在疚。呜呼哀哉！尼父。"弟子致哀，心丧三年，子贡庐墓六年。

终　章